TABLE DES MATIÈRES

Introduction ... 1

Première partie
LA SOPHROLOGIE, HISTOIRE ET CONCEPTS

1. HISTOIRE DE LA SOPHROLOGIE ... 5
   Contexte historique ... 6
   Histoire de la formation des sophrologues ... 9
2. LES OBJECTIFS ET LES MOYENS DE LA SOPHROLOGIE ... 11
   Le processus sophrologique ... 12
   Les moyens de la sophrologie ... 13
3. LES CONCEPTS DE LA SOPHROLOGIE ... 17
   Les théories de la sophrologie ... 17
   Les exercices de la sophrologie ... 22
   Les théories de pratique du sophrologue ... 24

Deuxième partie
ÊTRE SOPHROLOGUE

4. LE MÉTIER DE SOPHROLOGUE ... 35
   Le cadre déontologique ... 36
   Le cadre thérapeutique ... 37
5. LES ACTIVITÉS DU SOPHROLOGUE ... 47
   L'animation de séance ... 47
   La conception de protocole ... 63
   Protocoles types ... 69

Troisième partie
FICHES TECHNIQUES

6. LES EXERCICES DE RELAXATION DYNAMIQUE — 97
- Chauffage corporel — 97
- Doigts en griffes — 100
- Éventails — 102
- Exercice du cou — 104
- Exercice n° 1 des mains — 107
- Exercice n° 2 de la tête — 110
- Exercice n° 3 des bras — 113
- Exercice n° 4 des jambes — 115
- Exercice n° 5 de tout le corps — 118
- Exercice respiratoire n° 1 — 120
- Exercice respiratoire n° 2 — 122
- Exercice respiratoire n° 3 ou Pompage des épaules — 124
- Exercice respiratoire n° 4 ou Moulinets — 126
- Hémicorps — 129
- Karaté — 132
- Marche virtuelle — 135
- Nauli — 137
- Objet de concentration — 139
- Polichinelle — 140
- Prana — 142
- Rotations axiales — 144
- Sophro contemplation du schéma corporel — 146
- Soufflet thoracique — 148
- Tra-Tac — 149
- Vivance de la liberté — 151
- Vivance des cinq sens — 158
- Vivance des valeurs — 161

7. LES EXERCICES DE SOPHRONISATION — 169
- L'enfant intérieur — 169
- La réponse de l'animal — 172
- Le voyage dans le cosmos — 175
- Projection sophronique des capacités (PSC) — 178
- Protection sophroliminale (PSL) — 181

Protection sophroliminale du sommeil (PSLS)	185
Psychoplastie sophronique (PS)	188
Sophro acceptation progressive (SAP)	191
Sophronisation de base (SB)	194
Sophronisation de base vivantielle (SBV)	196
Sophro correction sérielle (SCS)	199
Sophro déplacement du négatif (SDN)	203
Sophro manence (SMan)	208
Sophro mnésie libre (SMnL)	211
Sophro mnésie positive simple (SMnPS)	214
Sophro mnésie senso perceptive (SMnSP)	217
Sophro perception relaxative (SPR)	221
Sophro présence immédiate (SPI)	224
Sophro présence des valeurs (SPV)	230
Sophro programmation future (SPF)	233
Sophro respiration synchronique (SRS)	236
Sophro rétro manence (SRMan)	239
Sophro stimulation locale (SSL)	243
Sophro stimulation projective (SSP)	245
Sophro substitution mnésique (SSubstMn)	248
Sophro substitution sensorielle (SSS)	251

Quatrième partie
DEVENIR INDÉPENDANT

8.	PRÉPARER SON PROJET	257
	L'étude du projet professionnel	257
9.	LANCER SON PROJET	269
	La gestion de l'activité	269
	Le développement de l'activité	276
Annexe		282
	Exemple de fiche de renseignements pour particulier	282
	Modèle de Fiche de renseignements pour particulier	284
	Exemple de Fiche de renseignements pour commanditaire	285
	Modèle de Fiche de renseignements pour commanditaire	286
	Fiche de protocole	287
	Exemple de fiche de séance	290

Modèle de fiche de séance	291
Exemple détaillé de bilan prévisionnel	292
Exemple de journal de dépenses	292
Exemple de livre des recettes	292
Exemple de facture	293
Exemple de devis	294
Exemple de contrat de prestation de service	295
Bibliographie	297

Introduction

Ce manuel est le produit de dix ans d'expérience passés à former des sophrologues. Il est le fruit d'un travail riche et patient. Voilà plusieurs années que j'accompagne des personnes dans leur reconversion professionnelle et que je me consacre à la transmission pédagogique de la sophrologie. Ce manuel s'adresse à tous ceux qui souhaitent devenir sophrologue.

J'ai connu la sophrologie lorsque je préparais mon baccalauréat, il y a plus de vingt ans. J'étais très émotive et je perdais mes moyens devant l'ampleur de la tâche à accomplir. Cette rencontre avec la sophrologie fut pour moi une révélation, j'avais appris à me faire confiance.

Après des études universitaires, j'ai décidé de devenir sophrologue car je voulais partager tout ce que la sophrologie m'avait apporté. J'ai suivi une formation dans une école[1] parisienne où j'ai appris à pratiquer la sophrologie dans le respect de ses concepts et de sa méthode.

J'ai ensuite créé mon cabinet et là, j'ai été confrontée à une réalité : l'organisation de la méthode manquait de souplesse pour répondre aux demandes de mes clients. Il fallait trouver des solutions rapides et efficaces.

Pour faire face à cette évidence, j'ai dû remettre en question cette organisation. Je me suis questionnée sur l'utilité spécifique de

---

1. CEAS dirigé par le Dr. Luc Audouin, ancien élève d'Afonso Caycedo et fondateur de la FEPS (ex CEPS).

chaque exercice de sophrologie afin de proposer des accompagnements précis et adaptés aux moyens de mes clients. Je construisais alors des protocoles sur mesure pour chacun d'entre eux.

Cette approche a été une réussite, mon cabinet s'est fortement développé. J'ai eu la chance de suivre des gens et de voir leur évolution grâce à la sophrologie. Certains se sont transformés physiquement ou ont dépassé leurs phobies. D'autres ont appris à gérer un stress paralysant et ont vu leur carrière décoller. J'ai aussi travaillé avec des équipes de grandes entreprises ou des équipes médicales traitant des maladies graves pour aider leurs patients à gérer leurs douleurs et à s'impliquer dans leurs parcours de soin.

En 2003, j'ai décidé de partager cette expérience en créant un organisme de formation professionnelle[1]. Je voulais former des sophrologues capables de vivre de leur art. J'ai alors conçu un processus pédagogique centré sur la transmission des compétences nécessaires au développement d'une activité professionnelle. Cette approche pragmatique de la formation a fait de l'institut un acteur majeur[2] de la formation du sophrologue.

Cet ouvrage propose des bases théoriques, des procédés pratiques ainsi qu'un recueil d'exercices détaillés qui vous permettront de vous initier à ce métier.

Devenir sophrologue est un choix autant qu'un engagement. C'est vous, sophrologues de demain qui ferez évoluer ce métier et permettrez sa pérennité.

---

1. Institut de Formation à la Sophrologie situé à Paris.
2. Premier institut à délivrer un diplôme au niveau de qualification reconnu par l'État.

Partie I
LA SOPHROLOGIE, HISTOIRE ET CONCEPTS

1
HISTOIRE DE LA SOPHROLOGIE

La sophrologie – du grec *sôs*, harmonieux, *phren*, l'esprit et *logos*, la science – est littéralement la science de l'esprit harmonieux. Conçue par le neuropsychiatre Alfonso Caycedo[1], cette méthode thérapeutique est inspirée de techniques occidentales et de pratiques orientales. Elle est également utilisée comme technique de développement personnel.

La sophrologie est une méthode psychocorporelle[2] qui permet de retrouver un bien-être au quotidien et de développer son potentiel.

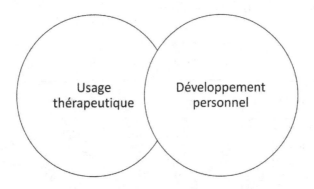

Figure 1.1 – Les deux usages de la sophrologie

---

1. Alfonso Caycedo est né en 1932 en Colombie. Il est espagnol et a surtout exercé en Espagne.
2. Technique strictement verbale et non tactile.

CONTEXTE HISTORIQUE

Lorsqu'Alfonso Caycedo crée la sophrologie en 1960, un grand nombre de concepts thérapeutiques sont déjà connus par le corps médical :

- **Hypnose** (1882) : la modification des états de conscience est connue dans le traitement de pathologies psychiques depuis les recherches du médecin français Jean-Martin Charcot (1825-1893).
- **Psychanalyse** (1900) : la théorie de l'inconscient a été développée par Sigmund Freud (1856-1939) dans *L'Interprétation des rêves*.
- **Méthode Vittoz** (1911) : l'autonomie du patient face à ses psychoses par le contrôle cérébral a été décrite par le médecin psychosomaticien suisse Roger Vittoz (1863-1925).
- **Méthode Coué** (1922) : l'influence de la pensée positive et de l'autosuggestion sur la santé ont été décrites par le psychologue et pharmacien français Émile Coué (1857-1926).
- **Relaxation Progressive** (1928) : la relaxation mentale par la détente musculaire a été théorisée par le médecin américain Edmund Jacobson (1888-1983).

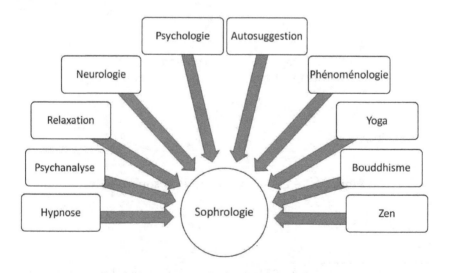

Figure 1.2 – Les influences de la sophrologie

- **Training autogène** (1932) : la relaxation par la concentration sur les ressentis corporels pendant une autohypnose a été décrite par le psychiatre allemand Johannes Heinrich Schultz (1884-1970).
- **Thérapies brèves** (1950-60) : l'idée que le patient détient la solution à ses problèmes et que le thérapeute est uniquement là pour l'amener vers cette solution est initiée par le psychologue américain Milton H. Erickson (1901-1980).

Toutes ces techniques occidentales vont influencer Alfonso Caycedo dans l'élaboration de la sophrologie.

Chronologie de la sophrologie

1959 – Alfonso Caycedo pratique l'hypnose à hôpital psychiatrique pour compléter les traitements de l'époque (médicaments, électrochocs, etc.) et fonde la Société espagnole d'hypnose clinique et expérimentale.

1960 – Bien qu'Alfonso Caycedo obtienne des résultats satisfaisants, il considère que l'hypnose manque de concepts clairs et souhaite approfondir ses travaux de recherche sur la conscience. Craignant une réticence de la profession et ne supportant plus l'amalgame entre l'hypnose et le charlatanisme, il crée le terme *sophrologie* et renomme la Société espagnole d'hypnose clinique et expérimentale en Société de sophrologie.

1963 – Alfonso Caycedo découvre la phénoménologie. Cette philosophie fondée par le philosophe allemand Edmund Husserl (1859-1938), prône le retour aux choses, à l'expérience première du monde. La phénoménologie se propose comme une science de la conscience[1]. Ce courant de pensée influence Alfonso Caycedo qui intègre alors dans ses recherches que chaque phénomène vécu contribue à la construction de la conscience. Il réalise l'importance fondamentale de l'expérience et étudie son impact sur la santé en collaboration avec d'autres professionnels.

1965-1968 – Alfonso Caycedo voyage en Orient et découvre à travers les techniques orientales (yoga indien, bouddhisme tibétain et zen japonais) que le corps est le siège du vécu et de l'expérience. Il réalise alors que prendre conscience de son corps permet de prendre conscience de son existence. C'est l'union de l'approche psychique et corporelle de la conscience qui devient donc le fondement de la sophrologie.

1968 – Alfonso Caycedo est nommé professeur de psychiatrie à la Faculté de médecine de Barcelone et écrit les trois premiers degrés[2] de sa méthode.

---

1. Edmund Husserl, *Leçons pour une phénoménologie de la conscience intime du temps*, Presses universitaires de France, 1996.
2. 1° : Exercices pour écouter ses ressentis et développer sa concentration ici et maintenant. 2° : Exercices pour s'observer et se projeter dans des situations futures. 3° : Exercices pour réactiver ses ressources passées et définir sa place.

Il profite de ce cadre pour tester ses exercices et communique ses travaux lors de colloques.

1970 – Le premier congrès mondial de la sophrologie à Barcelone réunit près de 1 500 professionnels sur le thème « Sophrologie, médecine d'Orient et d'Occident ». Alfonso Caycedo diffuse les résultats de ses travaux devant le corps médical et la sophrologie suscite un engouement international.

1972 – Alfonso Caycedo définit un ensemble de termes techniques qu'il répertorie dans le *Dictionnaire abrégé de la sophrologie et Relaxation dynamique* (Ed. Emegé).

1974 – Première scission entre Alfonso Caycedo et certains praticiens français de la sophrologie qui lui reprochent de sortir du champ thérapeutique. Cette scission est le point de départ de la branche dite « non caycédienne ».

1975 – Deuxième congrès mondial de la sophrologie à Barcelone sur le thème « Congrès de l'harmonie au sein de la civilisation du drame ».

1977 – Dans la « Déclaration des Valeurs de l'Homme[1] », Alfonso Caycedo divulgue sa vision de l'état du monde et de la portée sociologique de la sophrologie, il la positionne davantage comme une idéologie. Cette déclaration accentue la scission initiée en 1974 et augmente le nombre de praticiens « non caycédiens ».

Alfonso Caycedo fonde l'UNIDESCH (Union internationale pour le développement sophrologique de la conscience humaine) devenue aujourd'hui la Fondation Alfonso Caycedo.

1982 – Alfonso Caycedo part en Colombie et développe la sophrologie sociale. Ce pays en voie de développement le confronte à une toute autre réalité : l'individu doit d'abord survivre pour exister. Il organise à Bogota le troisième congrès mondial de la sophrologie.

1985 – Alfonso Caycedo vient à Paris pour présenter le 4e degré[2] de sa méthode. Cette évolution introduit la notion de « valeur existentielle de l'être » dans la sophrologie. Bien qu'elle soit acceptée par les praticiens, cette notion suscite des polémiques car certains craignent qu'Alfonso Caycedo cherche à imposer ses propres valeurs. De nombreux praticiens vont alors pratiquer le quatrième degré de la méthode, sans suggérer les valeurs proposées par Alfonso Caycedo. Il se crée alors une distinction entre la sophrologie et l'idéologie caycédienne.

À partir de 1989 – Alfonso Caycedo, installé en Andorre, matérialise cette distinction en déposant les marques « Sophrologie Caycédienne »[3] et « Méthode Alfonso Caycedo ». Cette méthode codifie la pratique de la Sophrologie Caycédienne, composée des quatre premiers degrés d'origine et de huit degrés supplémentaires. Il dépose également l'ensemble des termes qui en découlent et qui ne sont pas du domaine public.

Alfonso Caycedo qui souhaite développer son idéologie décrète une « amnistie » générale et invite tous les praticiens partisans et dissidents

---

1. Discours prononcé le 25 août 1977 à Recife au Brésil.
2. Exercices pour révéler les capacités et les valeurs existentielles de l'être.
3. Sophrologie Caycédienne®, Méthode Alfonso Caycedo® Sophrocay® et Sophrologue caycédien® sont des marques déposées.

> à venir le retrouver en Andorre. Ceux qui acceptent rejoignent alors le réseau des Sophrologues Caycédiens.
> Les sophrologues qui refusent de se rallier à Alfonso Caycedo continuent de pratiquer la sophrologie originelle[1] et se regroupent en différentes organisations professionnelles.

HISTOIRE DE LA FORMATION DES SOPHROLOGUES

À l'origine, le terme *sophrologue* désignait un professionnel de santé, déjà formé à la relation thérapeutique, qui faisait pratiquer la sophrologie à ses patients. Ces praticiens étaient initiés à la sophrologie par des confrères, eux-mêmes initiés par d'autres confrères, selon leur sensibilité ou leur propre expérience[2]. L'apprentissage de la méthode était davantage basé sur l'expérimentation personnelle du praticien plutôt que sur un processus pédagogique professionnalisant. En effet, les soignants ne dominaient pas tous l'ingénierie pédagogique et la sophrologie était souvent un complément à leur profession.

Avec l'avènement de la sophrologie sociale, des professions non médicales ont voulu se former à la sophrologie. Des sophrologues se sont spécialisés dans la formation et des structures d'enseignement ont vu le jour. Cependant, les procédés d'apprentissage restaient les mêmes qu'auparavant. Les nouveaux praticiens expérimentaient beaucoup la sophrologie, mais manquaient de formation sur l'accompagnement thérapeutique et certains rencontraient des difficultés pour adapter la méthode à la demande de leurs clients.

En 2004, un nouvel organisme de formation, l'IFS[3], va modifier la manière de former les sophrologues. L'IFS aborde le sophrologue comme un métier à part entière et sa formation doit l'appréhender sous tous ses aspects. Il crée alors un référentiel où toutes les activités du sophrologue sont décrites et conçoit un processus pédagogique lui permettant d'atteindre les compétences requises.

---

1. La sophrologie originelle est uniquement constituée des quatre premiers degrés de la méthode.
2. Ce phénomène s'est amplifié avec les nombreuses dissidences et a créer de nombreuses disparités d'enseignement. Cf. chronologie de la sophrologie.
3. L'Institut de formation à la sophrologie a été créé en 2003. Son siège est installé à Paris.

Ce processus s'emploie à enseigner la sophrologie[1] mais surtout son adaptation pratique aux besoins des clients. L'apprenti sophrologue apprend à concevoir des parcours d'accompagnement spécifiques pour atteindre des objectifs précis. Son expérimentation personnelle pendant les cours est uniquement réservée à la compréhension des exercices.

Pour l'IFS, l'expérimentation personnelle est une démarche que l'apprenti sophrologue doit mener pendant et après sa formation, mais uniquement dans l'intimité du cabinet d'un sophrologue expérimenté. Pour la première fois, la formation et le développement personnel du sophrologue ne sont plus associés dans sa formation. C'est grâce à cette approche, que l'IFS obtient la première reconnaissance officielle du métier de sophrologue avec l'inscription de son Certificat Professionnel dans le Répertoire national de la certification professionnelle (RNCP). Pour la première fois depuis la création de la sophrologie, un organisme d'État reconnaît le niveau de qualification du sophrologue.

---

1. Sophrologie originelle. Cf. Chronologie de la sophrologie.

2
LES OBJECTIFS ET LES MOYENS DE LA SOPHROLOGIE

La sophrologie est une technique psychocorporelle destinée à développer la conscience d'un individu à travers l'écoute de ses ressentis. Elle lui permet de développer son potentiel, d'améliorer sa condition en cas de maladie ou d'amplifier son bien-être.

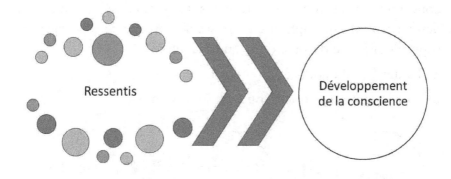

Figure 2.1 – L'objectif de la sophrologie

Pour améliorer sa condition ou son bien-être, l'individu doit entrer en action. Pour cela, il doit prendre conscience de son état interne, de ce qui est bon pour lui et des moyens dont il dispose pour y parvenir. La sophrologie favorise ces prises de conscience successives car elle reconnecte aux ressentis profonds et parfois voilés de l'individu. Ce dernier perçoit alors la différence entre ce qu'il ressent réellement et ce qu'il pense ressentir[1].

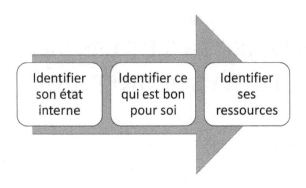

Figure 2.2 – **Le processus d'amélioration**

LE PROCESSUS SOPHROLOGIQUE

La sophrologie apprend à se détendre pour prendre de la distance avec ses émotions et ses a priori mais elle apprend aussi à se concentrer sur l'écoute de ses ressentis. C'est la combinaison de ces deux intentions qui optimise les prises de conscience. Le processus sophrologique se déroule donc en deux étapes :

1. La détente du corps et du mental.

2. La concentration sur l'écoute de ses ressentis.

Figure 2.3 – **Le processus sophrologique**

---

1. L'individu peut amplifier, amoindrir ou nier ce qu'il éprouve pour différentes raisons (jugements de valeur, préjugés sociaux ou familiaux, croyances, etc.).

LES MOYENS DE LA SOPHROLOGIE

Le processus sophrologique utilise trois procédés pour amener la détente et favoriser l'émergence des ressentis :

- la respiration contrôlée,
- la détente musculaire,
- la suggestion mentale.

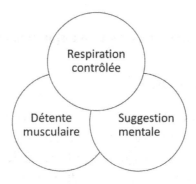

Figure 2.4 – Les moyens de la sophrologie

La respiration contrôlée

La respiration contrôlée, directement inspirée du yoga[1], permet d'améliorer l'oxygénation du corps, de favoriser la concentration et de faciliter le contrôle des émotions. Elle existe sous de multiples combinaisons en fonction du rythme (inspiration/expiration) et des voies respiratoires utilisées (nasales ou buccales). En sophrologie, on privilégie la respiration abdominale plutôt que la respiration thoracique.

---

1. Selon le Petit Robert le yoga est une « technique hindoue visant à obtenir, par des moyens ascétiques et psychiques, le contrôle des fonctions vitales, la parfaite maîtrise du corps, et finalement l'unité avec l'essence même de la personne ».

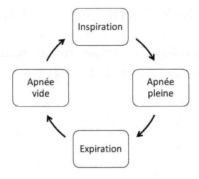

Figure 2.5 – Le cycle de la respiration contrôlée

La détente musculaire

La détente musculaire est issue de la Relaxation progressive de Jacobson. Elle est engendrée par des contractions et des relâchements volontaires des chaînes musculaires. Elle permet de prendre conscience de ses tensions et de les diminuer.

Figure 2.6 – Le processus de la détente musculaire

La suggestion mentale

La suggestion mentale est inspirée de l'hypnose et de la méthode Coué. Elle permet la visualisation positive d'images, de souvenirs ou de situations futures afin de créer ou de se remémorer des ressentis agréables.

Les objectifs et les moyens de la sophrologie

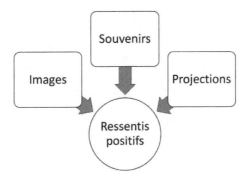

Figure 2.7 – Les effets de la suggestion mentale

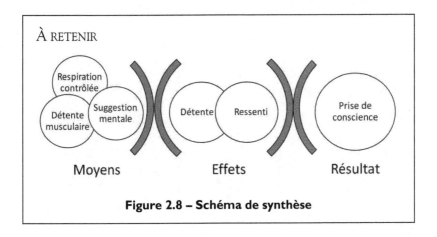

3

LES CONCEPTS DE LA SOPHROLOGIE

LES THÉORIES DE LA SOPHROLOGIE

Pour comprendre comment fonctionne la sophrologie, il faut connaître les théories sur lesquelles elle a été construite.

La théorie des états de conscience

La conscience (du latin *conscientia*, connaissance) est la faculté qu'a l'homme de connaître sa propre réalité et de la juger[1]. Dans son travail de structuration de la conscience, Alfonso Caycedo a défini trois états de conscience différents[2] :

1. **La conscience ordinaire.** L'individu aborde sa vie et son environnement en se référant à ce qu'il connaît. Il appréhende les choses telles qu'elles lui paraissent.
2. **La conscience pathologique.** L'individu aborde sa vie et son environnement à travers sa pathologie mentale ou physique.
3. **La conscience sophronique.** L'individu aborde sa vie et son environnement selon ses ressentis et ses perceptions. Il est à l'écoute de lui-même, il prend du recul et relativise les choses.

---

1. Selon le *Petit Robert*, on distingue la conscience psychologique, c'est-à-dire « la conscience immédiate de sa propre activité physique » de la conscience morale « faculté ou fait de porter des jugements de valeur morale sur ses actes ».
2. Cette théorie est différente de l'approche psychanalytique de l'inconscient.

C'est l'objectif recherché pendant les séances de sophrologie car il permet de développer la « pleine conscience ».

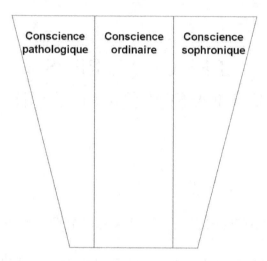

Figure 3.1 – La théorie des états de conscience

La théorie des niveaux de vigilance

Les niveaux de vigilance sont les variations d'attention de l'être humain, de l'hyper vigilance à la mort cérébrale. Ils se matérialisent sur un électroencéphalogramme[1] (EEG). On en distingue trois principaux :

1. **La veille.**
2. **Le sommeil.**
3. **Le coma.**

Dans son travail de structuration de la conscience, Alfonso Caycedo a défini un niveau supplémentaire appelé le niveau sophroliminal[2]. Il fait partie du niveau de veille mais se trouve à la limite du sommeil. Ce niveau de vigilance est connu de tous les individus car ils y passent quotidiennement au moment du réveil

---

1. Tracé représentant l'activité électrique du cerveau.
2. Ondes alpha observables sur un électroencéphalogramme.

ou de l'endormissement. Alfonso Caycedo décrit ce niveau comme le passage incontournable pour modifier la conscience. C'est à ce niveau que les mécanismes de défenses psychiques et les filtres[1] de l'individu sont amoindris. Il a alors accès à une nouvelle conscience (conscience sophronique).

La pratique de la sophrologie permet donc d'atteindre l'état sophroliminal et de le faire durer artificiellement afin :

- d'avoir accès à la mémoire et de la stimuler,
- d'accroître les perceptions internes et externes,
- de rendre « réelles » l'imagination, la projection ou la simulation mentale,
- de prendre du recul et de relativiser,
- de se connaître ou se reconnaître,
- de s'écouter et de s'accepter.

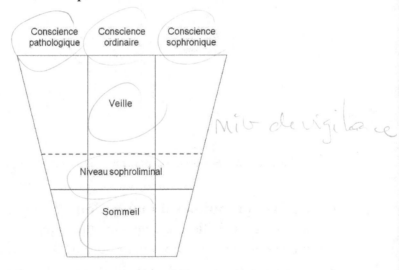

Figure 3.2 – La théorie des niveaux de vigilance

---

1. En Programmation Neuro-Linguistique (PNL), on distingue les filtres neurologiques (le fonctionnement de notre système nerveux ou sensoriel impacte notre appréhension des choses), socioculturels (notre origine sociale détermine notre vision du monde) et individuels (notre éducation et nos choix de vie sont aussi déterminants pour percevoir ce qui nous entoure). Chaque individu perçoit donc le monde d'une manière qui lui est propre.

La loi de la vivance phronique

La vivance phronique est l'ensemble des ressentis physiques et mentaux vécus à l'état sophroliminal. La loi de la vivance phronique énonce que ce sont ces ressentis vécus dans la conscience sophronique qui permettent la prise de conscience. La vivance phronique est engendrée par les suggestions[1] faites par le sophrologue. Elle s'intègre corporellement et mentalement pendant des temps de pauses silencieuses :

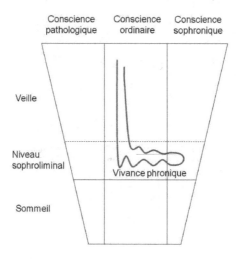

Figure 3.3 – Schéma de principe de la vivance phronique

- **La pause phronique d'intégration** (PPI) permet d'intégrer des ressentis spécifiques. Elle suit directement une stimulation (mouvement ou visualisation) et dure de 3 à 5 secondes.
- **La pause phronique de totalisation** (PPT) permet d'intégrer un ensemble de ressentis. Elle est consécutive à un ensemble de stimulations ou clôture une visualisation. Elle dure de 7 à 10 secondes.

---

1. Cf. plus bas le terpnos logos.

Le sophrologue doit impérativement veiller à respecter ces temps de silences pendant l'animation[1] des exercices.

La loi de la répétition vivantielle

La loi de la répétition vivantielle énonce que c'est la répétition de vivances phroniques ayant la même intention qui consolide la prise de conscience. Cette consolidation se déroule en trois phases :

1. **La découverte :** le sophronisé[2] découvre ses ressentis.
2. **La conquête :** le sophronisé précise ses ressentis.
3. **La transformation :** le sophronisé intègre ses ressentis.

La durée de ces phases est variable selon les individus et les temps d'entraînement. Le sophrologue alors doit donc inviter le sophronisé à pratiquer les exercices quotidiennement et modifier les intentions[3] des exercices selon l'évolution du sophronisé.

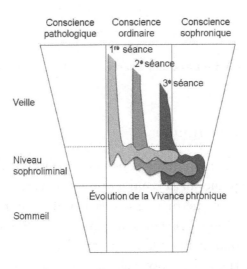

Figure 3.4 – La loi de la répétition vivantielle

---

1. Cf. procédure d'animation de la relaxation dynamique et procédure d'animation d'une sophronisation au chapitre 5.
2. Personne pratiquant une séance de sophrologie.
3. Cf. la conception de protocole au chapitre 5.

LES EXERCICES DE LA SOPHROLOGIE

La sophrologie dispose de deux types d'exercices pour amener à la prise de conscience : La relaxation dynamique (RD) et la sophronisation.

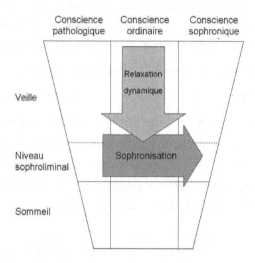

Figure 3.5 – Les deux exercices de la sophrologie

La relaxation dynamique

La relaxation dynamique est un enchaînement d'exercices inspirés du yoga. Elle s'appuie sur la contraction musculaire et la respiration contrôlée. Sa pratique permet de se relâcher, de renforcer sa concentration et de développer la représentation de soi. Elle facilite l'accès au niveau sophroliminal et elle est un préalable à la sophronisation. Le sophrologue la compose pour chaque séance selon son intention. C'est un assemblage d'un à quatre exercices parmi les vingt-sept que comprend la sophrologie. Chaque exercice a sa propre utilité et sa composition.[1]

---

[1]. Cf. procédure d'animation de la relaxation dynamique au chapitre 5 et les exercices de relaxation dynamique au chapitre 6.

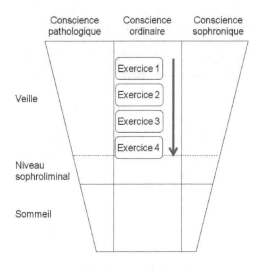

Figure 3.6 – Le processus de la relaxation dynamique

La sophronisation

La sophronisation est un exercice inspiré de l'hypnose qui s'appuie sur la suggestion mentale. Sa pratique permet de créer des ressentis positifs à l'état sophroliminal. Une sophronisation se déroule toujours après un ou plusieurs exercices de relaxation dynamique et en trois étapes successives :

1. **L'induction** pour atteindre le niveau sophroliminal.
2. **Le travail d'activation intra sophronique** (TAIS) pour créer la vivance phronique[1].
3. **La désophronisation** pour retourner au niveau de veille.

Chaque[2] sophronisation a un TAIS spécifique[3] composé d'un assemblage d'une ou plusieurs de ces stimulations :

- **L'IRTER**[4] pour amplifier la détente.
- **La visualisation** pour prendre conscience de ses capacités.

---

1. Cf. la loi de la vivance phronique.
2. Sauf la sophronisation de base.
3. Cf. procédure d'animation d'une sophronisation au chapitre 5 et les exercices de sophronisation au chapitre 7.
4. IRTER : Inspiration-Rétention-Tension-Expiration-Relâchement

- **L'ancrage** pour mémoriser des ressentis.

À chaque séance et selon son intention, le sophrologue choisit un exercice de sophronisation parmi les vingt-six que comprend la sophrologie.

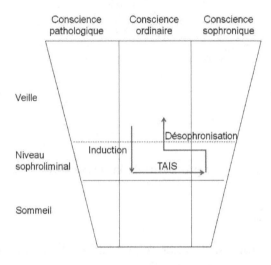

Figure 3.7 – Le processus de la sophronisation

LES THÉORIES DE PRATIQUE DU SOPHROLOGUE

La pratique du sophrologue doit respecter différents principes essentiels à l'efficacité de la sophrologie.

Le principe d'action positive

Le principe d'action positive énonce que toutes les actions, pensées ou ressentis positifs engendrent de nouvelles actions, pensées ou ressentis positifs. Le sophrologue alors doit apprendre au sophronisé à se focaliser sur la dimension positive de situations passées, présentes ou futures pour générer des ressentis positifs. Ces ressentis permettent de rassurer le sophronisé, de lui faire prendre conscience de son potentiel et de développer ainsi de nouvelles capacités.

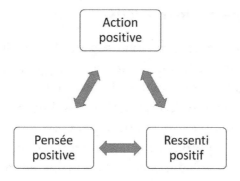

Figure 3.8 – Le cycle du positif

Le principe d'intégration du schéma corporel

En sophrologie, le schéma corporel se définit par la représentation personnelle de tout ce qui constitue l'individu : l'enveloppe physique, les émotions, les sensations, l'intelligence, la réflexion, les intuitions, les valeurs, etc. Le schéma corporel est donc la représentation globale que l'individu à de lui-même. Le sophrologue doit alors apprendre au sophronisé à découvrir puis à écouter son corps, ses ressentis et ses perceptions. L'intégration du schéma corporel est permanente car la représentation de soi évolue à chaque instant.

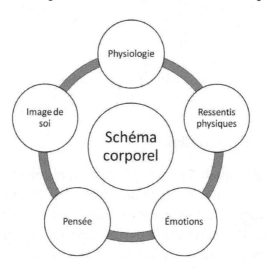

Figure 3.9 – Les composants du schéma corporel

Le principe de réalité objective

Le principe de réalité objective impose de voir les choses et les personnes comme elles sont, sans préjugé ni a priori. Il impose également de se regarder le plus objectivement possible. Le sophrologue doit donc être conscient de ses limites personnelles et professionnelles afin de ne pas outrepasser ses compétences. Il doit aussi aborder le sophronisé sans jugement ni comparaison s'il veut créer une relation de confiance[1]. Ce principe permet également au sophronisé d'acquérir une vision objective de ses besoins et de ses capacités.

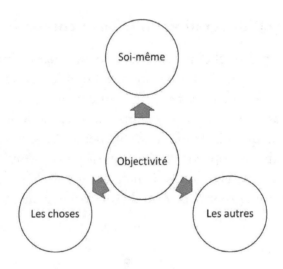

Figure 3.10 – La réalité objective

Le principe d'adaptabilité

Le principe d'adaptabilité énonce que la sophrologie doit s'adapter au sophronisé. Le sophrologue doit donc ajuster les exercices pour rendre la pratique confortable et optimiser l'émergence des ressentis. Cette écoute des aptitudes[2], des besoins et de l'environnement du sophronisé renforce la relation de confiance et motive le

---

1. Cf. l'alliance.
2. Aptitudes physiques, psychiques et sensorielles.

sophronisé. De plus, ce principe évite au sophrologue de s'enfermer dans une pratique rituelle et replace le sophronisé au cœur de l'accompagnement.

Figure 3.11 – Les vertus de l'adaptabilité

Le terpnos logos

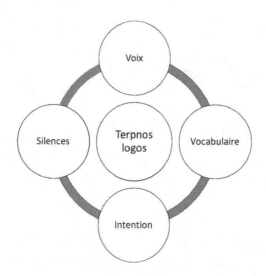

Figure 3.12 – Les paramètres du terpnos logos

Le terpnos logos[1] désigne le discours du sophrologue pendant l'animation des exercices. Il est le seul moyen dont il dispose pour

---

1. Du grec *terpnos*, agréable et *logos*, discours. Cette notion est inspirée du philosophe grec Platon (427-347 av. J.-C.). Dans le *Charmide*, Charmide souffre d'un mal de tête. Platon propose un remède herbacé dont l'action devient effective grâce à sa parole : « l'âme se soigne [...] par des incantations et ces incantations, cher ami, ce sont les beaux discours. Ces discours engendrent la sagesse dans les âmes. » (*Charmide*, 155c-157c).

guider le sophronisé vers le niveau sophroliminal. La qualité des quatre paramètres qui le constituent est essentielle :

- la voix,
- le vocabulaire,
- l'intention,
- les silences.

1. **La voix.** Le sophrologue doit utiliser un ton doux et monocorde pour permettre au sophronisé d'atteindre le niveau sophroliminal et éviter les inflexions trop marquées qui le ramèneraient au niveau de veille. Cependant, le volume de la voix et le rythme des mots varient selon les temps d'exercices.

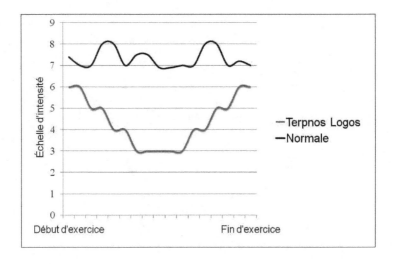

Figure 3.13 – Le volume de la voix du sophrologue

2. **Le vocabulaire.** Le sophrologue doit employer des termes correspondant au champ lexical du sophronisé et inspirés de ses représentations mentales. De plus, les mots employés pendant les visualisations doivent évoquer les ressources nécessaires au sophronisé.

Les concepts de la sophrologie 29

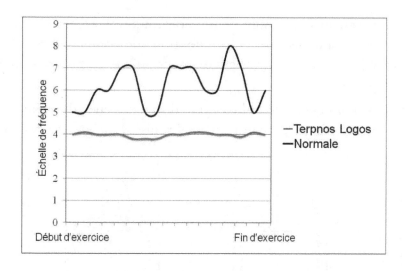

Figure 3.14 – Le ton de la voix du sophrologue

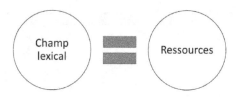

Figure 3.15 – Les éléments du vocabulaire du terpnos logos

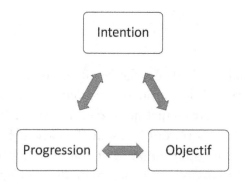

Figure 3.16 – L'intention du terpnos logos

3. **L'intention.** Le sophrologue doit toujours donner une intention[1] à son discours. Ces intentions doivent correspondre à l'objectif de l'accompagnement et suivre la progression du sophronisé.
4. **Les silences.** Le sophrologue doit respecter des temps de silence[2] afin de permettre au sophronisé d'intégrer ses ressentis.

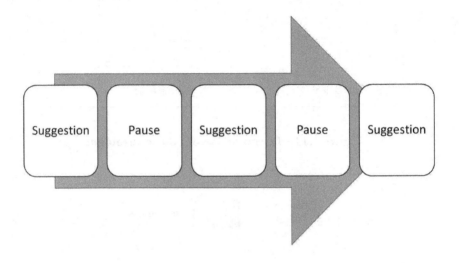

Figure 3.17 – Les silences du terpnos logos

L'alliance

L'alliance est la relation de confiance qui existe entre le sophrologue et le sophronisé. Elle s'instaure et s'entretient en abordant le sophronisé et ses problématiques avec humilité, bienveillance et sans jugement[3]. Le sophronisé se sent alors accepté et peut se livrer avec sincérité. Le sophrologue doit traiter le sophronisé comme un adulte en lui laissant la responsabilité de sa progression. Il est là pour l'accompagner à trouver ses propres solutions et le guider vers

---
1. Cf. le protocole au chapitre 5.
2. Cf. loi de la vivance phronique.
3. Cf. le principe de réalité objective ci-dessus et la posture thérapeutique au chapitre 4.

l'autonomie. Il doit donc se garder d'alimenter le rapport qui existe naturellement entre un expert et un néophyte (dominant/dominé) car il ne détient pas « LA » réponse à ses problèmes.

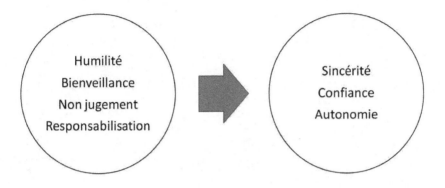

Figure 3.18 – Le processus de l'alliance

Partie II — ÊTRE SOPHROLOGUE

4

LE MÉTIER DE SOPHROLOGUE

Le sophrologue est un professionnel qui utilise la sophrologie comme outil thérapeutique ou de développement personnel. Il accompagne des personnes volontaires dans la recherche de leurs propres solutions. Il élabore et anime des protocoles d'accompagnement adaptés à chacun de ses clients en respectant la méthode dont il maîtrise la théorie et l'application pratique. Le sophrologue, comme tous les professionnels, a un ensemble de règles qui encadrent l'exercice de son métier. Le respect de ces règles et leurs applications garantissent un accompagnement thérapeutique de qualité.

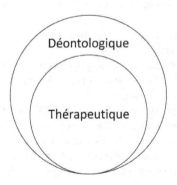

Figure 4.1 – Les cadres du sophrologue

LE CADRE DÉONTOLOGIQUE

Le sophrologue doit respecter les règles morales et éthiques de sa profession. Ces règles sont définies dans le code de déontologie des sophrologues édité par la Chambre Syndicale de la Sophrologie[1].

Code de déontologie des sophrologues[2]

Le présent code de déontologie est le socle commun des sophrologues adhérents à la Chambre Syndicale de la Sophrologie. Il définit leurs engagements envers le public, leurs clients et la profession. Ce code de déontologie garantit l'éthique professionnelle des sophrologues.

Article 1 – Les sophrologues s'engagent à affirmer l'égalité entre les personnes et à en respecter l'originalité et la dignité.
Article 2 – Les sophrologues s'engagent à interdire toute propagande ou prosélytisme religieux ou idéologique au sein de leurs cabinets ou lieux d'intervention. Ils s'engagent à lutter contre toutes les dérives sectaires dont ils seraient témoins.
Article 3 – Les sophrologues s'engagent à respecter et à protéger l'intégrité physique et psychique des personnes sous leur responsabilité.
Article 4 – Les sophrologues s'engagent à respecter la confidentialité des informations collectées durant leurs accompagnements individuels ou de groupes.
Article 5 – Les sophrologues s'engagent à respecter et à faire respecter la législation en vigueur.
Article 6 – Les sophrologues s'engagent à actualiser régulièrement leurs savoirs et leurs compétences afin de répondre aux attentes du public et aux évolutions de la sophrologie.
Article 7 – Les sophrologues s'engagent à diffuser des offres claires et compréhensibles par le public. Ces offres doivent définir les modalités d'accompagnement, les objectifs visés et les limites de la sophrologie.
Article 8 – Les sophrologues s'engagent à ne pas diffuser d'informations pouvant induire le public ou les médias en erreur ou nuisant à l'image de la profession.
Article 9 – Les sophrologues s'engagent à user de leur droit de rectification auprès des médias afin de contribuer au sérieux des informations communiquées au public sur la sophrologie.

---

1. www.chambre-syndicale-sophrologie.fr
2. Version du 16 juin 2012.

> **Article 10** – Les sophrologues s'engagent à respecter les concepts et principes généraux de la sophrologie. Ils s'engagent également à ne pas dénaturer ou amalgamer la sophrologie avec d'autres techniques sans que leurs clients en soient avertis.
> **Article 11** – Les sophrologues s'engagent à respecter les limites de leurs compétences et à orienter leurs clients vers un autre professionnel lorsque celui-ci nécessite un traitement ou une aide thérapeutique ne relevant pas de leurs compétences.
> **Article 12** – Les sophrologues s'engagent à ne pas se substituer aux professionnels de santé, à ne pas prodiguer de diagnostic, de prescriptions médicales et à ne pas interférer avec des traitements médicaux en cours.
> **Article 13** – Les sophrologues s'engagent à conserver leur éthique professionnelle lorsqu'ils interviennent sous l'autorité d'une entreprise ou d'un organisme.
> **Article 14** – Les sophrologues s'engagent, dans la mesure du possible, à proposer un confrère à leurs clients lorsqu'ils seront dans l'impossibilité de fournir leurs services.
> **Article 15** – Les sophrologues s'engagent à entretenir des relations confraternelles de respect et de courtoisie, d'honnêteté et de bonne foi avec les autres sophrologues.
> **Article 16** – Tout sophrologue qui ne respecterait pas le présent code pourrait se voir exclu de la Chambre Syndicale de Sophrologie.

LE CADRE THÉRAPEUTIQUE

La posture thérapeutique

La posture thérapeutique est l'ensemble des attitudes psychologiques, verbales et physiques que le sophrologue doit adopter lorsqu'il accompagne un sophronisé. La posture est l'« uniforme » qui incarne toutes les responsabilités de son métier. Cette posture n'est pas innée. Elle s'apprend et s'entretient en permanence en conservant les attitudes primordiales à la relation d'aide. Elle impose au sophrologue de se questionner sur ce qu'il est[1] et ce qu'il fait[2] lorsqu'il accompagne un sophronisé. Le sophrologue doit avoir conscience que ces attitudes influencent ses intentions et qu'elles sont toutes perceptibles par le sophronisé.

---

1. Pensées, idées, ressentis, intentions, etc.
2. Actions, paroles, etc.

Voici la liste des attitudes primordiales de la relation d'aide :

- **Le respect :** sentiment de considération envers quelqu'un ou quelque chose. Lorsque le sophrologue respecte le sophronisé[1], il le considère comme son égal. Celui-ci se sent alors valorisé quels que soient ses problèmes ou sa condition.
- **La tolérance** : attitude qui admet la différence. Lorsque le sophrologue fait preuve de tolérance, il accepte le sophronisé avec bienveillance quelle que soient ses différences. Celui-ci se sent alors accepté et peut s'exprimer librement sans crainte du jugement.
- **La patience** : aptitude à attendre avec calme, à ne pas s'énerver des défaillances. Lorsque le sophrologue est patient, il laisse du temps au sophronisé pour intégrer ses ressentis et trouver ses propres solutions. Celui-ci se sent alors soutenu dans sa progression.
- **Le lâcher prise** : attitude qui consiste à se détacher du désir de maîtrise, de contrôle. Lorsque le sophrologue lâche prise, il accepte que le sophronisé soit l'acteur principal de sa progression. Celui-ci se sent alors traité comme un adulte responsable.
- **L'humilité** : attitude qui permet d'avoir conscience de ses limites ou faiblesses. Lorsque le sophrologue fait preuve d'humilité, il admet de ne pas détenir de solutions et accepte que ce soit le sophronisé qui les détiennent. Celui-ci se sent alors valorisé dans ses choix et ses capacités.
- **La prise de recul :** attitude qui consiste à se détacher d'une situation, d'un événement. Lorsque le sophrologue prend du recul, il évite d'être submergé par ses émotions et aborde le sophronisé avec objectivité[2]. Celui-ci se sent alors accompagné avec lucidité.
- **La tempérance** : attitude qui consiste à modérer ses désirs. Lorsque le sophrologue fait preuve de tempérance, il ne laisse pas ses besoins[3] supplanter ceux du sophronisé. Celui-ci se sent alors au centre de ses préoccupations.

---

1. Le sophronisé et tout ce qu'il fait, pense ou ressent.
2. Faire abstraction de ses représentations ou croyances.
3. Besoins affectifs, financiers, de reconnaissance, etc.

La posture thérapeutique s'observe aussi dans l'attitude physique[1] du sophrologue. Il doit adopter une position stable, confortable mais dynamique. Il doit faire face au sophronisé en respectant une distance non intrusive (1,20 m minimum).

Figure 4.2 – **La posture thérapeutique du sophrologue**

Les écarts à la posture thérapeutique

Voici quelques exemples de comportements indiquant des dérives de posture thérapeutique.

1. **L'interrogatoire** : entretien mené dans le but d'obtenir des réponses précises. Les questions sont directes, parfois intrusives et posées de façon insistante. Le sophronisé subit une pression plus ou moins hostile qui le met alors en situation d'infériorité. En agissant ainsi, le sophrologue limite l'échange et ne permet pas à la personne d'exprimer ce qu'elle ressent.

2. **Le monologue** : discours d'une personne qui parle seule sans tenir compte de son interlocuteur. Lorsque le sophrologue monopolise la parole, cela peut révéler des intentions comme le plaisir de s'écouter parler, l'envie de séduire son interlocuteur ou d'influencer son opinion. Cela peut également traduire la peur d'entendre ce qui peut être dit.

---

1. Cette position peut varier selon les exercices mais l'intention doit rester la même.

Figure 4.3 – L'interrogatoire

Figure 4.4 – Le monologue

3. **La confession** : aveu d'une personne devant un témoin. Lorsque le sophrologue agit comme un directeur de conscience qui fait une évaluation morale de ce qui est dit, il se place comme le détenteur d'une règle supérieure qui juge en accordant son pardon ou en sanctionnant.

Figure 4.5 – La confession

4. **La conversation :** échange amical entre deux personnes. Quand le sophrologue crée une proximité avec son interlocuteur en conversant familièrement sur différents sujets, il s'éloigne de son objectif. Une simple conversation ne permet de saisir les véritables enjeux de ce qui est énoncé.

Figure 4.6 – La conversation

5. **L'interview :** entretien conduit par un journaliste qui interroge une personne sur les différents aspects de sa vie. L'illusion est de croire que l'entretien est centré sur la personne alors que le journaliste ne cherche pas à la comprendre, mais à intéresser son public. Le but est alors de faire parler la personne interviewée pour faire sensation. Le sophrologue qui agit ainsi invite le sophronisé à livrer du sensationnel afin d'attirer son attention.

Figure 4.7 – L'interview

Figure 4.8 – La discussion

6. **La discussion :** échange de propos, un débat où les interlocuteurs échangent des idées parfois contradictoires. Les phrases peuvent être emportées, voire offensives. Parfois, le sophrologue veut donner son opinion ou un avis divergent sur un problème évoqué. Il ne cherche pas à comprendre ce qui lui est dit mais souhaite uniquement convaincre son interlocuteur.

7. Le diagnostic : identification d'une maladie à partir de l'analyse de symptômes, dans le but d'aboutir à un traitement. Lorsque le sophrologue agit ainsi, il analyse ce qui est dit pour apporter une solution à un problème qu'il croit identifier. Il va alors ignorer les particularités du vécu du sophronisé.

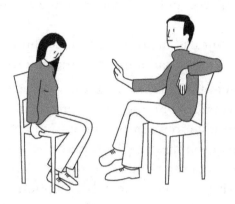

Figure 4.9 – Le diagnostic

Règles à retenir

– Ne pas interpréter les informations données
– Ne pas donner son avis, son opinion, des conseils ou des explications sur un événement décrit par le sophronisé
– Ne pas trouver ou imposer de solution
– Ne pas influencer ou orienter
– Ne pas chercher à contrôler, convaincre ou persuader
– Ne pas chercher à séduire, à être aimé ou admiré
– Ne pas materner, rassurer ou secourir
– Ne pas aimer ou détester
– Ne pas chercher à être utile ou efficace
– Ne pas parler de soi

L'écoute thérapeutique

L'écoute thérapeutique décrit la manière dont le sophrologue va écouter le sophronisé pendant les séances. Cette écoute doit être objective[1] afin de collecter les informations les plus claires et les plus précises possibles. Le sophrologue doit aider le sophronisé à qualifier ses problématiques, mais surtout à faire émerger ses ressources. Il doit aussi respecter son rythme et ses émotions. Les informations ainsi collectées lui serviront à construire un accompagnement thérapeutique efficace, puisqu'il correspondra aux besoins objectifs du sophronisé.

Pour se prémunir de l'interprétation, le sophrologue cherchera à « *faire dire plutôt que dire* » en utilisant les techniques suivantes :

1. **L'accusé-réception** : fait de confirmer verbalement ou gestuellement la réception d'un message. Lorsque le sophrologue agit ainsi, il informe le sophronisé qu'il est attentif à son propos et qu'il a entendu son message. Le sophronisé se sent alors écouté cela l'invite à continuer de s'exprimer. Cependant, l'accusé-réception exprime uniquement la réception d'un message. Il ne comporte pas d'accord ou de désaccord sur celui-ci.

   Exemple d'accusés-réception possibles
   Hochements de tête, onomatopées approbatives (hum, hum...), regard droit dans les yeux, sourire, etc.

   Exemple d'accusés-réception à éviter
   Regard fuyant ou distrait, visage fermé et impassible, bras croisés, accord ou désaccord par des hochements de tête, etc.

Figure 4.10 – Les effets de l'accusé réception

2. **Le questionnement** : c'est le fait de poser une question afin de qualifier une information. Lorsque le sophrologue questionne

---

1. Sans interprétation.

le sophronisé, il l'oblige à éclaircir et à préciser les informations qu'il délivre. Ce questionnement va également l'aider à sortir du processus émotionnel dans lequel il est enfermé[1] en l'amenant à réfléchir à ses propos pour les rendre compréhensibles. Cependant, le sophrologue doit veiller à poser des questions ouvertes ou neutres afin de ne pas induire de réponse ou de clore l'échange.

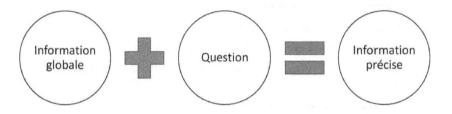

Figure 4.11 – Les effets du questionnement

Exemple de questionnement d'éclaircissement
Sophronisé – Je vais être renvoyé car je suis souvent absent.
Sophrologue – Depuis votre retour de vacances, combien de fois avez-vous été absent ? À quelle fréquence ? Combien de jours ?

Exemple de questionnement de précision
Sophronisé – Ma fille de quinze ans est agressive.
Sophrologue – Pouvez-vous me donner un exemple précis de son agressivité ? Dans quelles situations concrètes se manifeste-t-elle et comment ?

Exemple de questionnements possibles
En quoi consiste votre travail ?
Quelles raisons vous ont poussé à prendre cette décision ?
Comment avez-vous procédé pour résoudre ce problème ?
Que ressentez-vous ?

Exemple de questionnement à éviter
Sinon, vous ne rencontrez pas de problèmes, n'est-ce pas ?
Avez-vous envie de le faire ou pas ?

---

1. Le sophronisé stressé a tendance à généraliser ou focaliser sur un sujet.

3. **La reformulation :** fait de répéter ce que l'on comprend à partir de ce que l'on a entendu. Lorsque le sophrologue reformule les propos du sophronisé, il valide sa compréhension et évite l'interprétation. Le sophronisé se sent alors compris ou peut corriger les propos reformulés. La reformulation permet également des prises de conscience au sophronisé qui peut alors réentendre ce qu'il vient de dire.

Exemple de reformulation
Sophronisé – Je m'ennuie au travail.
Sophrologue – Votre travail ne vous intéresse plus ?
Sophronisé – Non, ce sont mes collègues qui sont ennuyeux.

Exemple de reformulation
Sophronisé – Je suis toujours en colère.
Sophrologue – Vous êtes toujours en colère ?
Sophronisé – Non, pas toujours. Seulement au travail.

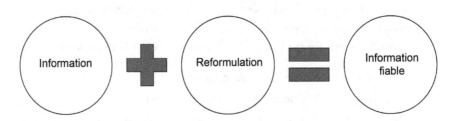

Figure 4.12 – Les effets de la reformulation

5

LES ACTIVITÉS DU SOPHROLOGUE

Les activités thérapeutiques du sophrologue sont divisées en deux temps distincts :

- **L'animation de séances** : temps que le sophrologue passe avec le sophronisé. C'est aussi le moment où le sophrologue peut évaluer la progression du sophronisé et la pertinence de son accompagnement.
- **La conception de protocole** : temps où le sophrologue élabore et adapte ses protocoles d'accompagnement. Cette activité se déroule en dehors des séances, pendant l'inter-séance.

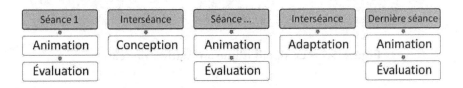

Figure 5.1 – Les activités thérapeutiques

L'ANIMATION DE SÉANCE

La séance est le moment où le sophrologue est en présence du sophronisé. Elle est consacrée aux échanges et à la pratique des exercices de sophrologie. Elle est toujours animée avec une intention précise, définie par le protocole[1]. C'est pendant la séance que le sophrologue accompagne le sophronisé dans les prises de conscience nécessaires à la satisfaction de ses besoins ou de ses envies.

Une séance dure généralement 60 minutes. Cependant, elle peut varier de 45 minutes à 1 h 15 selon le public ou les contraintes structurelles. La fréquence idéale des séances est d'une par semaine. La régularité permet au sophronisé d'intégrer ses ressentis et favorise la prise de conscience. Cependant, elle peut varier de 3 jours à 1 mois (avec entraînement personnel) selon le public ou les contraintes structurelles.

Une séance se décompose en trois temps. Elle commence et finit toujours par un temps d'échange. L'animation des exercices se trouve alors encadrée par ces échanges. Cette organisation permet au sophrologue de collecter des informations avant et après les exercices. Elle permet également au sophronisé d'exprimer ses besoins, ses attentes et ses ressentis à différents moments.

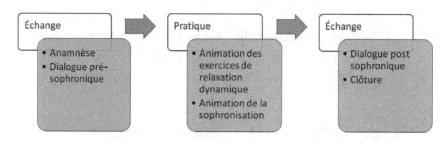

Figure 5.2 – Le détail d'une animation de séance

L'anamnèse

L'anamnèse[2] est le premier temps d'échange de la séance. Elle correspond au temps consacré à la collecte d'informations destinées à construire ou à modifier un parcours d'accompagnement. C'est

---

1. Cf. plus bas la conception de protocole.
2. Au sens étymologique, le terme anamnèse vient du grec *anamnêsis*, qui signifie action de rappeler à la mémoire.

un moment d'écoute important qui permet de créer les bases d'une relation de confiance, primordiale à la relation thérapeutique. Le sophrologue établit un « état des lieux » du sophronisé et évalue la priorité de ses besoins[1]. Le sophrologue et le sophronisé sont généralement assis face à face, le sophrologue pose des questions, écoute et observe le comportement verbal et non verbal du sophronisé.

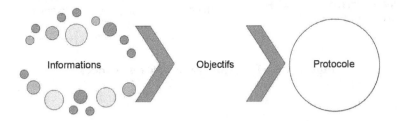

Figure 5.3 – L'utilité d'une anamnèse

L'anamnèse se déroule systématiquement au début de chaque séance mais on en distingue deux sortes :

- **L'anamnèse de la première séance** (30 minutes environ). Elle permet au sophrologue et au sophronisé de se découvrir, de définir ensemble l'objectif de l'accompagnement et d'établir le contrat thérapeutique[2]. Le sophrologue interroge le sophronisé sur ses envies, son vécu et ses besoins afin de clarifier la demande du sophronisé et de relever les informations nécessaires à la construction du protocole.

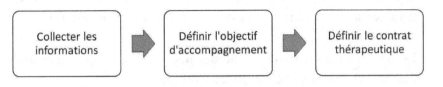

Figure 5.4 – Le déroulé de la première anamnèse

---

1. Cf. annexe Exemple de fiche de renseignement pour particulier.
2. Cf. plus bas le contrat thérapeutique.

- **L'anamnèse des autres séances** (10 à 15 minutes environ). Elle permet un « état des lieux » momentané. Le sophrologue questionne le sophronisé pour connaître les événements vécus depuis la dernière séance. Il l'interroge également sur son entraînement personnel (assiduité, effets, etc.)[1].

Figure 5.5 – L'anamnèse des autres séances

Le questionnaire d'anamnèse

Lors de la première anamnèse, le sophrologue doit chercher à recueillir des informations sans jamais être intrusif ou insistant. Il doit également amener le sophronisé à hiérarchiser ses envies et ses besoins. Il peut consigner ses informations sur une fiche de renseignements[2].

Voici les informations que le sophrologue doit collecter :

- **L'objet de la visite** : il permet au sophrologue d'écouter la première formulation des besoins (gérer le stress, mieux dormir, etc.).
- **L'état de santé générale** (traitements en cours, douleurs spécifiques, etc.) : il permet au sophrologue de mesurer l'impact des troubles sur le sophronisé et de se renseigner sur le suivi médical éventuel.
- **La qualité du sommeil** : elle permet au sophrologue d'évaluer l'impact des troubles énoncés au quotidien.
- **La qualité de l'alimentation** : elle permet au sophrologue d'évaluer les addictions ou troubles alimentaires éventuels. Elle

---

1. Cf. annexe Modèle de fiche de séance et exemple de fiche de séance.
2. Cf. annexe Modèle de fiche de renseignements pour un particulier et exemple de fiche pour particulier.

permet également d'évaluer l'impact des troubles énoncés au quotidien.
- **La qualité de la vie sociale** (familiale, professionnelle et amicale) : elle permet au sophrologue d'évaluer l'impact des troubles énoncés au quotidien, mais aussi d'identifier les éléments ressources sur lesquels pourront s'appuyer les exercices.
- **Les aversions**[1] : elles permettent au sophrologue d'identifier les images à éviter lors des exercices.
- **Les ressources** (loisirs, objets et lieux privilégiés) : elles permettent au sophrologue d'identifier les images et scénarios positifs sur lesquels pourront s'appuyer les exercices.

L'objectif du parcours d'accompagnement

L'objectif est la finalité visée du parcours d'accompagnement, il permet de définir les intentions du protocole[2] sophrologique. Le choix de l'objectif est défini lors de la première anamnèse (5 à 10 minutes), après le recueil des informations. Pour le définir, le sophrologue doit être attentif car la demande exprimée est parfois éloignée de l'objectif visé. Il doit donc questionner le sophronisé sur ses besoins et ses moyens pour y répondre. La pertinence de l'objectif est primordiale, il doit toujours être accepté sans équivoque par le sophronisé.

Le sophrologue doit s'assurer que l'objectif visé répond aux critères suivants[3] :

- **Spécifique** : l'énoncé de l'objectif est une phrase simple (sujet/verbe/complément) dont la tournure syntaxique est affirmative. Dans la formulation de l'objectif, ce critère se traduit par l'utilisation du « je » et un libellé positif.

---

1. Selon le *Petit Robert*, une aversion signifie « grande répugnance, violente répulsion ».
2. Cf. la conception de protocole.
3. Pour mémoriser ces critères, il est pratique de les appeler SMART.

- **Mesurable** : l'objectif est observable selon des critères physiques et/ou émotionnels, ou par des actions concrètes. Dans la formulation de l'objectif, ce critère se traduit par l'utilisation d'un adjectif ou d'un adverbe.
- **Atteignable** : l'objectif est imaginé dans un contexte précis, respectueux de l'entourage du sophronisé (écologique). Dans la formulation de l'objectif, ce critère se traduit par une situation ciblée.
- **Réaliste** : l'objectif doit être mentalement et physiquement possible pour le sophronisé et prendre en considération les contraintes du réel (temps, environnement, etc.).
- **Temporel** : l'objectif est défini dans le temps par une date, une échéance ou un événement. Dans la formulation de l'objectif, ce critère se traduit par l'énoncé d'une échéance précise.

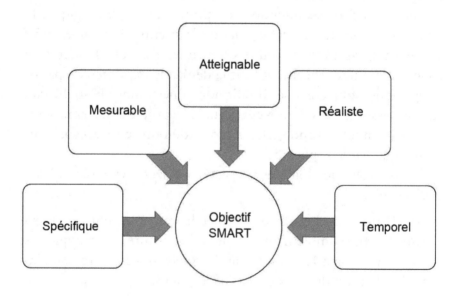

Figure 5.6 – L'objectif SMART

- *Procédure de définition d'un objectif*

Pour définir un objectif, le sophrologue doit s'employer à :
1. Définir explicitement et positivement la demande du sophronisé.

Exemple de qualification de la demande

Sophrologue – Si j'ai bien compris, vous aimeriez être serein lorsque vous êtes en entretien avec votre employeur ?

Sophronisé – Oui.

Sophrologue – Si vous deviez le dire avec vos mots et en commençant votre phrase par « Je », que diriez-vous ?

Sophronisé – Je veux être sûr de moi lorsque je suis en entretien avec mon patron.

2. Définir des ressources objectives.

Exemple d'émergence des ressources

Sophrologue – Avez-vous déjà vécu un entretien professionnel avec votre patron où vous étiez serein ?

Sophronisé – Oui, cela m'est déjà arrivé une fois lorsque j'ai dû présenter un dossier.

Sophrologue – Et qu'aviez-vous fait pour être sûr de vous lors de cet entretien ?

Sophronisé – Je l'avais préparé à l'avance. J'avais listé tout ce que je voulais dire et j'avais réfléchi à comment j'allais le dire. J'avais pensé à des phrases que je me répétais dans ma tête. Et puis je me suis calmé en soufflant un bon coup avant d'entrer dans son bureau.

3. Définir les indicateurs (ressentis physiques et émotionnels, actions) qui indiqueront que l'objectif a été atteint.

Exemple de définition d'indicateurs

Sophrologue – Pourriez-vous me dire ce que vous ressentirez lorsque vous saurez parler à votre patron avec assurance ?

Sophronisé – De la fierté ! Je n'aurai pas laissé mes émotions m'envahir.

Sophrologue – Et physiquement, que ressentirez-vous ?

Sophronisé – Je n'aurai plus de boule au ventre.

Sophrologue – Que ferez-vous alors ?

Sophronisé – Je pourrais lui demander une augmentation.

4. Déterminer une échéance (date ou durée) pour la réalisation de l'objectif.

Exemple de détermination d'échéance

Sophrologue – Combien de temps vous donnez-vous pour atteindre votre objectif ?

Sophronisé – J'aimerai que cela soit le plus rapidement possible.

Sophrologue – Qu'entendez-vous par le plus rapidement possible ?

Sophronisé – Mon entretien annuel est dans trois mois, je m'accorde donc ce temps-là.

5. Obtenir l'accord du sophronisé sur l'objectif et l'ensemble de ses critères.

Exemple de validation d'objectif

Sophrologue – Si j'ai bien compris, vous souhaitez être sûr de vous lors de votre prochain entretien annuel. Vous savez déjà vous préparez mentalement et vous avez même une astuce pour vous calmer. Cependant vous vous laissez trois mois pour être capable de demander sereinement votre augmentation à votre patron, sans avoir de boule au ventre.

Sophronisé – C'est exactement ça !

Figure 5.7 – Processus de définition d'un objectif

Le contrat thérapeutique

Le contrat thérapeutique est l'engagement moral établi par le sophrologue et accepté par le sophronisé. Il est défini à la fin de la première anamnèse (5 à 10 minutes), mais il peut être ajusté à chaque séance. Le sophrologue y décrit les moyens utilisés (méthode et exercices), les cadres de son travail (déontologie, etc.) et les obligations du sophronisé (entraînement, ponctualité, etc.). Cette présentation peut être succincte mais elle doit être explicite. Le contrat thérapeutique est essentiel pour la qualité de la relation puisqu'il définit les obligations de chacun et implique le sophronisé dans le parcours d'accompagnement. Il formalise l'accord mutuel de deux personnes responsables ayant un objectif commun.

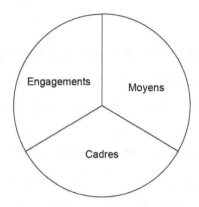

Figure 5.8 – Les éléments du contrat thérapeutique

- *Procédure d'établissement du contrat thérapeutique :*
1. Présenter les moyens utilisés (sophrologie, exercices et limites).

   Exemple de moyens
   Bien-être, potentiel, prise de conscience, respiration, détente musculaire, pensée positive, visualisation, mouvement, relaxation dynamique, sophronisation, temps d'échange, etc.

   Exemples de limites
   Technique verbale (non tactile), pratique sans musique et sans odeur (encens, huiles essentielles, etc.), ne se substitue pas aux traitements médicaux, nécessite parfois un suivi psychologique en parallèle, etc.

2. Présenter les engagements mutuels.

   Exemples d'engagements du sophrologue
   Déontologie, bienveillance, non-jugement, ouverture, confidentialité, adaptabilité, ponctualité, etc.

   Exemples d'engagement du sophronisé
   Assiduité dans la pratique personnelle, motivation, ponctualité, etc.

3. Présenter les modalités[1] pratiques de l'accompagnement.

> *Exemples de modalités*
> Durée des séances, nombre de séances, fréquence des séances, tarif, lieu, etc.

4. Obtenir l'accord du sophronisé sur la totalité du contrat.

Figure 5.9 – Processus de définition du contrat thérapeutique

Le dialogue pré-sophronique

Le dialogue pré-sophronique est le deuxième temps d'échange de la séance. Ce temps assez court (2 à 4 minutes) s'effectue juste après l'anamnèse, il est le préambule à la pratique des exercices. Le sophrologue est généralement debout face au sophronisé et il lui décrit les exercices qui vont suivre.

Cette description claire et succincte permet au sophronisé de comprendre où il se situe dans son parcours d'accompagnement et en quoi cette séance va le rapprocher de son objectif. Le dialogue pré-sophronique sert à optimiser les effets des exercices.

- *Procédure d'animation du dialogue pré-sophronique :*
1. Rappeler l'objectif de l'accompagnement et présenter l'intention de la séance.

> *Exemple de présentation d'objectifs*
> Sophrologue – Vous êtes là car vous souhaitez passer sereinement votre permis de conduire. Lors des dernières séances, vous avez appris

---

[1]. Le sophrologue doit veiller à être souple et adaptable. Les modalités pratiques sont importantes dans la décision de poursuivre un accompagnement.

à vous calmer. Aujourd'hui, nous allons travailler à renforcer votre confiance en vous. Cela vous permettra d'être plus sûre de vous le jour de l'examen.

Sophronisé – Oui très bien, cela me paraît logique.

2. Présenter les exercices (type, intention et description) et les adapter si besoin.

Exemple de présentation des exercices

Sophrologue – Nous allons commencer par des exercices de relaxation dynamique, des mouvements doux associés à la respiration. Le premier exercice s'appelle « le polichinelle », il est destiné à relâcher toutes vos tensions. Pour cela, vous sauterez sur place pendant quelques instants.

Sophronisé – Je fais souvent des entorses aux chevilles, je ne pourrais donc pas sauter très haut.

Sophrologue – Vous pouvez sautillez doucement ? Parfait, je vous proposerai ensuite l'exercice...

3. Obtenir l'accord du sophronisé sur l'intention de la séance et tous les exercices avant de commencer à les animer.

Figure 5.10 – Processus du dialogue pré-sophronique

L'animation de la relaxation dynamique

L'animation des exercices de relaxation dynamique est le troisième temps d'une séance. Sa durée varie de 10 à 30 minutes car il peut se composer de un à quatre exercices consécutifs selon les intentions de la séance[1]. Chaque exercice fait l'objet d'une pratique détaillée que le sophrologue peut adapter selon l'intention qu'il souhaite

---

1. Cf. plus bas la conception de protocole.

lui donner. Le sophronisé est généralement debout ou assis. Il est silencieux et n'exprime pas ses ressentis entre les exercices.

Avant l'animation, le sophrologue invite le sophronisé à se dégager de toute entrave vestimentaire pouvant le gêner pendant les exercices (chaussures, ceinture, cravate, etc.). Il l'invite également à choisir une position confortable et lui rappelle qu'il pourra l'adapter pendant les exercices si besoin. Le sophrologue doit veiller à ajuster cette position si celle-ci peut menacer la sécurité du sophronisé (manque d'espace, proximité d'un objet, etc.).

Afin d'optimiser les effets des exercices, le sophrologue propose au sophronisé de :

- vivre ce temps pour soi ;
- accueillir avec bienveillance ses ressentis et ses émotions ;
- rester concentré sur les consignes énoncées par le sophrologue.

Pendant l'animation, le sophrologue doit garder les yeux ouverts afin de garantir la sécurité du sophronisé et ajuster les consignes si besoin. Il doit également être vigilant à adapter son terpnos logos[1] s'il souhaite faciliter l'émergence et l'intégration des ressentis. Il peut proposer au sophronisé d'enregistrer les exercices pour faciliter son entraînement personnel.

- *Procédure d'animation d'un exercice de relaxation dynamique :*
1. Énoncer l'intention de l'exercice.
2. Expliquer les consignes de l'exercice en mimant les mouvements et en exagérant les respirations.
3. Valider la compréhension des consignes par le sophronisé et demander son accord avant de commencer l'exercice.
4. Faire l'exercice avec le sophronisé en énonçant les consignes[2] et en les adaptant à son rythme.
5. Annoncer la fin de l'exercice et demander l'accord du sophronisé avant d'enchaîner avec l'exercice suivant.

---

1. Cf. le terpnos logos au chapitre 3.
2. Cf. les exercices de relaxation dynamique au chapitre 6.

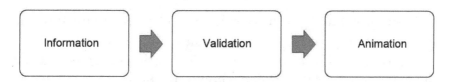

Figure 5.11 – Processus d'animation
de la relaxation dynamique

L'animation de la sophronisation

L'animation d'une sophronisation est le quatrième temps d'une séance. Sa durée varie de 15 à 30 minutes car elle peut être composée de différents éléments[1]. Chaque constituant d'une sophronisation fait l'objet d'une pratique détaillée que le sophrologue peut adapter selon l'intention qu'il souhaite lui donner. Le sophronisé est généralement assis afin d'éviter l'endormissement, mais la position allongée peut être également proposée. Il est silencieux et n'exprime pas ses ressentis pendant l'exercice.

Avant l'animation, le sophrologue invite le sophronisé à se dégager de toute entrave vestimentaire pouvant le gêner pendant l'exercice (chaussures, ceinture, cravate, etc.). Il l'invite également à choisir une position confortable en lui rappelant qu'il pourra l'adapter pendant l'exercice si besoin. Le sophrologue devra veiller à ajuster cette position si celle-ci peut menacer la sécurité du sophronisé (manque de soutien, perte d'équilibre, etc.).

Afin d'optimiser les effets des exercices, le sophrologue propose au sophronisé de :

- vivre ce temps pour soi ;
- accueillir avec bienveillance ses ressentis et ses émotions ;
- rester concentré sur les consignes énoncées par le sophrologue.

Pendant l'animation, le sophrologue doit garder les yeux ouverts afin de garantir la sécurité du sophronisé et ajuster les consignes si besoin. Il doit également être vigilant à adapter son terpnos logos s'il souhaite faciliter l'émergence et l'intégration des ressentis.

---

1. Toutes les sophronisations sont composées d'une induction, d'un TAIS et d'une désophronisation sauf la sophronisation de base.

Le sophrologue peut encourager le sophronisé à enregistrer la sophronisation pour faciliter son entraînement personnel.

La procédure d'animation d'une sophronisation se compose d'une induction, d'un TAIS et d'une désophronisation.

- *Procédure d'animation d'une induction :*

1. Commencer l'induction en demandant au sophronisé de fermer les yeux et de respirer profondément.
2. Inviter le sophronisé à se focaliser sur chaque partie de son corps afin de les relâcher[1].

- *Procédure d'animation d'un TAIS :*

3. Commencer l'IRTER[2] en annonçant son intention et énoncer sa consigne.
4. Inviter le sophronisé à inspirer par le nez et à retenir sa respiration.
5. Inviter le sophronisé à contracter son corps avant de le relâcher en expirant fortement par la bouche.
6. Commencer la visualisation[3] en annonçant son intention et énoncer sa consigne
7. Inviter le sophronisé à visualiser une image dans laquelle il pourra stimuler ses sens.
8. Commencer l'ancrage[4] en annonçant son intention puis et énoncer sa consigne.
9. Inviter le sophronisé à inspirer par le nez et à retenir sa respiration.

---

1. Le sophrologue observe l'atteinte du niveau sophroliminal du sophronisé par différentes manifestations corporelles telles que : tête tombante, bras ballants bouche ouverte, larmoiement, bâillement, respiration lente et régulière, etc.
2. Selon la sophronisation. Cf. les exercices de sophronisation au chapitre 7.
3. Selon la sophronisation. Cf. les exercices de sophronisation au chapitre 7.
4. Selon la sophronisation. Cf. les exercices de sophronisation au chapitre 7.

10. Inviter le sophronisé à enregistrer mentalement ses ressentis puis à expirer doucement par la bouche.

- *Procédure d'animation d'une désophronisation :*

11. Commencer la désophronisation en demandant au sophronisé de reprendre contact avec son environnement.
12. Demander au sophronisé de se remettre doucement en mouvement.
13. Annoncer la fin de l'exercice.

Figure 5.12 – Processus d'animation d'une sophronisation

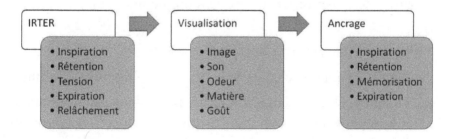

Figure 5.13 – Processus d'animation d'un TAIS

Le dialogue post-sophronique (ou phénodescription[1])

Le dialogue post-sophronique, le cinquième temps d'une séance, est réalisé après l'ensemble des exercices et dure de 5 à 10 minutes. Il est davantage un temps d'expression du sophronisé plutôt qu'un

---

1. La phénodescription consiste à décrire les ressentis vécus pendant la séance. Elle constitue le cœur du dialogue post-sophronique.

réel dialogue. Le sophrologue doit donc l'écouter et veiller à l'interrompre le moins possible. Lorsque le sophronisé s'attarde, le sophrologue peut l'écourter sans le brusquer. La phénodescription n'est pas obligatoire, mais elle est vivement conseillée car elle permet au sophrologue d'évaluer l'efficacité des exercices proposés et d'ajuster par la suite son protocole si besoin. Elle permet également au sophronisé de prendre conscience de ses ressentis.

Lorsqu'une phénodescription déclenche des réactions émotionnelles (pleurs, colère, rire, etc.), le sophrologue doit accueillir ces réactions sans chercher à les expliquer, à les amoindrir ou à les nier. Il doit être particulièrement vigilant à garder sa posture thérapeutique afin de maintenir l'alliance. Il doit donc laisser le temps au sophronisé de vivre ses émotions, puis il peut l'inviter à se concentrer sur ses sensations physiques pour en sortir. Le sophrologue doit veiller à ce que le sophronisé ait retrouvé son calme ou un niveau de veille[1] suffisant avant de quitter son cabinet.

Si le sophronisé refuse de s'exprimer, le sophrologue renouvelle son invitation lors de la séance suivante. Il peut également lui proposer de s'exprimer par écrit dans un premier temps.

- *Procédure d'animation du dialogue post-sophronique :*

1. Ouvrir le temps d'échange en invitant le sophronisé à s'exprimer.
2. S'il refuse, clore le temps d'échange sans marquer de contrariété. Si le sophronisé accepte de s'exprimer, énoncer les consignes d'expression : discours centré sur les sensations physiques en utilisant le « je ».
3. Écouter les ressentis en intervenant le moins possible sauf pour rappeler les consignes d'expression.
4. Clore le temps d'échange lorsque le sophronisé a terminé.

---

1. Si le sophronisé a des difficultés à se calmer ou à retrouver un niveau de veille suffisant, le sophrologue peut éventuellement lui proposer un exercice de relaxation dynamique.

**Figure 5.14 – Processus d'animation
du dialogue post-sophronique**

La clôture de séance

La clôture de séance est le sixième et dernier temps de la séance. Réalisée après le dialogue post-sophronique, elle dure de 5 à 10 minutes. Le sophrologue et le sophronisé organisent ensemble l'entraînement personnel du sophronisé jusqu'à la prochaine séance (exercices, durée, moment, lieu, fréquence, etc.).

- *Procédure de clôture de séance :*
1. Définir l'entraînement personnel du sophronisé en le laissant choisir dans les exercices du jour.
2. Valider la compréhension des exercices.

Figure 5.15 – Processus de la clôture de séance

LA CONCEPTION DE PROTOCOLE

Le protocole est la définition du programme de l'accompagnement. Il décrit l'ensemble des séances que le sophrologue va proposer au sophronisé. Le sophrologue ne choisit pas les exercices de ses séances au hasard ou selon ses préférences, mais en fonction de leur utilité. Pour cela, il doit définir les intentions avec lesquelles il va les animer. Ces intentions émanent des informations recueillies auprès du sophronisé après la première séance et des principes de fonctionnement de la sophrologie.

Le protocole décrit toutes ces intentions, de la plus générale à la plus spécifique. Cette vision d'ensemble du parcours permet de vérifier en permanence la cohérence entre les moyens (exercices) mis en œuvre et les résultats (objectifs) attendus ou entre les intentions du sophrologue et les aptitudes du sophronisé. Cependant, le protocole n'est qu'une prévision de parcours, le sophrologue doit savoir le modifier pour l'adapter à la progression du sophronisé.

Un protocole dure le temps nécessaire à la réalisation de l'objectif et son nombre de séances dépend de la progression du sophronisé. Cependant, pour un objectif précis, un protocole dure généralement de 8 à 12 séances.

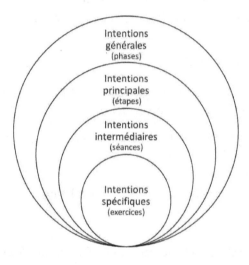

Figure 5.16 – Les niveaux d'intention d'un protocole

Les intentions d'un protocole

Les intentions de phases

Un protocole est toujours constitué de trois phases successives. Ces phases correspondent aux trois intentions générales incontournables du sophrologue s'il veut réussir son accompagnement. Elles sont plus ou moins longues selon les besoins du sophronisé et influencent les intentions des séances.

1. **La phase curative** a pour intention de répondre aux besoins immédiats de détente et de concentration du sophronisé. Elle est un préalable dans un accompagnement puisqu'elle permet au sophronisé de prendre conscience de son état de stress et de sa capacité à le contrôler. Sa durée, et donc le nombre de séances, dépend de l'état initial du sophronisé et de l'objectif thérapeutique.
2. **La phase préventive** a pour intention de renforcer un état de mieux-être, de développer des capacités et d'augmenter l'estime de soi. C'est le cœur de l'accompagnement puisqu'elle permet au sophronisé de prendre conscience de son potentiel et de sa valeur. Sa durée, et donc le nombre de séances, dépend de l'état initial du sophronisé et de l'objectif thérapeutique.
3. **La phase de clôture** a pour intention de rassurer le sophronisé sur sa réussite. C'est la phase où il prend conscience qu'il a tout mis en œuvre pour atteindre son objectif. Quel que soit le protocole, la phase de clôture contient toujours une seule séance appelée « la séance de clôture ».

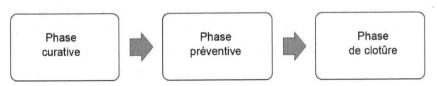

Figure 5.17 – Les trois phases du protocole

Les intentions d'étapes

Les étapes représentent les intentions principales de chacune des phases. Les phases curatives et préventives peuvent contenir une à trois étapes selon les besoins de l'accompagnement alors que la phase de clôture n'en comporte qu'une. Contrairement aux phases qui ont des intentions prédéfinies, les intentions d'étapes se déterminent à partir des informations recueillies auprès du sophronisé lors des anamnèses. Ces intentions représentent les objectifs incontournables pour la réussite de l'accompagnement et elles ne sont généralement pas modifiées pendant le parcours.

Le sophrologue doit veiller à ce que ces intentions d'étapes soient adaptées au sophronisé. En effet, quand ce dernier les atteint, il engendre un processus positif pour lui. Les intentions d'étapes permettent au sophrologue de déterminer les intentions de séances.

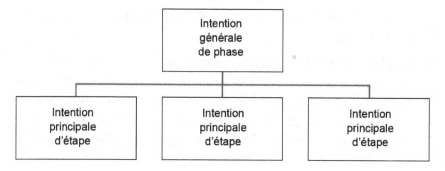

Figure 5.18 – Les intentions d'étapes
(nombre d'étapes donné à titre d'exemple)

Les intentions de séances

Les séances ne contiennent qu'une seule intention. Cette intention représente un moyen intermédiaire permettant de réaliser l'intention d'étape à laquelle la séance est dédiée. Les intentions de séances se définissent au début, lors de la conception du protocole, mais elles ne demeurent pas figées. Le sophrologue doit savoir les modifier lorsqu'une étape est atteinte plus rapidement que prévu ou lorsque le sophronisé a besoin de plus de temps. La séance est la variable d'ajustement du protocole. Comme l'intention de la séance est présentée[1] au sophronisé, elle doit lui paraître accessible afin de le maintenir dans un processus positif.

Les intentions d'exercices

Les exercices sont les outils permettant de réaliser l'intention d'une séance. Chaque exercice est animé avec une intention spécifique destinée à créer des ressentis. Le sophrologue doit donc en définir

---

1. Cf. procédure du dialogue pré-sophronique.

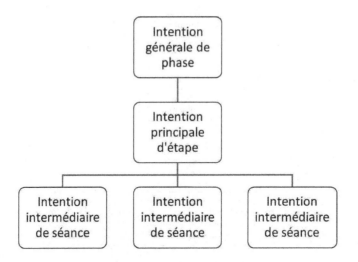

Figure 5.19 – Les séances d'étape
(nombre de séances donné à titre d'exemple)

une pour chaque exercice de relaxation dynamique et de sophronisation. Comme les intentions d'exercices dépendent directement de l'intention de séance, elles peuvent se modifier au gré de l'évolution du protocole. Comme les intentions d'exercices sont présentées[1] au sophronisé, elles doivent lui paraître réalisables afin de le maintenir dans un processus positif.

Procédure de conception d'un protocole

Le protocole se conçoit après la première séance à partir de toutes les informations collectées par le sophrologue (besoins et ressources). Le sophrologue décrit seul[2] l'ensemble des intentions (étapes, séances et exercices) selon sa propre réflexion ou peut également s'appuyer sur les protocoles et séances types décrites dans le manuel.

- *Pour définir les intentions d'étapes des phases curative et préventive :*

1. Commencer par lister tous les besoins du sophronisé.

2. Éliminer les besoins sur lesquels la sophrologie est inopérante.

---

1. Cf. procédure du dialogue pré-sophronique.
2. Le sophronisé ne participe pas à la conception du protocole.

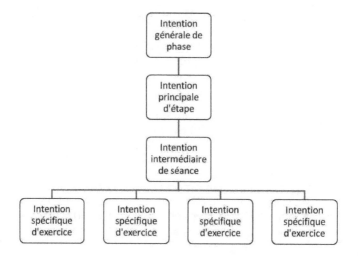

**Figure 5.20 – Les exercices d'une séance
(nombre d'exercices donné à titre d'exemple)**

3. Sélectionner les besoins correspondant à l'objectif thérapeutique.
4. Attribuer à la phase curative les besoins s'y rattachant.
5. Attribuer à la phase préventive les besoins s'y rattachant.
6. Dans chaque phase, regrouper les besoins par thème et renommer ces thèmes avec une intention positive pour en faire une intention d'étape.
7. Classer ces étapes par ordre d'importance.

• *Pour définir l'intention de l'étape de la phase de clôture :*
8. Nommer la phase de clôture avec un objectif positif.

• *Pour définir les intentions de séances de chaque étape :*
9. Définir les actions nécessaires à la réalisation de l'étape.
10. Renommer chaque action avec une intention positive pour en faire une intention de séance.
11. Classer ces intentions par ordre d'importance.

12. Affecter une séance à chacune des intentions en veillant à respecter le délai de réalisation estimé du sophronisé.

- *Pour les intentions des exercices de chaque séance :*

13. Lister les exercices de relaxation dynamique (RD) correspondant à l'intention de la séance.

14. Sélectionner ceux correspondant aux besoins et capacités du sophronisé.

15. Personnaliser l'intention de chaque exercice.

16. Organiser hiérarchiquement les exercices de RD (schéma corporel, intensité physique, position, etc.).

17. Lister les exercices de sophronisation correspondant à l'intention de la séance.

18. Sélectionner l'exercice le plus adapté au sophronisé.

19. Personnaliser l'intention de l'exercice.

20. Personnaliser le TAIS de l'exercice de sophronisation en intégrant les ressources du sophronisé.

PROTOCOLES TYPES

Le sophrologue est amené à répondre à des demandes différentes lors de sa pratique professionnelle, demandes qui peuvent se classer dans quatre grandes familles d'accompagnement :

- l'amélioration du quotidien,
- la préparation mentale,
- le traitement médical,
- les troubles du comportement.

Cette classification n'est pas exhaustive, elle permet juste de définir quatre protocoles d'accompagnements incontournables. Les protocoles types présentent des propositions d'intentions d'étapes, de séances et d'exercices[1] destinées à faciliter le travail du sophrologue. Ces propositions peuvent être adaptées aux caractéristiques de chaque protocole.

Étapes types pour l'amélioration du quotidien

Ce protocole est conçu pour accompagner un sophronisé qui souhaite gérer un stress ou une anxiété passagère afin d'améliorer son état quotidien. Les causes de ce stress ou de cette anxiété peuvent être multiples : troubles du sommeil, gestion des émotions, difficultés d'apprentissage, changement professionnel ou personnel, confiance en soi, stimulation de la créativité, etc. Voici les intentions d'étapes de cet accompagnement :

- **Phase curative :**
  - « Évacuer les tensions » pour évacuer le stress et retrouver un état de détente.
  - « Instaurer un état positif » pour activer l'état de bien-être physique, mental et émotionnel.
- **Phase préventive :**
  - « Stimuler les capacités » pour développer son potentiel.
  - « Renforcer l'intégration des capacités » pour pérenniser ses acquis.
- **Phase de clôture :**
  - « Valider l'accompagnement » pour prendre conscience de son évolution.

Étapes types pour la préparation mentale

Ce protocole est conçu pour accompagner un sophronisé qui souhaite optimiser son potentiel pour affronter un événement précis. Les événements à préparer peuvent être multiples tels que la préparation à un accouchement, une fécondation in vitro (FIV),

---

[1]. Cf. plus bas séances et exercices types de la phase curative, préventive et de clôture.

Les activités du sophrologue

```
┌─────────────────┐      ┌─────────────────┐      ┌─────────────────┐
│ Phase curative  │  →   │ Phase           │  →   │ Phase de        │
│                 │      │ préventive      │      │ clotûre         │
│  • Évacuer      │      │  • Stimuler     │      │  • Valider      │
│    les tensions │      │    les capacités│      │    l'accompagne-│
│  • Instaurer    │      │  • Renforcer    │      │    ment         │
│    un état      │      │    l'intégration│      │                 │
│    positif      │      │    des capacités│      │                 │
└─────────────────┘      └─────────────────┘      └─────────────────┘
```

Figure 5.21 – Étapes types de l'amélioration du quotidien

un permis de conduire, des examens médicaux ou scolaires, des compétitions, des entretiens professionnels, une prise de parole en public, une préparation scénique, etc. Voici les intentions d'étapes de cet accompagnement :

- **Phase curative :**
  - « Instaurer le calme » pour se mettre dans de « bonnes » dispositions physiques, mentales et émotionnelles.

- **Phase préventive :**
  - « Stimuler les capacités » pour développer le potentiel spécifique à l'événement.
  - « Vivre l'événement » pour se préparer mentalement et émotionnellement à l'événement.

- **Phase de clôture :**
  - « Valider l'accompagnement » pour prendre conscience que la réussite est possible.

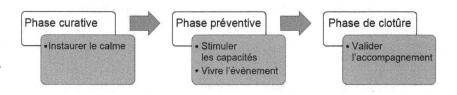

Figure 5.22 – Étapes types de la préparation mentale

Étapes types pour l'accompagnement d'un traitement médical

Ce protocole est conçu pour accompagner un sophronisé qui souhaite gérer ses douleurs et participer activement à son rétablissement lors de traitements médicaux. Les cas peuvent être multiples : maladies de peau, brûlures, rééducation, dépression, acouphènes, fibromyalgie, sclérose en plaques, maladie de Parkinson, cancers, sida, etc. Il est fortement déconseillé de proposer ce type de protocole sans qu'une prise en charge médicale soit effectuée en parallèle afin de ne pas induire le sophronisé en erreur. En effet, la sophrologie est une technique complémentaire qui ne peut pas se substituer à un traitement. En revanche, si le sophronisé n'est pas pris en charge médicalement, le sophrologue peut lui proposer un autre type d'accompagnement (protocole d'amélioration du quotidien ou de préparation mentale).

Voici les intentions d'étapes de cet accompagnement :

- **Phase curative :**
  - « Évacuer les tensions » pour évacuer le stress et retrouver un état de détente.
  - « Maintenir la concentration » pour activer un état positif et canaliser ses pensées.
  - « Maîtriser la douleur » pour modifier ses ressentis.

- **Phase préventive :**
  - « Stimuler la guérison » pour développer son potentiel physique et mental face à la maladie.
  - « Renforcer le rétablissement » pour vivre un nouvel état de santé.

- **Phase de clôture :**
  - « Valider l'accompagnement » pour prendre conscience de sa transformation.

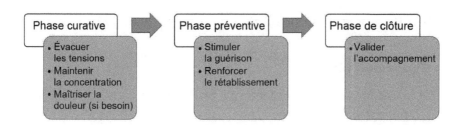

Figure 5.23 – Étapes types de l'accompagnement d'un traitement médical

Étapes types pour l'accompagnement de comportements pathologiques

Ce protocole est conçu pour accompagner un sophronisé qui souhaite retrouver des comportements adaptés en contrôlant ses pulsions ou ses phobies. Les causes peuvent être multiples : boulimie, anorexie, addictions (alcool, drogues, médicaments, sexe, etc.), agoraphobie, claustrophobie, phobie des transports, etc. Il est fortement déconseillé de proposer ce type de protocole sans qu'une prise en charge psychologique et l'abstinence (selon la demande), soient effectuées en parallèle afin de ne pas induire le sophronisé en erreur. En effet, la sophrologie est une technique complémentaire qui ne peut pas se substituer à un traitement. En revanche, si le sophronisé n'est pas pris en charge psychologiquement et abstinent (selon la demande), le sophrologue peut lui proposer une autre type d'accompagnement (protocole d'amélioration du quotidien ou de préparation mentale).

Voici les intentions d'étapes de cet accompagnement :

- **Phase curative :**

  – « Instaurer le calme » pour se mettre dans un état de détente et de sécurité émotionnelle.

  – « Maîtriser les pulsions ou la phobie » pour modifier ses ressentis et ses comportements.

- **Phase préventive :**

  – « Renforcer les motivations » pour maintenir son état d'abstinence ou de confort.

– « Renforcer l'estime de soi » pour vivre de nouveaux comportements.

- **Phase de clôture :**

  – « Valider l'accompagnement » pour prendre conscience de sa transformation.

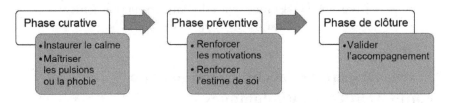

Figure 5.24 – Étapes types de l'accompagnement de comportements pathologiques

Séances et exercices types de la phase curative

Ce recueil est une sélection de séances types avec des propositions[1] d'exercices. Ces séances sont à associer aux étapes types des phases curatives en fonction des besoins et des ressources du sophronisé. Les exercices sont présentés avec leurs intentions entre les crochets [...]. Les détails de chaque exercice sont dans les bibliothèques de relaxations dynamiques et de sophronisations.

Activer la vitalité

Relaxations dynamiques conseillées :

- Chauffage corporel [se remplir énergie]
- Doigts en griffes [maintenir l'énergie]
- Exercice respiratoire n° 3 [détendre les épaules]
- Exercice respiratoire n° 4 [détendre les épaules/bras/poitrine]
- Soufflet thoracique [évacuer la pression thoracique]
- Nauli [détendre le ventre/lombaires]
- Polichinelle [détendre le corps]

---

1. Liste non exhaustive.

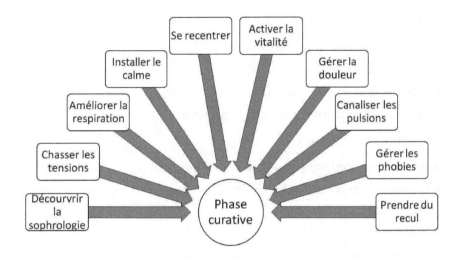

Figure 5.25 – Séances type de phase curative

- Prana [se remplir d'énergie]
- Rotations axiales [détendre le haut du corps]

Sophronisations conseillées :

- Protection sophroliminale [être plein d'énergie]
- Sophronisation de base vivantielle [ressentir l'énergie (soleil, sève, volcan...)]
- Sophro présence immédiate [se remplir d'énergie]
- Sophro respiration synchronique [être plein d'énergie]
- Sophro stimulation locale [renforcer l'oxygénation par le système sanguin]
- Sophro substitution sensorielle [substituer par la vitalité]

Améliorer la respiration

Relaxations dynamiques conseillées :

- Chauffage corporel [stimuler la respiration abdominale]
- Exercice respiratoire n° 1 [stimuler la respiration nasale]
- Exercice respiratoire n° 2 [stimuler les voies respiratoires]
- Exercice respiratoire n° 3 [détendre les épaules]
- Exercice respiratoire n° 4 [stimuler la respiration thoracique]

- Hémicorps [stimuler la respiration thoracique]
- Nauli [détendre le ventre/lombaires]
- Polichinelle [détendre le corps]
- Rotations axiales [détendre le haut du corps]
- Soufflet thoracique [évacuer la pression thoracique]

Sophronisations conseillées :

- Protection sophroliminale [respirer pleinement]
- Sophronisation de base vivantielle [respirer pleinement (montagne, mer...)]
- Sophro perception relaxative [se concentrer sur l'odorat]
- Sophro respiration synchronique [respirer pleinement]
- Sophro stimulation locale [renforcer le système respiratoire]

Canaliser les pulsions

Relaxations dynamiques conseillées :

- Chauffage corporel [se calmer]
- Doigts en griffes [maintenir le calme]
- Éventails [lâcher prise]
- Exercice du cou [s'affirmer]
- Exercice respiratoire n° 1 [évacuer la pulsion]
- Exercice respiratoire n° 3 [évacuer la pulsion]
- Hémicorps [s'affirmer]
- Karaté [évacuer la pulsion]
- Marche virtuelle [se remettre en mouvement]
- Objet de concentration [se concentrer]
- Polichinelle [évacuer la pulsion]
- Prana [se remplir de calme]
- Rotations axiales [repousser la pulsion]
- Soufflet thoracique [se calmer]
- Tra-tac [inscrire le calme]

Sophronisations conseillées :

- Protection sophroliminale [être serein]

- Sophronisation de base vivantielle [être serein (lieu ressource)]
- Sophro correction sérielle [programmer une situation sans pulsion]
- Sophro déplacement du négatif [éliminer la pulsion]
- Sophro présence immédiate [se remplir de calme]
- Sophro respiration synchronique [être serein]
- Sophro substitution sensorielle [substituer par la sérénité]

Chasser les tensions

Relaxations dynamiques conseillées :

- Chauffage corporel [détendre le ventre/lombaires]
- Éventails [lâcher prise]
- Exercice du cou [détendre la nuque]
- Exercice respiratoire n° 1 [évacuer la pression]
- Exercice respiratoire n° 3 [détendre les épaules]
- Exercice respiratoire n° 4 [détendre les épaules/bras/poitrine]
- Karaté [jeter les tensions]
- Nauli [détendre le ventre/lombaires]
- Polichinelle [détendre le corps]
- Rotations axiales [détendre le haut du corps]
- Soufflet thoracique [évacuer la pression thoracique]

Sophronisations conseillées :

- Protection sophroliminale [être détendu]
- Sophronisation de base vivantielle [jeter ses préoccupations (brûler des papiers où sont notés ses soucis, jeter des cailloux symbolisant ses contrariétés...)]
- Sophro déplacement du négatif [éliminer les tensions]
- Sophro respiration synchronique [percevoir la détente]

Découvrir la sophrologie (1re séance)

Relaxations dynamiques conseillées :

- Chauffage corporel [se concentrer sur la respiration abdominale]

- Éventails [lâcher prise]
- Exercice du cou [détendre la nuque]
- Exercice respiratoire n° 3 [détendre les épaules]
- Hémicorps [stimuler la respiration thoracique]
- Polichinelle [détendre le corps]
- Rotations axiales [détendre le haut du corps]
- Soufflet thoracique [se concentrer sur la respiration thoracique]

Sophronisations conseillées :

- Sophronisation de base [se détendre]

Gérer la douleur

Relaxations dynamiques conseillées :

- Chauffage corporel [détendre le ventre/lombaires]
- Exercice du cou [détendre la nuque]
- Exercice n° 1 des mains [identifier le positif]
- Exercice n° 2 de la tête [se remettre en mouvement]
- Exercice n° 3 des bras [se remettre en mouvement]
- Exercice n° 4 des jambes [se remettre en mouvement]
- Exercice n° 5 du corps [détendre le corps]
- Exercice respiratoire n° 3 [détendre les épaules]
- Exercice respiratoire n° 4 [détendre les épaules/bras/poitrine]
- Nauli [détendre le ventre/lombaires]
- Marche virtuelle [se remettre en mouvement]
- Polichinelle [détendre le corps]
- Rotations axiales [détendre le haut du corps]
- Sophro contemplation du schéma corporel [identifier le positif]
- Soufflet thoracique [détendre la poitrine/dos]

Sophronisations conseillées :

- Protection sophroliminale [être apaisé]
- Sophronisation de base vivantielle [transformer sa douleur] (imaginer la forme, la couleur, la matière de sa douleur et en changer l'aspect]

- Sophro déplacement du négatif [éliminer la douleur]
- Sophro respiration synchronique [être apaisé]
- Sophro substitution sensorielle [substituer par le bien-être]

Gérer les phobies

Relaxations dynamiques conseillées :

- Chauffage corporel [se calmer]
- Doigts en griffes [maintenir le calme]
- Éventails [lâcher prise]
- Exercice du cou [s'affirmer]
- Exercice respiratoire n° 1 [évacuer la peur]
- Exercice respiratoire n° 3 [évacuer la peur]
- Exercice respiratoire n° 4 [évacuer la peur]
- Hémicorps [s'affirmer]
- Karaté [évacuer la peur]
- Marche virtuelle [se remettre en mouvement]
- Objet de concentration [se concentrer]
- Prana [se remplir de calme]
- Polichinelle [évacuer la peur]
- Rotations axiales [repousser la peur]
- Soufflet thoracique [se calmer]
- Tra-tac [inscrire le calme]

Sophronisations conseillées

- Protection sophroliminale [être confiant]
- Sophronisation de base vivantielle [être en sécurité (cabane, temple...)]
- Sophro correction sérielle [programmer une situation sans phobie]
- Sophro déplacement du négatif [éliminer la peur]
- Sophro présence immédiate [se remplir de sécurité]
- Sophro respiration synchronique [être serein]
- Sophro substitution sensorielle [substituer par la confiance]

Installer le calme

Relaxations dynamiques conseillées :

- Chauffage corporel [diffuser le calme]
- Doigts en griffes [attirer le calme]
- Exercice du cou [se calmer]
- Exercice n° 1 des mains [observer le calme en soi]
- Exercice respiratoire n° 2 [absorber le calme]
- Nauli [activer le calme]
- Objet de concentration [se concentrer]
- Prana [amener le calme]
- Sophro contemplation du schéma corporel [identifier le calme sur soi]
- Soufflet thoracique [inspirer le calme]
- Tra-tac [fixer le calme]

Sophronisations conseillées :

- Protection sophroliminale [être calme]
- Sophronisation de base vivantielle [percevoir le calme (lac, mer, désert, banquise, nuit étoilée...)]
- Sophro perception relaxative [se concentrer sur les sens]
- Sophro présence immédiate [se remplir de calme]
- Sophro respiration synchronique [être calme]
- Sophro substitution sensorielle [substituer par le calme]

Prendre du recul

Relaxations dynamiques conseillées :

- Chauffage corporel [se calmer]
- Éventails [lâcher prise]
- Exercice du cou [s'affirmer]
- Exercice respiratoire n° 1 [évacuer la pression]
- Exercice respiratoire n° 2 [s'isoler]
- Exercice respiratoire n° 4 [mettre à distance]
- Hémicorps [prendre de la hauteur]

- Marche virtuelle [mettre à distance]
- Rotations axiales [mettre à distance]
- Sophro contemplation du schéma corporel [changer de point de vue]
- Soufflet thoracique [se calmer]

Sophronisations conseillées :

- Le voyage dans le cosmos [changer de point de vue]
- Protection sophroliminale [être détaché]
- Sophronisation de base vivantielle [prendre de la distance (une montgolfière, un tapis volant...)]
- Sophro respiration synchronique [être détaché]
- Sophro substitution sensorielle [substituer par le détachement]

Se recentrer

Relaxations dynamiques conseillées :

- Chauffage corporel [se concentrer sur la respiration abdominale]
- Doigts en griffes [maintenir la concentration]
- Exercice respiratoire n° 2 [s'isoler]
- Exercice respiratoire n° 3 [libérer les tensions]
- Objet de concentration [se concentrer]
- Polichinelle [libérer les tensions]
- Prana [ramener à soi]
- Nauli [détendre le ventre/lombaires]
- Soufflet thoracique [se concentrer sur la respiration thoracique]
- Tra-tac [fixer l'attention]

Sophronisations conseillées :

- Protection sophroliminale [être concentré]
- Sophronisation de base vivantielle [être concentré sur une activité (puzzle, écriture...)]
- Sophro déplacement du négatif [éliminer les pensées parasites]
- Sophro perception relaxative [se concentrer sur les sens]
- Sophro présence immédiate [se remplir de concentration]

- Sophro respiration synchronique [être concentré]
- Sophro substitution sensorielle [substituer par la concentration]

Séances et exercices types de la phase préventive

Ce recueil est une sélection de séances types avec des propositions[1] d'exercices. Ces séances sont à associer aux étapes types des phases préventives en fonction des besoins et des ressources du sophronisé. Les exercices sont présentés avec leurs intentions entre les crochets [...]. Les détails de chaque exercice sont dans les bibliothèques de relaxations dynamiques et de sophronisations.

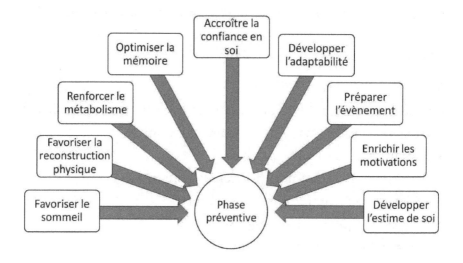

Figure 5.26 – Séances types de phase préventive

Accroître la confiance en soi

Relaxations dynamiques conseillées

- Chauffage corporel [se renforcer]
- Doigts en griffes [maintenir la détermination]
- Tra-tac [inscrire la détermination]

---

1. Liste non exhaustive.

- Exercice du cou [s'affirmer dire oui/non]
- Exercices n° 1 des mains [observer la solidité]
- Exercice n° 2 de la tête [renforcer la densité]
- Exercice n° 3 des bras [renforcer la densité]
- Exercice n° 4 des jambes [renforcer la densité]
- Exercice n° 5 du corps [renforcer la densité]
- Exercice respiratoire n° 3 [renforcer la détermination]
- Exercice respiratoire n° 4 [renforcer la détermination]
- Hémicorps [se grandir]
- Karaté [renforcer la combativité]
- Marche virtuelle [renforcer la détermination]
- Polichinelle [se mobiliser]
- Prana [se remplir de courage/affirmation]
- Rotations axiales [renforcer la stabilité]
- Sophro contemplation du schéma corporel [renforcer l'image de soi]
- Soufflet thoracique [se renforcer]
- Vivance de la liberté [se libérer des a priori, des jugements]
- Vivance des valeurs [se renforcer]

Sophronisations conseillées :

- L'enfant intérieur [retrouver la confiance]
- La réponse de l'animal [s'écouter]
- Projection sophronique des capacités [projeter les capacités pour se sentir confiant]
- Protection sophroliminale [être confiant]
- Sophro acceptation progressive [se projeter ayant confiance]
- Sophronisation de base vivantielle [identifier la solidité (l'arbre, etc.)] ; [identifier la protection (armure, animaux, etc.)] ; [identifier son reflet (diamant, miroir, eau, vitrine, etc.)] ; [ressentir l'éclosion (plante, papillon, etc.)]
- Sophro déplacement du négatif [éliminer les croyances négatives]
- Sophro mnésie libre [se remémorer des moments d'assurance]

- Sophro mnésie positive simple [se remémorer un moment d'affirmation]
- Sophro mnésie senso perceptive [revivre les sensations d'un moment d'affirmation]
- Sophro perception relaxative [renforcer l'écoute sensorielle]
- Sophro présence immédiate [se remplir d'assurance]
- Sophro présence des valeurs [évoquer le charisme/l'affirmation]
- Sophro respiration synchronique [être confiant]
- Sophro rétro manence [ajouter la capacité d'assurance]
- Sophro substitution mnésique [déprogrammer une situation de doute]

Développer l'adaptabilité

Relaxations dynamiques conseillées :

- Éventails [lâcher prise]
- Exercice du cou [changer de point de vue]
- Exercice n° 2 de la tête [développer l'adaptation du geste]
- Exercice n° 3 des bras [développer l'adaptation du geste]
- Exercice n° 4 des jambes [développer l'adaptation du geste]
- Exercice n° 5 du corps [développer l'adaptation à son environnement]
- Exercice respiratoire n° 4 [stimuler la stabilité]
- Hémicorps [stimuler l'adaptation]
- Karaté [se concentrer sur l'objectif du changement]
- Marche virtuelle [renforcer la détermination]
- Polichinelle [renforcer la capacité de rebond]
- Prana [se remplir de souplesse]
- Rotations axiales [renforcer la souplesse]
- Tra-tac [se concentrer sur l'objectif du changement]
- Vivance des cinq sens [stimuler la sécurité sensorielle]
- Vivance de la liberté [prendre sa place]
- Vivance des valeurs [évoquer l'adaptation/l'intégration]

Sophronisations conseillées :

- L'enfant intérieur [retrouver la souplesse]
- La réponse de l'animal [s'écouter]
- Le voyage dans le cosmos [prendre du recul]
- Protection sophroliminale [s'adapter/être souple]
- Sophro acceptation progressive [projeter l'adaptation réussie]
- Projection Sophronique des Capacités [projeter les capacités pour s'adapter]
- Sophronisation de base vivantielle [identifier le changement (saisons, cycles, mue, etc.)]
- Sophro déplacement du négatif [éliminer les croyances négatives]
- Sophro manence [s'imprégner de la capacité d'adaptation]
- Sophro mnésie libre [se remémorer des moments de changements réussis]
- Sophro mnésie positive simple [se remémorer une adaptation réussie]
- Sophro mnésie senso perceptive [se remémorer les sensations lors d'une adaptation réussie]
- Sophro présence immédiate [se remplir de souplesse]
- Sophro présence des valeurs [évoquer le changement/la transformation]
- Sophro respiration synchronique [être souple]
- Sophro rétro manence [ajouter la capacité de souplesse, d'acceptation]
- Sophro substitution mnésique [déprogrammer des situations de résistances]

Développer l'estime de soi

Relaxations dynamiques conseillées :

- Doigts en griffes [garder ses valeurs]
- Exercice n° 1 des mains [valoriser son image]
- Exercice n° 2 de la tête [sentir sa force]
- Exercice n° 3 des bras [sentir sa force]

- Exercice n°4 des jambes [sentir sa force]
- Exercice n° 5 du corps [sentir sa force]
- Hémicorps [se déployer]
- Marche virtuelle [sentir la fierté]
- Prana [se remplir de considération]
- Sophro contemplation du schéma corporel [renforcer l'image de soi]
- Tra-tac [inscrire l'estime]
- Vivance des cinq sens [valoriser son intuition]
- Vivance de la Liberté [être libre d'être soi-même]
- Vivance des Valeurs [évoquer sa congruence]

Sophronisations conseillées :

- Le voyage dans le cosmos [observer ses richesses]
- Projection sophronique des capacités [projeter les capacités pour s'aimer]
- Protection sophroliminale [s'aimer] [s'accepter] [être fier de soi]
- Sophro acceptation progressive [projeter une image valorisante de soi]
- Sophronisation de base vivantielle [identifier ses richesses (trésor, cadeau, etc.)]
- Sophro présence immédiate [se remplir d'estime]
- Sophro présence des valeurs [évoquer la perception de soi]
- Sophro respiration synchronique [se remplir de fierté]
- Sophro rétro manence [ajouter la capacité de fierté]

Enrichir les motivations

Relaxations dynamiques conseillées :

- Chauffage corporel [se renforcer]
- Doigts en griffes [maintenir l'objectif]
- Exercice respiratoire n° 4 [renforcer la détermination]
- Karaté [renforcer la détermination]
- Marche virtuelle [renforcer la détermination]

- Nauli [se mobiliser]
- Objet de concentration [maintenir sa concentration]
- Polichinelle [se mobiliser]
- Prana [stimuler la volonté]
- Soufflet thoracique [se renforcer]
- Tra-tac [se concentrer sur l'objectif]
- Vivance de la liberté [se libérer des aprioris, des jugements]
- Vivance des valeurs [évoquer ses valeurs]

Sophronisations conseillées :

- L'enfant intérieur [retrouver la détermination]
- La réponse de l'animal [s'écouter]
- Le voyage dans le cosmos [identifier l'essentiel]
- Projection sophronique des capacités [projeter les capacités pour se motiver] ; [projeter les capacités pour garder la motivation]
- Protection sophroliminale [être motivé]
- Sophro acceptation progressive [projeter la réussite de l'objectif]
- Sophronisation de base vivantielle [identifier ses valeurs (le sage, le héros, etc.)]
- Sophro déplacement du négatif [éliminer les croyances négatives]
- Sophro mnésie libre [se remémorer des moments de motivation]
- Sophro mnésie positive simple [se remémorer une action déterminée]
- Sophro mnésie senso perceptive [se remémorer les sensations lors d'une action motivée]
- Sophro présence immédiate [se remplir de volonté]
- Sophro présence des valeurs [évoquer l'objectif]
- Sophro respiration synchronique [être motivé]
- Sophro rétro manence [ajouter la capacité de détermination]
- Sophro substitution mnésique [déprogrammer une situation de doute]

Favoriser la reconstruction physique

Relaxations dynamiques conseillées :

- Doigts en griffes [maintenir l'énergie]
- Exercice n° 1 des mains [se projeter rétabli]
- Marche virtuelle [marcher vers la guérison]
- Objet de concentration [se concentrer]
- Prana [se remplir d'énergie]
- Sophro contemplation du schéma corporel [se voir rétabli]
- Tra-tac [se concentrer]

Sophronisations conseillées

- Protection sophroliminale [être combatif]
- Psychoplastie sophronique [projeter la reconstruction biologique]
- Sophro acceptation progressive [projeter la guérison]
- Sophronisation de base vivantielle [identifier la régénérescence (sphinx, plantes vivaces …]
- Sophro déplacement du négatif [éliminer les croyances négatives]
- Sophro manence [s'imprégner de la capacité à guérir]
- Sophro présence immédiate [se remplir de force]
- Sophro présence des valeurs [évoquer la combativité]
- Sophro rétro manence [ajouter la capacité à combattre]
- Sophro stimulation projective [projeter la reconstruction physiologique]
- Sophro substitution mnésique [déprogrammer un souvenir négatif de reconstruction]

Favoriser le sommeil

Relaxations dynamiques conseillées :

- Chauffage corporel [se calmer]
- Doigts en griffes [maintenir le calme]
- Éventails [lâcher prise]
- Exercice n° 2 de la tête [sentir la densité]
- Exercice n° 3 des bras [sentir la densité]

- Exercice n° 4 des jambes [sentir la densité]
- Exercice n° 5 du corps [évacuer les contrariétés]
- Exercice respiratoire n° 1 [évacuer les contrariétés]
- Exercice respiratoire n° 2 [s'isoler]
- Exercice respiratoire n° 3 [évacuer les contrariétés]
- Karaté [évacuer les contrariétés]
- Objet de concentration [se concentrer]
- Polichinelle [évacuer les contrariétés]
- Prana [se remplir de calme]
- Sophro contemplation du schéma corporel [observer le calme]
- Soufflet thoracique [se calmer]

Sophronisations conseillées :

- Le voyage dans le cosmos [prendre du recul]
- Projection sophronique des capacités [projeter les capacités pour dormir]
- Protection sophroliminale [dormir paisiblement]
- Protection sophroliminale du sommeil [se voir dormir]
- Sophronisation de base vivantielle [ressentir la chaleur et la pesanteur (allongé sur le sable au soleil)]
- Sophro déplacement du négatif [éliminer les croyances négatives]
- Sophro manence [s'imprégner de la capacité à dormir]
- Sophro mnésie libre [se remémorer des nuits paisibles]
- Sophro mnésie positive simple [se remémorer une nuit de qualité]
- Sophro mnésie senso perceptive [se remémorer les sensations d'un endormissement serein]
- Sophro présence immédiate [se remplir de calme]
- Sophro respiration synchronique [être calme]
- Sophro substitution mnésique [déprogrammer le souvenir d'une insomnie]

Optimiser la mémoire

Relaxations dynamiques conseillées :

- Chauffage corporel [stimuler l'oxygénation du cerveau]
- Exercice n° 1 des mains [stimuler la mémoire visuelle]
- Exercice respiratoire n° 1 [stimuler l'oxygénation du cerveau]
- Exercice respiratoire n° 4 [stimuler les hémisphères droit et gauche du cerveau]
- Hémicorps [stimuler les hémisphères droit et gauche du cerveau]
- Karaté [fixer dans la mémoire]
- Objet de concentration [stimuler la concentration]
- Sophro contemplation du schéma corporel [stimuler la concentration]
- Soufflet thoracique [stimuler l'oxygénation du cerveau]
- Tra-tac [fixer dans la mémoire]
- Vivance des cinq sens [stimuler les canaux sensoriels]

Sophronisations conseillées :

- L'enfant intérieur [retrouver des techniques de mémorisation]
- Projection sophronique des capacités [projeter les capacités pour optimiser la mémoire]
- Protection sophroliminale [mémoriser]
- Sophro acceptation progressive [se projeter avec une mémoire optimum]
- Sophronisation de base vivantielle [identifier la capacité de stockage (ordinateur, bibliothèque, etc.)]
- Sophro déplacement du négatif [éliminer les croyances négatives]
- Sophro manence [s'imprégner de la capacité de mémorisation]
- Sophro mnésie libre [se remémorer des moments de mémorisation]
- Sophro mnésie positive simple [se remémorer un moment de mémorisation optimum]
- Sophro mnésie senso perceptive [se remémorer les sensations d'une mémorisation optimum]

- Sophro perception relaxative [développer la mémoire sensorielle]
- Sophro respiration synchronique [être concentré]
- Sophro stimulation locale [renforcer l'oxygénation du cerveau par le système sanguin]
- Sophro substitution mnésique [déprogrammer un « trou de mémoire »]

Préparer l'événement

Relaxations dynamiques conseillées :

- Chauffage corporel [se renforcer]
- Doigts en griffes [maintenir la détermination]
- Exercice du cou [stimuler l'expression orale]
- Exercice respiratoire n° 2 [s'isoler]
- Exercice respiratoire n° 3 [renforcer sa détermination]
- Exercice respiratoire n° 4 [renforcer la détermination]
- Karaté [renforcer sa combativité]
- Marche virtuelle [renforcer la réussite]
- Nauli [se mobiliser]
- Polichinelle [se mobiliser]
- Prana [se remplir de force]
- Soufflet thoracique [se renforcer]
- Tra-tac [se concentrer sur l'événement]
- Vivance de la liberté [se libérer des échecs]
- Vivance des valeurs [évoquer la réussite]

Sophronisations conseillées :

- Le voyage dans le cosmos [relativiser l'enjeu de l'événement]
- Projection sophronique des capacités [projeter les capacités pour réussir]
- Sophro acceptation progressive [projeter l'après événement]
- Sophro acceptation progressive (4 séances) [projeter l'après événement] ; [projeter l'avant événement] ; [projeter le pendant événement] ; [projeter l'événement dans le déroulé chronologique]

- Sophro mnésie libre [se remémorer des moments de réussite]
- Sophro mnésie positive simple [se remémorer une réussite]
- Sophro mnésie senso perceptive [se remémorer les sensations lors d'une réussite]
- Sophro présence des valeurs [évoquer la réussite] ; [évoquer l'événement]
- Sophro rétro manence [ajouter la capacité de réussite]
- Sophro substitution mnésique [déprogrammer un échec]

Renforcer le métabolisme

Relaxations dynamiques conseillées :

- Chauffage corporel [stimuler la respiration]
- Exercice respiratoire n° 1 [stimuler la respiration]
- Exercice respiratoire n° 2 [stimuler la respiration]
- Exercice respiratoire n° 3 [stimuler la respiration]
- Exercice respiratoire n° 4 [stimuler la respiration]
- Hémicorps [stimuler la coordination motrice]
- Karaté [stimuler la concentration]
- Objet de concentration [stimuler la concentration]
- Marche virtuelle [renforcer l'équilibre]
- Soufflet thoracique [stimuler la respiration]
- Tra-tac [stimuler la concentration]
- Vivance des cinq sens [stimuler les canaux sensoriels]

Sophronisations conseillées :

- L'enfant intérieur [retrouver le dynamisme]
- Projection sophronique des capacités [projeter les capacités pour optimiser le métabolisme]
- Protection sophroliminale [être performant]
- Protection sophroliminale du sommeil [renforcer la récupération]
- Sophro acceptation progressive [projeter la performance]
- Sophronisation de base vivantielle [identifier un fonctionnement optimum (moteur, mécanisme ...)]

- Sophro déplacement du négatif [éliminer les croyances négatives]
- Sophro manence [s'imprégner des capacités de son corps]
- Sophro mnésie libre [se remémorer des moments de bon fonctionnement]
- Sophro mnésie positive simple [se remémorer un fonctionnement optimal]
- Sophro mnésie senso perceptive [se remémorer les sensations d'un fonctionnement optimal]
- Sophro perception relaxative [développer les sens]
- Sophro présence immédiate [se remplir de force]
- Sophro respiration synchronique [être performant]
- Sophro rétro manence [ajouter la capacité de la performance]
- Sophro stimulation locale [renforcer le système respiratoire, cardiaque, etc.]

Séance et exercices types de la phase de clôture

Ce recueil est une sélection de séances types avec des propositions[1] d'exercices. Ces séances sont à associer aux étapes types des phases de clôtures en fonction des besoins et des ressources du sophronisé. Les exercices sont présentés avec leurs intentions entre les crochets [...]. Les détails de chaque exercice sont dans les bibliothèques de relaxations dynamiques et de sophronisations. Les exercices proposés sont détaillés dans les bibliothèques de relaxations dynamiques et de sophronisations.

Prendre conscience de sa transformation

Relaxations dynamiques conseillées :
- Exercice n° 1 des mains [observer la transformation]
- Exercice n° 2 de la tête [sentir le nouvel état]
- Exercice n° 3 des bras [sentir le nouvel état]
- Exercice n° 4 des jambes [sentir le nouvel état]

---

1. Liste non exhaustive.

- Exercice n° 5 du corps [sentir le nouvel état]
- Hémicorps [déployer son nouvel état]
- Marche virtuelle [ancrer ses nouveaux appuis]
- Nauli [activer sa transformation]
- Sophro contemplation du schéma corporel [percevoir sa transformation]
- Vivance des cinq sens [valoriser sa transformation]

Sophronisations conseillées :

- Sophro programmation future [vivre la transformation]

Partie
III FICHES TECHNIQUES

6

LES EXERCICES DE RELAXATION DYNAMIQUE

CHAUFFAGE CORPOREL

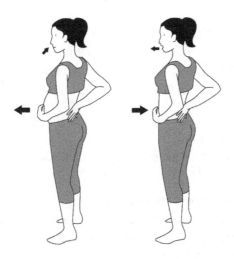

- **Classification d'origine :** Relaxation dynamique du 1er degré.
- **Définition** : Relaxation dynamique qui permet de prendre conscience de sa respiration abdominale.
- **Description de l'exercice** : Le sophronisé respire avec une main sur son ventre et une main sur ses lombaires.
- **Position de départ du sophronisé** : Le sophronisé est debout, les pieds parallèles écartés de la largeur du bassin et les genoux

légèrement fléchis. Le dos droit, une main est posée sur le ventre et l'autre main sur les lombaires, les épaules relâchées, la tête est droite et les yeux sont fermés.

- **Consignes de l'exercice** :

  1. Enchaînement à répéter 3 fois la tête droite :

  – Gonfler le ventre en inspirant profondément par le nez,
  – Rentrer le ventre en soufflant par la bouche.

  2. Enchaînement à répéter 3 fois la tête penchée en arrière :

  – Gonfler le ventre en inspirant profondément par le nez,
  – Rentrer le ventre en soufflant par la bouche.

  3. Enchaînement à répéter 3 fois la tête penchée en avant :

  – Gonfler le ventre en inspirant profondément par le nez,
  – Rentrer le ventre en soufflant par la bouche.

> **Exemple d'animation – Chauffage corporel**
>
> **Installation**
> Installez-vous debout, les pieds parallèles écartés de la largeur du bassin
> Fléchissez légèrement les genoux
> Redressez votre dos
> Posez une main sur votre ventre et l'autre main sur vos lombaires
> Abaissez vos épaules
> Alignez votre tête dans le prolongement de votre colonne vertébrale
> Fermez les yeux (PPI[1])
>
> **1er enchaînement (garder la tête droite)**
> Gonflez votre ventre en inspirant par le nez et sentez votre main se soulever
> Soufflez doucement par la bouche en laissant votre ventre s'abaisser
> Reprenez une respiration naturelle (PPI)
> Sentez le relâchement de votre ceinture abdominale (PPI)
> Prenez conscience des mouvements de votre ventre (PPT)
> Recommencez une deuxième fois
> Gonflez votre ventre en inspirant par le nez et sentez votre ventre repousser votre main
> Soufflez doucement par la bouche et sentez l'espace se réduire entre vos mains

---

1. Rappel : PPI : pause phronique d'intégration ; PPT : pause phronique de totalisation ; cf. chapitre 3.

Reprenez une respiration naturelle (PPI)
Sentez la souplesse de votre ceinture abdominale (PPI)
Prenez conscience de l'amplitude des mouvements de votre ventre (PPT)
Recommencez une dernière fois à votre rythme
(*Entendre l'inspiration du sophrologue*)
(*Entendre l'expiration forte du sophrologue*)
Reprenez une respiration naturelle et laissez vos bras descendre le long de votre corps (PPI)
Accueillez l'ensemble de vos sensations (PPI)
Prenez conscience de votre respiration abdominale (PPT)

2e enchaînement (pencher la tête en arrière)

À présent, inclinez légèrement votre tête en arrière
Posez une main sur votre ventre et l'autre main sur vos lombaires
Abaissez vos épaules (PPI)
Gonflez votre ventre en inspirant par le nez et sentez votre main se soulever
Soufflez doucement par la bouche en laissant votre ventre s'abaisser
Reprenez une respiration naturelle (PPI)
Sentez le relâchement de votre ceinture abdominale (PPI)
Prenez conscience des mouvements de votre ventre (PPT)
Recommencez une deuxième fois
Gonflez votre ventre en inspirant par le nez
Soufflez doucement par la bouche et sentez vos mains se rapprocher
Reprenez une respiration naturelle (PPI)
Sentez la souplesse de votre ceinture abdominale (PPI)
Prenez conscience de l'amplitude des mouvements de votre ventre (PPT)
Recommencez une dernière fois à votre rythme
(*Entendre l'inspiration du sophrologue*)
(*Entendre l'expiration forte du sophrologue*)
Reprenez une respiration naturelle et ramenez votre tête en position droite en relâchant vos bras (PPI)
Accueillez l'ensemble de vos sensations (PPI)
Prenez conscience de votre respiration abdominale (PPT)

3e enchaînement (pencher la tête en avant)

À présent, inclinez légèrement votre tête en avant
Posez une main sur votre ventre et l'autre main sur vos lombaires
Abaissez vos épaules (PPI)
Gonflez votre ventre en inspirant par le nez et sentez votre main se soulever
Soufflez doucement par la bouche en laissant votre ventre redescendre
Reprenez une respiration naturelle (PPI)
Sentez le relâchement de votre ceinture abdominale (PPI)
Prenez conscience des mouvements de votre ventre (PPT)

Recommencez une deuxième fois
Gonflez votre ventre en inspirant par le nez
Soufflez doucement par la bouche et sentez vos mains se rapprocher
Reprenez une respiration naturelle (PPI)
Sentez la souplesse de votre ceinture abdominale (PPI)
Prenez conscience de l'amplitude des mouvements de votre ventre (PPT)
Recommencez une dernière fois à votre rythme
(*Entendre l'inspiration du sophrologue*)
(*Entendre l'expiration forte du sophrologue*)
Reprenez une respiration naturelle et ramenez votre tête en position droite en relâchant vos bras (PPI)
Accueillez l'ensemble de vos ressentis (PPI)
Prenez conscience de votre respiration abdominale (PPT)
L'exercice est à présent terminé, vous pouvez ouvrir les yeux.

DOIGTS EN GRIFFES

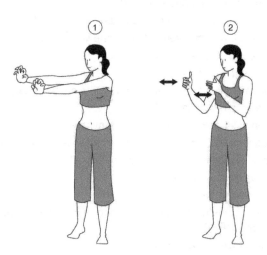

- **Classification d'origine :** Relaxation dynamique du 1er degré.
- **Définition :** Relaxation dynamique qui permet de prendre conscience de la préhension[1].
- **Description de l'exercice :** Le sophronisé agrippe l'air avec ses doigts.

---

1. Selon le *Petit Robert*, la préhension est « l'action de saisir, de prendre ».

- **Position de départ du sophronisé :** Le sophronisé est debout, les pieds parallèles écartés de la largeur du bassin et les genoux légèrement fléchis. Le dos droit, les épaules sont relâchées, les bras le long du corps et les mains ouvertes. La tête est droite et les yeux sont fermés.
- **Consignes de l'exercice :**

Enchaînement à répéter 3 fois :

- Lever les bras à l'horizontale en inspirant par le nez.
- Bloquer la respiration.
- Contracter les doigts en griffe et ramener doucement les mains vers la poitrine.
- Relâcher les bras le long du corps en soufflant par la bouche.

> **Exemple d'animation – Doigts en griffes**
> **Installation**
> Installez-vous debout, les pieds parallèles écartés de la largeur du bassin
> Fléchissez légèrement les genoux
> Redressez votre dos
> Abaissez vos épaules
> Relâchez vos bras le long du corps
> Alignez votre tête dans le prolongement de votre colonne vertébrale
> Fermez les yeux (PPI)
>
> **Enchaînement**
> Levez vos bras à l'horizontale en inspirant par le nez
> Contractez vos doigts comme des griffes et bloquez votre respiration
> Ramenez lentement vos mains vers votre poitrine en imaginant tirer quelque chose à vous
> Relâchez vos bras et vos mains le long du corps en soufflant par la bouche
> Reprenez une respiration naturelle (PPI)
> Accueillez les sensations dans vos mains, dans vos doigts (PPI)
> Prenez conscience de vos mains (PPT)
> Recommencez une deuxième fois
> Levez vos bras à l'horizontale en inspirant par le nez
> Contractez vos doigts comme des griffes et bloquez votre respiration
> Ramenez lentement vos mains vers votre poitrine en imaginant tirer quelque chose à vous
> Relâchez vos bras et vos mains le long du corps en soufflant par la bouche
> Reprenez une respiration naturelle (PPI)

Ressentez la force de vos doigts (PPI)
Prenez conscience du mouvement de vos mains (PPT)
Recommencez une dernière fois à votre rythme
(*Entendre l'inspiration du sophrologue*) (PPI)
(*Entendre l'expiration douce du sophrologue*)
Reprenez une respiration naturelle (PPI)
Accueillez l'ensemble des ressentis (PPI)
Prenez conscience de votre capacité à saisir (PPT)
L'exercice est à présent terminé, vous pouvez ouvrir les yeux.

ÉVENTAILS

- **Classification d'origine :** Relaxation dynamique du 1er degré.
- **Définition :** Relaxation dynamique qui permet de prendre conscience du lâcher-prise.
- **Description de l'exercice :** Le sophronisé secoue les mains devant lui.
- **Position de départ du sophronisé :** Le sophronisé est debout, les pieds parallèles écartés de la largeur du bassin et les genoux légèrement fléchis. Le dos droit, les épaules sont relâchées, les bras le long du corps et les mains ouvertes. La tête est droite et les yeux fermés.

- **Consignes de l'exercice :**

Enchaînement à répéter 3 fois :
- Lever les bras à l'horizontale en inspirant par le nez.
- Bloquer la respiration.
- Secouer les mains en les ramenant vers la poitrine.
- Relâcher les bras le long du corps en soufflant par la bouche.

> **Exemple d'animation – Éventails**
>
> **Installation**
> Installez-vous debout, les pieds parallèles écartés de la largeur du bassin
> Fléchissez légèrement les genoux
> Redressez votre dos
> Abaissez vos épaules
> Relâchez vos bras le long du corps
> Alignez votre tête dans le prolongement de votre colonne vertébrale
> Fermez vos yeux (PPI)
>
> **Enchaînement**
> Levez vos bras à l'horizontale en inspirant par le nez
> Bloquez votre respiration et secouez vos mains, comme des éventails en les ramenant vers la poitrine
> Relâchez vos bras le long du corps en soufflant par la bouche
> Reprenez une respiration naturelle (PPI)
> Accueillez les sensations dans vos poignets, vos mains (PPI)
> Prenez conscience de vos mains (PPT)
> Recommencez une deuxième fois
> Levez vos bras à l'horizontale en inspirant par le nez
> Bloquez votre respiration et secouez vos mains, comme des éventails en les ramenant vers la poitrine
> Relâchez vos bras le long du corps en soufflant par la bouche
> Reprenez une respiration naturelle (PPI)
> Sentez le relâchement dans vos poignets, vos mains (PPI)
> Prenez conscience du mouvement de vos mains (PPT)
> Recommencez une dernière fois à votre rythme
> (*Entendre l'inspiration du sophrologue*) (PPI)
> (*Entendre l'expiration douce du sophrologue*)
> Reprenez une respiration naturelle (PPI)
> Accueillez l'ensemble de vos ressentis (PPI)
> Prenez conscience de votre capacité à lâcher-prise (PPT)
> L'exercice est à présent terminé, vous pouvez ouvrir les yeux.

EXERCICE DU COU

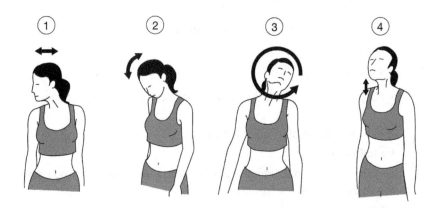

- **Classification d'origine :** Relaxation dynamique du 1er degré.
- **Définition :** Relaxation dynamique qui permet de prendre conscience de la souplesse du cou.
- **Description de l'exercice :** Le sophronisé effectue des mouvements de la tête.
- **Position de départ du sophronisé :** Le sophronisé est debout, les pieds parallèles écartés de la largeur du bassin et les genoux légèrement fléchis. Le dos droit, les épaules sont relâchées, les bras le long du corps et les mains ouvertes. La tête est droite et les yeux sont fermés.
- **Consignes de l'exercice :**

  1. Enchaînement à répéter 3 fois :

  – Inspirer par le nez.

  – Tourner la tête sur les côtés, respiration bloquée.

  – Ramener la tête en position droite en soufflant par la bouche.

  2. Enchaînement à répéter 3 fois :

  – Inspirer par le nez.

  – Hocher la tête, respiration bloquée.

  – Ramener la tête en position droite en soufflant par la bouche.

Les exercices de relaxation dynamique

3. Enchaînement à répéter 3 fois :
- Inspirer par le nez.
- Effectuer des rotations de la tête, respiration bloquée.
- Ramener la tête en position droite en soufflant par la bouche.

4. Enchaînement à répéter 3 fois :
- Inspirer par le nez.
- Crisper les muscles antérieurs du cou, respiration bloquée.
- Relâcher les muscles en soufflant par la bouche.

Exemple d'animation – Exercice du cou

Installation

Installez-vous debout, les pieds parallèles écartés de la largeur du bassin
Fléchissez légèrement les genoux
Redressez votre dos
Abaissez vos épaules
Relâchez vos bras le long du corps
Alignez votre tête dans le prolongement de votre colonne vertébrale
Fermez vos yeux (PPI)

1er enchaînement (tourner la tête sur les côtés)

Inspirez par le nez et bloquez votre respiration
Tournez doucement la tête de droite à gauche comme pour dire « non » (PPI)
Ramenez votre tête en position droite en soufflant par la bouche
Reprenez une respiration naturelle (PPI)
Sentez le relâchement de votre nuque (PPI)
Prenez conscience des mouvements de votre cou (PPT)
Recommencez une deuxième fois
Inspirez par le nez et bloquez votre respiration
Tournez doucement la tête de droite à gauche comme pour dire « non » (PPI)
Ramenez votre tête en position droite en soufflant par la bouche
Reprenez une respiration naturelle (PPI)
Sentez votre nuque se délasser (PPI)
Prenez conscience de l'amplitude des mouvements de votre cou (PPT)
Recommencez une dernière fois à votre rythme
(*Entendre l'inspiration du sophrologue*) (PPI)
(*Entendre l'expiration forte du sophrologue*)
Reprenez une respiration naturelle (PPI)
Accueillez l'ensemble de vos ressentis (PPI)
Prenez conscience de la souplesse de votre cou (PPT)

2ᵉ enchaînement (pencher la tête de bas en haut)

Inspirez par le nez et bloquez votre respiration
Inclinez doucement votre tête de haut en bas comme pour dire « oui » (PPI)
Ramenez votre tête en position droite en soufflant par la bouche
Reprenez une respiration naturelle (PPI)
Accueillez les sensations de relâchement dans votre nuque (PPI)
Prenez conscience des mouvements de votre cou (PPT)
Recommencez une deuxième fois
Inspirez par le nez et bloquez votre respiration
Inclinez doucement votre tête de haut en bas comme pour dire « oui » (PPI)
Ramenez votre tête en position droite en soufflant par la bouche
Reprenez une respiration naturelle (PPI)
Sentez votre nuque se délasser (PPI)
Prenez conscience de l'amplitude des mouvements de votre cou (PPT)
Recommencez une dernière fois à votre rythme
(*Entendre l'inspiration du sophrologue*) (PPI)
(*Entendre l'expiration forte du sophrologue*)
Reprenez une respiration naturelle (PPI)
Accueillez l'ensemble de vos ressentis (PPI)
Prenez conscience de la souplesse de votre cou (PPT)

3ᵉ enchaînement (faire des rotations de la tête)

Maintenant, inspirez par le nez et bloquez votre respiration
Effectuez délicatement des rotations avec votre tête comme pour dessiner un grand cercle
Ramenez votre tête en position droite en soufflant par la bouche
Reprenez une respiration naturelle (PPI)
Accueillez les sensations de relâchement dans votre nuque (PPI)
Prenez conscience des mouvements de votre cou (PPT)
Recommencez une deuxième fois
Inspirez par le nez et bloquez votre respiration
Effectuez maintenant des rotations avec votre tête dans l'autre sens comme pour dessiner un grand cercle
Ramenez votre tête en position droite en soufflant par la bouche
Reprenez une respiration naturelle (PPI)
Sentez votre nuque se délasser (PPI)
Prenez conscience de l'amplitude des mouvements de votre cou (PPT)
Recommencez une dernière fois à votre rythme et dans le sens que vous souhaitez
(*Entendre l'inspiration du sophrologue*) (PPI)
(*Entendre l'expiration forte du sophrologue*)
Reprenez une respiration naturelle (PPI)
Accueillez l'ensemble de vos ressentis (PPI)

Prenez conscience de la souplesse de votre cou (PPT)

4ᵉ enchaînement (crisper les muscles de la gorge)
Inspirez par le nez et bloquez votre respiration
Tendez les muscles antérieurs de votre cou
Relâchez en soufflant par la bouche
Reprenez une respiration naturelle (PPI)
Ressentez la détente de vos muscles (PPI)
Prenez conscience du relâchement de votre gorge (PPT)
Recommencez une deuxième fois
Inspirez par le nez et bloquez votre respiration
Tendez les muscles antérieurs de votre cou
Relâchez en soufflant par la bouche
Reprenez une respiration naturelle (PPI)
Ressentez l'allongement de vos muscles (PPI)
Prenez conscience de l'étirement de votre gorge (PPT)
Recommencez une dernière fois à votre rythme
(*Entendre l'inspiration du sophrologue*) (PPI)
(*Entendre l'expiration forte du sophrologue*)
Reprenez une respiration naturelle (PPI)
Accueillez l'ensemble de vos ressentis (PPI)
Prenez conscience de la souplesse de votre cou (PPT)
L'exercice est à présent terminé, vous pouvez ouvrir les yeux.

EXERCICE N° 1 DES MAINS

- **Classification d'origine :** Relaxation dynamique du 2e degré.
- **Définition :** Relaxation dynamique qui permet de prendre conscience de sa verticalité.
- **Description de l'exercice :** Le sophronisé projette l'image de son corps au passage de ses mains.
- **Position de départ du sophronisé :** Le sophronisé est debout, les pieds parallèles écartés de la largeur du bassin et les genoux légèrement fléchis. Le dos droit, les épaules sont relâchées, les bras le long du corps et les mains ouvertes. La tête est droite et les yeux fermés.
- **Consignes de l'exercice :**

  1. Enchaînement à faire 1 fois :
  - Croiser les mains sur la tête en inspirant par le nez.
  - Maintenir la position quelques instants en bloquant la respiration.
  - Descendre lentement les mains devant soi en soufflant par la bouche et imaginer projeter l'image de son corps au passage des mains.
  - Continuer la descente des mains en reprenant une respiration naturelle.

  2. Enchaînement à faire 1 fois :
  - Croiser les mains en tendant les bras à la verticale, paumes tournées vers le haut en inspirant par le nez.
  - Étirer son corps dans la position en bloquant la respiration quelques instants.
  - Descendre lentement les mains devant soi en soufflant par la bouche et imaginer projeter l'image de son corps au passage des mains.
  - Continuer la descente des mains en reprenant une respiration naturelle.

3. Enchaînement à faire 1 fois :
- Au choix, croiser les mains sur la tête ou tendre les bras à la verticale en inspirant par le nez.
- Maintenir la position quelques instants en bloquant la respiration.
- Descendre lentement les mains devant soi en soufflant par la bouche et imaginer projeter l'image de son corps au passage des mains.
- Continuer la descente des mains en reprenant une respiration naturelle.

Exemple d'animation – Exercice n° 1 des mains
Installation
Installez-vous debout, les pieds parallèles écartés de la largeur du bassin
Fléchissez légèrement les genoux
Redressez votre dos
Abaissez vos épaules
Relâchez vos bras le long du corps
Alignez votre tête dans le prolongement de votre colonne vertébrale
Fermez les yeux (PPI)

1er enchaînement (commencer avec les mains sur la tête)
Croisez vos mains sur la tête en inspirant par le nez (PPI)
Maintenez la position quelques instants en bloquant votre respiration (PPI)
Laissez descendre lentement vos mains en soufflant par la bouche et projetez l'image de votre corps dans la paume de vos mains comme dans un miroir
Progressez à votre rythme en reprenant une respiration naturelle (PPI)
Observez votre corps, de la tête jusqu'aux pieds (PPI)
Relâchez vos bras, vos mains et déroulez lentement votre colonne vertébrale (PPI)
Accueillez-les ressentis de cette projection (PPI)
Prenez conscience de l'image de votre corps (PPT)

2e enchaînement (commencer avec les bras à la verticale)
À présent, croisez vos mains en tendant vos bras à la verticale, paumes tournées vers le haut en inspirant par le nez (PPI)
Maintenez la position quelques instants en bloquant votre respiration (PPI)
Laissez descendre lentement vos mains en soufflant par la bouche et projetez l'image de votre corps dans la paume de vos mains comme dans un miroir
Progressez à votre rythme en reprenant une respiration naturelle (PPI)
Observez votre corps, de la tête jusqu'aux pieds (PPI)

Relâchez vos bras, vos mains et déroulez lentement votre colonne vertébrale (PPI)
Percevez la hauteur de votre corps (PPI)
Prenez conscience de votre position, debout (PPT)

3ᵉ enchaînement (commencer les mains sur la tête ou en levant les bras à la verticale)
Recommencez une dernière fois à votre rythme
Choisissez la position qui vous convient, les mains croisées sur la tête ou les bras tendus
(*Entendre l'inspiration du sophrologue*) (PPI)
(*Entendre l'expiration forte du sophrologue*) (PPI)
Reprenez une respiration naturelle (PPI)
Accueillez l'ensemble de vos ressentis (PPI)
Prenez conscience de votre verticalité (PPT)
L'exercice est à présent terminé, vous pouvez ouvrir les yeux.

EXERCICE N° 2 DE LA TÊTE

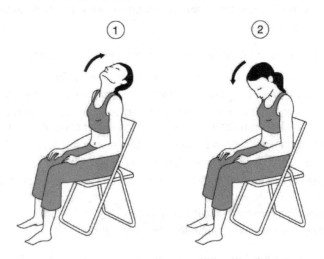

- **Classification d'origine :** Relaxation dynamique du 2ᵉ degré.
- **Définition :** Relaxation dynamique qui permet de prendre conscience de la densité de la tête.
- **Description de l'exercice :** Le sophronisé se concentre sur sa tête.

- **Position de départ du sophronisé :** Le sophronisé est assis, le dos droit, les épaules relâchées et les bras sont déposés naturellement sur les cuisses. La tête est droite et les yeux sont fermés.
- **Consignes de l'exercice :**

1. Enchaînement à répéter 3 fois :
   – Inspirer par le nez.
   – Pencher la tête en arrière en bloquant la respiration.
   – Ramener la tête en position droite en soufflant par la bouche.

2. Enchaînement à répéter 3 fois :
   – Inspirer par le nez.
   – Pencher la tête en avant en bloquant la respiration.
   – Ramener la tête en position droite en soufflant par la bouche.

Exemple d'animation – Exercice n° 2 de la tête

Installation

Asseyez-vous, le dos droit et les épaules relâchées
Laissez vos bras se déposer naturellement sur vos cuisses
Alignez votre tête dans le prolongement de votre colonne vertébrale
Fermez les yeux (PPI)

1er enchaînement (pencher la tête en arrière)

Inspirez par le nez
Penchez lentement votre tête en arrière en bloquant votre respiration quelques instants (PPI)
Ramenez votre tête en position droite en soufflant par la bouche
Reprenez une respiration naturelle (PPI)
Accueillez les sensations du mouvement lent de votre tête (PPI)
Prenez conscience du volume de votre tête (PPT)
Recommencez une deuxième fois
Inspirez par le nez
Penchez lentement votre tête en arrière en bloquant votre respiration quelques instants (PPI)
Ramenez votre tête en position droite en soufflant par la bouche
Reprenez une respiration naturelle (PPI)
Percevez la pesanteur de votre tête (PPI)
Prenez conscience du poids de votre tête (PPT)
Recommencez une dernière fois à votre rythme
(*Entendre l'inspiration du sophrologue*) (PPI)

(*Entendre l'expiration douce du sophrologue*)
Reprenez une respiration naturelle (PPI)
Accueillez l'ensemble de vos ressentis (PPI)
Prenez conscience de la densité de votre tête (PPT)

2ᵉ enchaînement (pencher la tête en avant)

À présent, inspirez par le nez
Penchez lentement votre tête en avant en bloquant votre respiration quelques instants (PPI)
Ramenez votre tête en position droite en soufflant par la bouche
Reprenez une respiration naturelle (PPI)
Accueillez les sensations du mouvement lent de votre tête (PPI)
Prenez conscience du volume de votre tête (PPT)
Recommencez une deuxième fois
Inspirez par le nez
Penchez lentement votre tête en avant en bloquant votre respiration quelques instants (PPI)
Ramenez votre tête en position droite en soufflant par la bouche
Reprenez une respiration naturelle (PPI)
Percevez la pesanteur de votre tête (PPI)
Prenez conscience du poids de votre tête (PPT)
Recommencez une dernière fois à votre rythme
(*Entendre l'inspiration du sophrologue*)(PPI)
(*Entendre l'expiration douce du sophrologue*)
Reprenez une respiration naturelle (PPI)
Accueillez l'ensemble de vos ressentis (PPI)
Prenez conscience de la densité de votre tête (PPT)
L'exercice est à présent terminé, vous pouvez ouvrir les yeux.

EXERCICE N° 3 DES BRAS

- **Classification d'origine :** Relaxation dynamique du 2e degré.
- **Définition :** Relaxation dynamique qui permet de prendre conscience de la densité des bras.
- **Description de l'exercice :** Le sophronisé se concentre sur ses bras.
- **Position de départ du sophronisé :** Le sophronisé est assis, le dos droit, les épaules relâchées et les bras sont déposés naturellement sur les cuisses. La tête est droite et les yeux sont fermés.
- **Consignes de l'exercice :**

  1. Enchaînement à répéter 3 fois :

  – Inspirez par le nez.
  – Lever le bras droit à l'horizontale en bloquant la respiration.
  – Abaisser doucement le bras droit en soufflant par la bouche.

  2. Enchaînement à répéter 3 fois :

  – Inspirez par le nez.
  – Lever le bras gauche à l'horizontale en bloquant la respiration.
  – Abaisser doucement le bras gauche en soufflant par la bouche.

  3. Enchaînement à faire 1 fois :

  – Inspirez par le nez.

– Lever les bras à l'horizontale en bloquant la respiration.
– Abaisser doucement les bras en soufflant par la bouche.

Exemple d'animation – Exercice n° 3 des bras

Installation

Asseyez-vous, le dos droit et les épaules relâchées
Laissez vos bras se déposer naturellement sur vos cuisses
Alignez votre tête dans le prolongement de votre colonne vertébrale
Fermez les yeux (PPI)

1er enchaînement (lever le bras droit)

Inspirez par le nez
Levez votre bras droit à l'horizontale en bloquant votre respiration quelques instants (PPI)
Faites redescendre doucement votre bras droit en soufflant par la bouche
Reprenez une respiration naturelle (PPI)
Accueillez les sensations du mouvement lent de votre bras (PPI)
Prenez conscience du volume de votre bras droit (PPT)
Recommencez une deuxième fois
Inspirez par le nez
Levez votre bras droit à l'horizontale en bloquant votre respiration quelques instants (PPI)
Faites redescendre doucement votre bras droit en soufflant par la bouche
Reprenez une respiration naturelle (PPI)
Percevez la pesanteur de votre bras (PPI)
Prenez conscience du poids de votre bras droit (PPT)
Recommencez une dernière fois à votre rythme
(*Entendre l'inspiration du sophrologue*) (PPI)
(*Entendre l'expiration douce du sophrologue*)
Reprenez une respiration naturelle (PPI)
Observez la différence de sensation avec le bras gauche (PPI)
Prenez conscience de la densité de votre bras droit (PPT)

2e enchaînement (lever le bras gauche)

À présent, inspirez par le nez
Levez votre bras gauche à l'horizontale en bloquant votre respiration quelques instants (PPI)
Faites redescendre doucement votre bras gauche en soufflant par la bouche
Reprenez une respiration naturelle (PPI)
Accueillez les sensations du mouvement lent de votre bras (PPI)
Prenez conscience du volume de votre bras gauche (PPT)
Recommencez une deuxième fois

Inspirez par le nez

Levez votre bras gauche à l'horizontale en bloquant votre respiration quelques instants (PPI)

Faites redescendre doucement votre bras gauche en soufflant par la bouche

Reprenez une respiration naturelle (PPI)

Percevez la pesanteur de votre bras (PPI)

Prenez conscience du poids de votre bras gauche (PPT)

Recommencez une dernière fois à votre rythme

(*Entendre l'inspiration du sophrologue*) (PPI)

(*Entendre l'expiration douce du sophrologue*)

Reprenez une respiration naturelle (PPI)

Observez la différence de sensation avec le bras droit (PPI)

Prenez conscience de la densité de votre bras gauche (PPT)

3ᵉ enchaînement (lever les deux bras)

Maintenant, inspirez par le nez

Levez vos deux bras à l'horizontale en bloquant votre respiration quelques instants (PPI)

Faites redescendre doucement vos bras en soufflant par la bouche

Reprenez une respiration naturelle (PPI)

Accueillez l'ensemble de vos ressentis (PPI)

Prenez conscience de la densité de vos bras (PPT)

L'exercice est à présent terminé, vous pouvez ouvrir les yeux.

EXERCICE N° 4 DES JAMBES

- **Classification d'origine :** Relaxation dynamique du 2ᵉ degré.

- **Définition :** Relaxation dynamique qui permet de prendre conscience de la densité des jambes.
- **Description de l'exercice :** Le sophronisé se concentre sur ses jambes.
- **Position de départ du sophronisé :** Le sophronisé est assis, le dos droit, les épaules relâchées et les bras sont déposés naturellement sur les cuisses. La tête est droite et les yeux sont fermés.
- **Consignes de l'exercice :**

   1. Enchaînement à répéter 3 fois :

   – Inspirer par le nez.
   – Lever la jambe droite à l'horizontale en bloquant la respiration.
   – Abaisser doucement la jambe droite en soufflant par la bouche.

   2. Enchaînement à répéter 3 fois :

   – Inspirer par le nez.
   – Lever la jambe gauche à l'horizontale en bloquant la respiration.
   – Abaisser doucement la jambe gauche en soufflant par la bouche.

   3. Enchaînement à faire 1 fois :

   – Inspirer par le nez.
   – Lever les jambes à l'horizontale en bloquant la respiration.
   – Abaisser doucement les jambes en soufflant par la bouche.

Exemple d'animation – Exercice n° 4 des jambes

Installation

Asseyez-vous, le dos droit et les épaules relâchées
Laissez vos bras se déposer naturellement sur vos cuisses
Alignez votre tête dans le prolongement de votre colonne vertébrale
Fermez les yeux (PPI)

1er enchaînement (lever la jambe droite)

Inspirez par le nez
Levez votre jambe droite à l'horizontale en bloquant votre respiration quelques instants (PPI)
Faites redescendre doucement votre jambe droite en soufflant par la bouche
Reprenez une respiration naturelle (PPI)
Accueillez les sensations du mouvement lent de votre jambe (PPI)

Prenez conscience du volume de votre jambe droite (PPT)
Recommencez une deuxième fois, inspirez par le nez
Levez votre jambe droite à l'horizontale en bloquant votre respiration quelques instants (PPI)
Faites redescendre doucement votre jambe droite en soufflant par la bouche
Reprenez une respiration naturelle (PPI)
Percevez la pesanteur de votre jambe (PPI)
Prenez conscience du poids de votre jambe droite (PPT)
Recommencez une dernière fois à votre rythme
(*Entendre l'inspiration du sophrologue*) (PPI)
(*Entendre l'expiration douce du sophrologue*)
Reprenez une respiration naturelle (PPI)
Observez la différence de sensation avec la jambe gauche (PPI)
Prenez conscience de la densité de votre jambe droite (PPT)

2ᵉ enchaînement (lever la jambe gauche)

À présent, inspirez par le nez
Levez votre jambe gauche à l'horizontale en bloquant votre respiration quelques instants (PPI)
Faites redescendre doucement votre jambe gauche en soufflant par la bouche
Reprenez une respiration naturelle (PPI)
Accueillez les sensations du mouvement lent de votre jambe (PPI)
Prenez conscience du volume de votre jambe gauche (PPT)
Recommencez une deuxième fois, inspirez par le nez
Levez votre jambe gauche à l'horizontale en bloquant votre respiration quelques instants (PPI)
Faites redescendre doucement votre jambe gauche en soufflant par la bouche
Reprenez une respiration naturelle (PPI)
Percevez la pesanteur de votre jambe (PPI)
Prenez conscience du poids de votre jambe gauche (PPT)
Recommencez une dernière fois à votre rythme
(*Entendre l'inspiration du sophrologue*) (PPI)
(*Entendre l'expiration douce du sophrologue*)
Reprenez une respiration naturelle (PPI)
Observez la différence de sensation avec la jambe droite (PPI)
Prenez conscience de la densité de votre jambe gauche (PPT)

3ᵉ enchaînement (lever les deux jambes)

Maintenant, inspirez par le nez
Levez vos jambes à l'horizontale en bloquant votre respiration quelques instants (PPI)
Faites redescendre doucement vos jambes en soufflant par la bouche
Reprenez une respiration naturelle (PPI)

Accueillez l'ensemble de vos ressentis (PPI)
Prenez conscience de la densité de vos jambes (PPT)
L'exercice est à présent terminé, vous pouvez ouvrir les yeux.

EXERCICE N° 5 DE TOUT LE CORPS

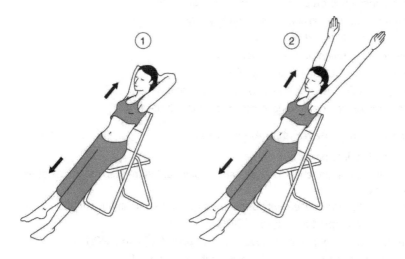

- **Classification d'origine :** Relaxation dynamique du 2e degré.
- **Définition :** Relaxation dynamique qui permet de prendre conscience de la densité du corps.
- **Description de l'exercice :** Le sophronisé contracte l'ensemble du corps.
- **Position de départ du sophronisé :** Le sophronisé est assis, le dos droit, les épaules relâchées et les bras sont déposés naturellement sur les cuisses. La tête est droite et les yeux sont fermés.
- **Consignes de l'exercice :**

  1. Enchaînement à faire 1 fois :

  – Croiser les mains derrière la tête et tendre les jambes en inspirant par le nez.

  – Étirer doucement le corps en bloquant la respiration.

  – Revenir en position initiale en soufflant par la bouche.

2. Enchaînement à faire 1 fois :
- Tendre les bras au-dessus de la tête et allonger les jambes en inspirant par le nez.
- Étirer doucement le corps en bloquant la respiration.
- Revenir en position initiale en soufflant par la bouche.

3. Enchaînement à faire 1 fois :
- Croiser les mains ou tendre les bras et tendre les jambes en inspirant par le nez.
- Étirer doucement le corps en bloquant la respiration.
- Revenir en position initiale en soufflant par la bouche.

> **Exemple d'animation – Exercice n° 5 de tout le corps**
> **Installation**
> Asseyez-vous, le dos droit et les épaules relâchées
> Laissez vos bras se déposer naturellement sur vos cuisses
> Alignez votre tête dans le prolongement de votre colonne vertébrale
> Fermez les yeux (PPI)
>
> **1er enchaînement (commencer avec les mains derrière la tête)**
> Croisez vos mains derrière la tête et tendez vos jambes en inspirant par le nez
> Étirez doucement votre corps dans cette position en bloquant votre respiration (PPI)
> Revenez dans la position initiale en soufflant par la bouche
> Reprenez une respiration naturelle (PPI)
> Accueillez les sensations de relâchement (PPI)
> Prenez conscience du volume de votre corps (PPT)
>
> **2e enchaînement (commencer avec les bras au-dessus de la tête)**
> À présent, tendez vos bras au-dessus de votre tête et tendez vos jambes en inspirant par le nez
> Étirez doucement votre corps dans cette position en bloquant votre respiration (PPI)
> Revenez dans la position initiale en soufflant par la bouche
> Reprenez une respiration naturelle (PPI)
> Percevez la pesanteur de votre corps (PPI)
> Prenez conscience du poids de votre corps (PPT)
>
> **3e enchaînement (commencer avec les mains derrière la tête ou avec les bras au-dessus de la tête)**
> Recommencez une dernière fois à votre rythme

Choisissez la position qui vous convient, mains croisées derrière la tête ou bras tendus
(*Entendre l'inspiration du sophrologue*) (PPI)
(*Entendre l'expiration forte du sophrologue*)
Reprenez une respiration naturelle (PPI)
Accueillez l'ensemble de vos ressentis (PPI)
Prenez conscience de la densité de votre corps détendu (PPT)
L'exercice est à présent terminé, vous pouvez ouvrir les yeux.

EXERCICE RESPIRATOIRE N° 1

- **Classification d'origine :** Relaxation dynamique du 1er degré.
- **Définition :** Relaxation dynamique qui permet de prendre conscience de la pression pulmonaire.
- **Description de l'exercice :** Le sophronisé bouche ses narines avec ses pouces avant de souffler fortement par le nez.
- **Position de départ du sophronisé :** Le sophronisé est debout, les pieds parallèles écartés de la largeur du bassin et les genoux légèrement fléchis. Le dos droit, les épaules sont relâchées, les bras le long du corps et les mains ouvertes. La tête est droite et les yeux sont fermés.
- **Consignes de l'exercice :**

Enchaînement à répéter 3 fois :

- Boucher les narines avec les pouces en inspirant par la bouche.
- Bloquer la respiration.
- Se pencher en avant et faire monter la pression dans les trompes d'Eustache.
- Relâcher les bras le long du corps en soufflant fortement par le nez.
- Se redresser doucement.

Exemple d'animation – Exercice respiratoire n° 1

Installation

Installez-vous debout, les pieds parallèles écartés de la largeur du bassin
Fléchissez légèrement les genoux
Redressez votre dos
Abaissez vos épaules
Relâchez vos bras le long du corps
Alignez votre tête dans le prolongement de votre colonne vertébrale
Fermez vos yeux (PPI)

Enchaînement

Bouchez vos narines avec vos pouces en inspirant par la bouche
Bloquez votre respiration et penchez-vous en avant
Effectuez une légère pression en soufflant dans vos narines toujours bouchées
Percevez la pression dans vos tympans
Soufflez fortement par le nez en relâchant vos bras
Reprenez une respiration naturelle en déroulant progressivement votre dos (PPI)
Accueillez les sensations de chaleur et de fraîcheur dans vos narines (PPI)
Prenez conscience du trajet de l'air dans votre nez (PPT)
Recommencez une deuxième fois
Bouchez vos narines avec vos pouces en inspirant par la bouche
Bloquez votre respiration et penchez-vous en avant
Effectuez une légère pression en soufflant dans vos narines toujours bouchées
Percevez la pression dans vos tympans
Soufflez fortement par le nez en relâchant vos bras
Reprenez une respiration naturelle en déroulant progressivement votre dos (PPI)
Accueillez les sensations dans vos oreilles (PPI)
Prenez conscience de la pression de l'air (PPT)
Recommencez une dernière fois à votre rythme
(*Entendre l'inspiration du sophrologue*) (PPI)
(*Entendre l'expiration forte du sophrologue*)
Reprenez une respiration naturelle en déroulant progressivement votre dos (PPI)
Accueillez l'ensemble de vos ressentis (PPI)

Prenez conscience de votre pression pulmonaire (PPT)
L'exercice est à présent terminé, vous pouvez ouvrir les yeux.

EXERCICE RESPIRATOIRE N° 2

- **Classification d'origine :** Relaxation dynamique du 1er degré.
- **Définition :** Relaxation dynamique qui permet de prendre conscience des voies respiratoires.
- **Description de l'exercice :** Le sophronisé bouche ses oreilles, ses yeux et ses narines avec ses doigts avant de souffler fortement par le nez.
- **Position de départ du sophronisé :** Le sophronisé est debout, les pieds parallèles écartés de la largeur du bassin et les genoux légèrement fléchis. Le dos droit, les épaules sont relâchées, les bras le long du corps et les mains ouvertes. La tête est droite et les yeux sont ouverts.
- **Consignes de l'exercice :**

  Enchaînement à répéter 3 fois :
  - Boucher les oreilles avec les pouces.
  - Fermer les yeux avec les index.

- Boucher les narines avec les majeurs.
- Inspirer par la bouche.
- Bloquer la respiration.
- Se pencher en avant et faire monter la pression dans le nez.
- Relâcher les bras le long du corps en soufflant par le nez.
- Se redresser doucement.

Exemple d'animation – Exercice respiratoire n° 2
Installation
Installez-vous debout, les pieds parallèles écartés de la largeur du bassin
Fléchissez légèrement les genoux
Redressez votre dos
Abaissez vos épaules
Relâchez vos bras le long du corps
Alignez votre tête dans le prolongement de votre colonne vertébrale
Gardez vos yeux ouverts (PPI)

Enchaînement
Bouchez vos oreilles avec vos pouces
Fermez vos yeux avec vos index
Bouchez vos narines avec vos majeurs
Inspirez par la bouche
Bloquez votre respiration et penchez-vous en avant
Effectuez une légère pression en soufflant dans vos narines toujours bouchées
Soufflez fortement par le nez et relâchez vos bras
Reprenez une respiration naturelle en déroulant progressivement votre dos (PPI)
Accueillez les sensations dans votre nez, votre bouche (PPI)
Prenez conscience de vos voies respiratoires supérieures (PPT)
Recommencez une deuxième fois
Bouchez vos oreilles avec vos pouces
Fermez vos yeux avec vos index
Bouchez vos narines avec vos majeurs
Inspirez par la bouche
Bloquez votre respiration et penchez-vous en avant
Effectuez une légère pression en soufflant dans vos narines toujours bouchées
Soufflez fortement par le nez et relâchez vos bras
Reprenez une respiration naturelle en déroulant progressivement votre dos (PPI)
Accueillez les sensations dans vos poumons, votre trachée (PPI)
Prenez conscience de vos voies respiratoires inférieures (PPT)
Recommencez une dernière fois à votre rythme
(*Entendre l'inspiration du sophrologue*) (PPI)

(*Entendre l'expiration forte du sophrologue*)
Reprenez une respiration naturelle en déroulant progressivement votre dos (PPI)
Accueillez l'ensemble de vos ressentis (PPI)
Prenez conscience de vos voies respiratoires (PPT)
L'exercice est à présent terminé, vous pouvez ouvrir les yeux.

EXERCICE RESPIRATOIRE N° 3 OU POMPAGE DES ÉPAULES

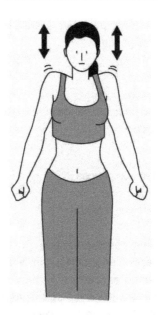

- **Classification d'origine :** Relaxation dynamique du 1er degré.
- **Définition :** Relaxation dynamique qui permet de prendre conscience de la respiration haute.
- **Description de l'exercice :** Le sophronisé hausse et baisse ses épaules plusieurs fois successivement.
- **Position de départ du sophronisé :** Le sophronisé est debout, les pieds parallèles écartés de la largeur du bassin et les genoux légèrement fléchis. Le dos droit, les épaules sont relâchées, les bras le long du corps et les mains ouvertes. La tête est droite et les yeux sont fermés.
- **Consignes de l'exercice :**

Enchaînement à répéter 3 fois :
- Inspirer par le nez et bloquer la respiration.
- Hausser les épaules plusieurs fois.
- Relâcher les épaules en soufflant fortement par la bouche.

Exemple d'animation – Exercice respiratoire n° 3 ou pompages des épaules

Installation

Installez-vous debout, les pieds parallèles écartés de la largeur du bassin
Fléchissez légèrement les genoux
Redressez votre dos
Abaissez vos épaules
Relâchez vos bras le long du corps
Alignez votre tête dans le prolongement de votre colonne vertébrale
Fermez vos yeux (PPI)

Enchaînement

Inspirez par le nez en fermant vos poings
Bloquez votre respiration et faites des mouvements de haut en bas avec vos épaules
Soufflez fortement par la bouche en relâchant vos épaules et en ouvrant vos mains.
Reprenez une respiration naturelle (PPI)
Accueillez les sensations dans vos épaules, vos mains (PPI)
Prenez conscience du relâchement de vos épaules (PPT)
Recommencez une deuxième fois
Inspirez par le nez en fermant vos poings
Bloquez votre respiration et faites des mouvements de haut en bas avec vos épaules
Soufflez fortement par la bouche en relâchant vos épaules et en ouvrant vos mains.
Reprenez une respiration naturelle (PPI)
Accueillez les sensations dans vos trapèzes, votre poitrine (PPI)
Prenez conscience du relâchement du haut de votre poitrine (PPT)
Recommencez une dernière fois à votre rythme
(*Entendre l'inspiration du sophrologue*) (PPI)
(*Entendre l'expiration forte du sophrologue*)
Reprenez une respiration naturelle (PPI)
Accueillez l'ensemble de vos ressentis (PPI)
Prenez conscience de votre respiration haute (PPT)
L'exercice est à présent terminé, vous pouvez ouvrir les yeux.

EXERCICE RESPIRATOIRE N° 4 OU MOULINETS

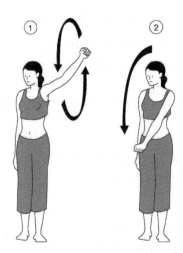

- **Classification d'origine :** Relaxation dynamique du 1er degré.
- **Définition :** Relaxation dynamique qui permet de prendre conscience de la respiration thoracique.
- **Description de l'exercice :** Le sophronisé effectue des rotations des bras.
- **Position de départ du sophronisé :** Le sophronisé est debout, les pieds parallèles écartés de la largeur du bassin et les genoux légèrement fléchis. Le dos droit, les épaules sont relâchées, les bras le long du corps et les mains ouvertes. La tête est droite et les yeux sont fermés.
- **Consignes de l'exercice :**

1. Enchaînement à faire 3 fois avec le bras droit :

– Inspirer par le nez.

– Bloquer la respiration.

– Effectuer plusieurs rotations vers l'avant.

– Relâcher le bras en soufflant

– Inspirer par le nez.

– Bloquer la respiration.

– Effectuer plusieurs rotations vers l'arrière.

– Relâcher le bras en soufflant.

- Inspirer par le nez.
- Bloquer la respiration.
- Effectuer plusieurs rotations sans imposer de sens de rotations.
- Relâcher le bras en soufflant par la bouche.

2. Faire 3 fois l'enchaînement n° 1 avec le bras gauche

3. Enchaînement à faire 1 fois avec les deux bras :

- Inspirer par le nez.
- Bloquer la respiration.
- Effectuer plusieurs rotations sans imposer de sens de rotations.
- Relâcher les bras en soufflant par la bouche.

Exemple d'animation – Exercice respiratoire n° 4 ou les moulinets

Installation

Installez-vous debout, les pieds parallèles écartés de la largeur du bassin
Fléchissez légèrement les genoux
Redressez votre dos
Abaissez vos épaules
Relâchez vos bras le long du corps
Alignez votre tête dans le prolongement de votre colonne vertébrale
Fermez les yeux (PPI)

1er enchaînement (tourner le bras droit)

Inspirez par le nez et bloquez votre respiration
Tournez votre bras droit vers l'avant comme pour dessiner de grands cercles
Relâchez votre bras en soufflant par la bouche
Reprenez une respiration naturelle (PPI)
Accueillez les sensations dans votre bras droit (PPI)
Prenez conscience du relâchement de votre bras droit (PPT)
Recommencez une deuxième fois
Inspirez par le nez et bloquez votre respiration
Tournez votre bras droit vers l'arrière comme pour dessiner de grands cercles
Relâchez votre bras en soufflant par la bouche
Reprenez une respiration naturelle (PPI)
Accueillez les sensations d'ouverture dans votre poitrine (PPI)
Prenez conscience du mouvement de votre cage thoracique (PPT)
Recommencez une dernière fois à votre rythme en choisissant le sens de rotation qui vous convient
(*Entendre l'inspiration du sophrologue*) (PPI)
(*Entendre l'expiration douce du sophrologue*)

Reprenez une respiration naturelle (PPI)
Accueillez l'ensemble de vos ressentis (PPI)
Prenez conscience de votre respiration thoracique (PPT)

2ᵉ enchaînement (tourner le bras gauche)

À présent, vous allez tourner votre bras gauche
Inspirez par le nez et bloquez votre respiration
Tournez votre bras gauche vers l'avant comme pour dessiner de grands cercles
Relâchez votre bras en soufflant par la bouche
Reprenez une respiration naturelle (PPI)
Accueillez les sensations dans votre bras gauche (PPI)
Prenez conscience du relâchement de votre bras gauche (PPT)
Recommencez une deuxième fois
Inspirez par le nez et bloquez votre respiration
Tournez votre bras gauche vers l'arrière comme pour dessiner de grands cercles
Relâchez votre bras en soufflant par la bouche
Reprenez une respiration naturelle (PPI)
Accueillez les sensations d'ouverture dans votre poitrine (PPI)
Prenez conscience du mouvement de votre cage thoracique (PPT)
Recommencez une dernière fois à votre rythme en choisissant le sens de rotation qui vous convient
(*Entendre l'inspiration du sophrologue*) (PPI)
(*Entendre l'expiration douce du sophrologue*)
Reprenez une respiration naturelle (PPI)
Accueillez l'ensemble de vos ressentis (PPI)
Prenez conscience de votre respiration thoracique (PPT)

3ᵉ enchaînement (tourner les deux bras)

Maintenant, vous allez effectuer des rotations des deux bras
Basculez légèrement le bassin vers l'avant
Inspirez par le nez et bloquez votre respiration
Effectuez plusieurs rotations avec les deux bras, dans le sens qui vous convient
Relâchez vos bras en soufflant par la bouche
Reprenez une respiration naturelle (PPI)
Accueillez l'ensemble de vos ressentis (PPI)
Prenez conscience de votre respiration thoracique (PPT)
L'exercice est à présent terminé, vous pouvez ouvrir les yeux.

HÉMICORPS

- **Classification d'origine :** Relaxation dynamique du 1er degré.
- **Définition :** Relaxation dynamique qui permet de prendre conscience de la symétrie du corps.
- **Description de l'exercice :** Le sophronisé étire ses hémicorps.
- **Position de départ du sophronisé :** Le sophronisé est debout, les pieds parallèles écartés de la largeur du bassin et les genoux légèrement fléchis. Le dos droit, les épaules sont relâchées, les bras le long du corps et les mains ouvertes. La tête est droite et les yeux sont fermés.
- **Consignes de l'exercice :**

  1. Enchaînement à répéter 3 fois :

  – Basculer le poids du corps sur le pied droit.

  – Lever le bras droit en inspirant par le nez.

  – Bloquer la respiration.

  – Étirer le côté droit en levant la main vers le ciel et en tendant la jambe.

  – Garder le côté gauche relâché.

  – Laisser redescendre le bras en soufflant par la bouche.

– Revenir en appui sur les deux pieds.

2. Répéter 3 fois l'enchaînement n° 1 avec le côté gauche.

3. Enchaînement à faire 1 fois :

– Rester en appui sur ses deux pieds.
– Lever les bras en inspirant par le nez.
– Bloquer la respiration.
– Étirer le corps en levant les mains vers le ciel et en tendant les jambes.
– Laisser redescendre les bras en soufflant par la bouche.

Exemple d'animation – Hémicorps

Installation

Installez-vous debout, les pieds parallèles écartés de la largeur du bassin
Fléchissez légèrement les genoux
Redressez votre dos
Abaissez vos épaules
Relâchez vos bras le long du corps
Alignez votre tête dans le prolongement de votre colonne vertébrale
Fermez les yeux (PPI)

1er enchaînement (étirer l'hémicorps droit)

Basculez le poids de votre corps sur le pied droit
Levez votre bras droit en inspirant par le nez
Bloquez votre respiration et étirez votre côté droit en levant votre main vers le ciel et en tendant votre jambe
Gardez le côté gauche de votre corps relâché
Relâchez votre bras droit en soufflant par la bouche
Revenez en appui sur vos deux pieds
Reprenez une respiration naturelle (PPI)
Accueillez les sensations dans votre côté droit (PPI)
Prenez conscience de votre hémicorps droit (PPT)
Recommencez une deuxième fois
Basculez le poids de votre corps sur le pied droit
Levez votre bras droit en inspirant par le nez
Bloquez votre respiration et étirez votre côté droit en levant votre main vers le ciel et en tendant votre jambe
Gardez le côté gauche de votre corps relâché
Relâchez votre bras droit en soufflant par la bouche
Revenez en appui sur vos deux pieds

Reprenez une respiration naturelle (PPI)
Accueillez les sensations d'ouverture de votre côté droit (PPI)
Prenez conscience du relâchement de votre hémicorps droit (PPT)
Recommencez une dernière fois à votre rythme
(*Entendre l'inspiration du sophrologue*)(PPI)
(*Entendre l'expiration douce du sophrologue*)
Reprenez une respiration naturelle (PPI)
Observez la différence de sensation avec l'hémicorps gauche (PPI)
Prenez conscience de votre asymétrie (PPI)

2ᵉ enchaînement (étirer l'hémicorps gauche)
Recommencez cette fois-ci du côté gauche
Basculez le poids de votre corps sur le pied gauche
Levez votre bras gauche en inspirant par le nez
Bloquez votre respiration et étirez votre côté gauche en levant votre main vers le ciel et en tendant votre jambe
Gardez le côté droit de votre corps relâché
Relâchez votre bras gauche en soufflant par la bouche
Revenez en appui sur vos deux pieds
Reprenez une respiration naturelle (PPI)
Accueillez les sensations dans votre côté gauche (PPI)
Prenez conscience de votre hémicorps gauche (PPT)
Recommencez une deuxième fois
Basculez le poids de votre corps sur le pied gauche
Levez votre bras gauche en inspirant par le nez
Bloquez votre respiration et étirez votre côté gauche en levant votre main vers le ciel et en tendant votre jambe
Gardez le côté droit de votre corps relâché
Relâchez votre bras gauche en soufflant par la bouche
Revenez en appui sur vos deux pieds
Reprenez une respiration naturelle (PPI)
Accueillez les sensations d'ouverture de votre côté gauche (PPI)
Prenez conscience du relâchement de votre hémicorps gauche (PPT)
Recommencez une dernière fois à votre rythme
(*Entendre l'inspiration du sophrologue*) (PPI)
(*Entendre l'expiration douce du sophrologue*)
Reprenez une respiration naturelle (PPI)
Observez la différence de sensation avec l'hémicorps droit (PPI)
Prenez conscience de votre asymétrie (PPT)

3ᵉ enchaînement (étirer tout le corps)
Recommencez une dernière fois avec les deux bras
Basculez votre bassin vers l'avant

Levez vos bras en inspirant par le nez
Bloquez votre respiration et étirez vos mains vers le ciel en tendant vos jambes
Sentez vos deux hémicorps s'allonger simultanément
Relâchez vos bras en soufflant par la bouche
Reprenez une respiration naturelle (PPI)
Accueillez l'ensemble de vos ressentis (PPI)
Prenez conscience de la symétrie de votre corps (PPT)
L'exercice est à présent terminé, vous pouvez ouvrir les yeux.

KARATÉ

- **Classification d'origine :** Relaxation dynamique du 1er degré.
- **Définition :** Relaxation dynamique qui permet de prendre conscience de la concentration.
- **Description de l'exercice :** Le sophronisé donne un coup de poing dans le vide.
- **Position de départ du sophronisé :** Le sophronisé est debout, les pieds parallèles écartés de la largeur du bassin et les genoux légèrement fléchis. Le dos droit, les épaules sont relâchées, les bras le long du corps et les mains ouvertes. La tête est droite et les yeux sont ouverts.
- **Consignes de l'exercice :**

  1. Enchaînement à répéter 3 fois :

  – Lever le bras gauche à l'horizontal, le bras et la main tendus.

  – Ramener le poing droit à hauteur de l'épaule droite, le coude en arrière, en inspirant par le nez.

- Bloquer la respiration quelques instants.
- Lancer le poing droit vers l'avant en soufflant fortement par la bouche.
- Relâcher les bras le long du corps, les mains ouvertes.

2. Refaire 3 fois l'enchaînement n° 1 en inversant les bras.

3. Enchaînement à faire 1 fois :

- Ramener les deux poings à hauteur des épaules, les coudes en arrière, en inspirant par le nez.
- Bloquer la respiration quelques instants.
- Lancer les poings vers l'avant en soufflant fortement par la bouche.
- Relâcher les bras le long du corps, les mains ouvertes.

Exemple d'animation – Karaté

Installation

Installez-vous debout, les pieds parallèles écartés de la largeur du bassin
Fléchissez légèrement les genoux
Redressez votre dos
Tendez le bras et la main gauche à l'horizontale
Relâchez le bras droit le long du corps
Abaissez vos épaules
Gardez les yeux ouverts (PPI)

1er enchaînement (lancer le poing droit)

Ramenez votre poing droit à hauteur de l'épaule droite, le coude en arrière, en inspirant par le nez
Bloquez votre respiration et fixer du regard un point face à vous comme une cible
Lancez votre poing droit vers cette cible en soufflant fortement par la bouche
Reprenez une respiration naturelle en relâchant vos bras le long du corps, les mains ouvertes (PPI)
Fermez les yeux et accueillez les sensations dans votre bras droit (PPI)
Prenez conscience de votre geste (PPT)
Ouvrez les yeux et recommencez une deuxième fois
Tendez le bras et la main gauche à l'horizontale
Ramenez votre poing droit à hauteur de l'épaule droite, le coude en arrière, en inspirant par le nez
Bloquez votre respiration et fixez du regard un point face à vous comme une cible
Lancez votre poing droit vers cette cible en soufflant fortement par la bouche

Reprenez une respiration naturelle en relâchant vos bras le long du corps, les mains ouvertes (PPI)
Fermez les yeux et sentez la puissance de votre bras (PPI)
Prenez conscience de la précision de votre geste (PPT)
Ouvrez les yeux et recommencez une dernière fois à votre rythme
(*Entendre l'inspiration du sophrologue*) (PPI)
(*Entendre l'expiration forte du sophrologue*)
Reprenez une respiration naturelle (PPI)
Fermez les yeux et accueillez l'ensemble de vos ressentis (PPI)
Prenez conscience de votre concentration (PPT)

2e enchaînement (lancer le poing gauche)
Ouvrez les yeux
Tendez votre bras et votre main droite à l'horizontale
Relâchez le bras gauche le long du corps
Abaissez vos épaules (PPI)
Ramenez votre poing gauche à hauteur de l'épaule gauche, le coude en arrière, en inspirant par le nez
Bloquez votre respiration et fixez du regard un point face à vous comme une cible
Lancez votre poing gauche vers cette cible en soufflant fortement par la bouche
Reprenez une respiration naturelle en relâchant vos bras le long du corps, les mains ouvertes (PPI)
Fermez les yeux et accueillez les sensations dans votre bras gauche (PPI)
Prenez conscience de votre geste (PPT)
Ouvrez les yeux et recommencez une deuxième fois
Tendez votre bras et votre main droite à l'horizontale
Ramenez votre poing gauche à hauteur de l'épaule gauche, le coude en arrière, en inspirant par le nez
Bloquez votre respiration et fixez du regard un point face à vous comme une cible
Lancez votre poing gauche vers cette cible en soufflant fortement par la bouche
Reprenez une respiration naturelle en relâchant vos bras le long du corps, les mains ouvertes (PPI)
Fermez les yeux et sentez la puissance de votre bras (PPI)
Prenez conscience de la précision de votre geste (PPT)
Ouvrez les yeux et recommencez une dernière fois à votre rythme
(*Entendre l'inspiration du sophrologue*) (PPI)
(*Entendre l'expiration forte du sophrologue*)
Reprenez une respiration naturelle (PPI)
Fermez les yeux et accueillez l'ensemble de vos ressentis (PPI)
Prenez conscience de votre concentration (PPT)

3ᵉ enchaînement (lancer les deux poings)

Maintenant, vous allez lancer les deux bras en même temps

Ouvrez les yeux et basculez légèrement votre bassin vers l'avant

Ramenez vos deux poings à hauteur des épaules, les coudes en arrière, en inspirant par le nez

Bloquez votre respiration et fixez du regard un point face à vous comme une cible

Lancez vos poings vers cette cible en soufflant fortement par la bouche

Reprenez une respiration naturelle en relâchant vos bras le long du corps, les mains ouvertes (PPI)

Fermez les yeux et percevez votre aptitude à maintenir votre attention (PPI)

Prenez conscience de votre concentration (PPT)

L'exercice est à présent terminé, vous pouvez ouvrir les yeux.

MARCHE VIRTUELLE

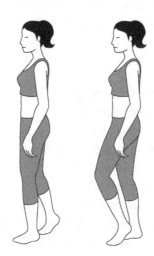

- **Classification d'origine :** Relaxation dynamique du 1ᵉʳ degré.
- **Définition :** Relaxation dynamique qui permet de prendre conscience de l'équilibre.
- **Description de l'exercice :** Le sophronisé marche sur place.
- **Position de départ du sophronisé :** Le sophronisé est debout, les pieds parallèles écartés de la largeur du bassin et les genoux légèrement fléchis. Le dos droit, les épaules sont relâchées, les bras le long du corps et les mains ouvertes. La tête est droite et les

yeux fermés.

NB : le sophronisé peut garder les yeux ouverts si nécessaire.

- **Consignes de l'exercice :**

Enchaînement à répéter 3 fois :

– Marcher sur place en décomposant les mouvements.
– S'arrêter lorsque c'est inconfortable.

> **Exemple d'animation – Marche virtuelle**
>
> **Installation**
>
> Installez-vous debout, les pieds parallèles écartés de la largeur du bassin
> Fléchissez légèrement les genoux
> Redressez votre dos
> Abaissez vos épaules
> Relâchez vos bras le long du corps
> Alignez votre tête dans le prolongement de votre colonne vertébrale
> Fermez les yeux (PPI)
>
> **Enchaînement**
>
> Marchez sur place lentement en respiration libre
> Décomposez les mouvements (PPI)
> Arrêtez-vous lorsque vous le souhaitez
> Accueillez les sensations de vos jambes (PPI)
> Prenez conscience de vos pieds (PPT)
> Recommencez une deuxième fois
> Marchez lentement en décomposant chaque pas (PPI)
> Appréciez votre aisance à dérouler chacun de vos pas
> Sentez l'alternance de vos appuis au sol (PPI)
> Arrêtez-vous lorsque vous le souhaitez
> Accueillez les sensations de votre marche (PPI)
> Prenez conscience de l'enchaînement de vos pas (PPT)
> Recommencez une dernière fois à votre rythme
> Sentez chacun de vos pas (PPI)
> Arrêtez-vous lorsque vous le souhaitez
> Percevez l'harmonie entre votre droite et votre gauche (PPI)
> Prenez conscience de votre capacité d'équilibre (PPT)
> L'exercice est à présent terminé, vous pouvez ouvrir les yeux.

NAULI

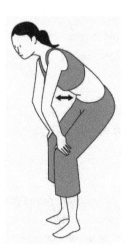

- **Classification d'origine :** Relaxation dynamique du 1er degré.
- **Définition :** Relaxation dynamique qui permet de prendre conscience de la ceinture abdominale.
- **Description de l'exercice :** Le sophronisé bouge son ventre d'avant en arrière.
- **Position de départ du sophronisé :** Le sophronisé est debout, les pieds parallèles écartés de la largeur du bassin et les genoux légèrement fléchis. Le dos droit, les épaules sont relâchées, les bras le long du corps et les mains ouvertes. La tête est droite et les yeux sont fermés.
- **Consignes de l'exercice :**

Enchaînement à répéter 3 fois :

– Se pencher vers l'avant en soufflant par la bouche.
– Bloquer la respiration.
– Poser ses mains sur les genoux.
– Sortir et rentrer le ventre plusieurs fois.
– Inspirer par le nez en se redressant.

Exemple d'animation – Nauli

Installation

Installez-vous debout, les pieds parallèles écartés de la largeur du bassin
Fléchissez légèrement les genoux
Redressez votre dos
Abaissez vos épaules
Relâchez vos bras le long du corps
Alignez votre tête dans le prolongement de votre colonne vertébrale
Fermez les yeux (PPI)

Enchaînement

Penchez vous vers l'avant en soufflant par la bouche
Posez vos mains sur vos genoux en bloquant votre respiration
Effectuez des mouvements de va-et-vient avec le ventre (PPI)
Inspirez par le nez en déroulant progressivement votre dos
Reprenez une respiration naturelle (PPI)
Accueillez les sensations de votre ventre (PPI)
Prenez conscience de vos abdominaux (PPT)
Recommencez une deuxième fois
Penchez vous vers l'avant en soufflant par la bouche
Posez vos mains sur vos genoux en bloquant votre respiration
Effectuez des mouvements de va-et-vient avec le ventre (PPI)
Inspirez par le nez en déroulant progressivement votre dos
Reprenez une respiration naturelle (PPI)
Sentez le relâchement de vos abdominaux (PPI)
Prenez conscience des mouvements de vos abdominaux (PPT)
Recommencez une dernière fois à votre rythme
(*Entendre l'expiration douce du sophrologue*) (PPI)
(*Entendre l'inspiration du sophrologue*)
Reprenez une respiration naturelle (PPI)
Accueillez l'ensemble de vos ressentis (PPI)
Prenez conscience de votre ceinture abdominale (PPT)
L'exercice est à présent terminé, vous pouvez ouvrir les yeux.

OBJET DE CONCENTRATION

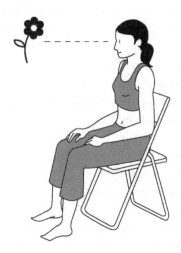

- **Classification d'origine :** Relaxation dynamique du 1er degré.
- **Définition :** Relaxation dynamique qui permet de prendre conscience de la concentration.
- **Description de l'exercice :** Le sophronisé focalise son attention sur un élément virtuel.
- **Position de départ du sophronisé :** Le sophronisé est assis, le dos droit, les épaules relâchées et les bras sont déposés naturellement sur les cuisses. La tête est droite et les yeux sont fermés.
- **Consignes de l'exercice :**

Enchaînement à faire 1 fois :

– Imaginer tous les détails d'un élément virtuel.

Exemple d'animation – Objet de concentration

Installation

Asseyez-vous, le dos droit et les épaules relâchées
Laissez vos bras se déposer naturellement sur vos cuisses
Alignez votre tête dans le prolongement de votre colonne vertébrale
Fermez les yeux (PPI)

Enchaînement

Concentrez-vous sur les points d'appuis de votre corps (PPI)
Percevez votre respiration calme et naturelle (PPI)

Sentez votre corps se relâcher (PPI)
À présent, laissez venir à vous l'image d'un objet (PPI)
Accueillez sans jugement ce qui se présente à vous (PPI)
Portez attention à cet objet (PPI)
Imaginez sa forme, ses contours (PPI)
Observez son volume, sa densité (PPI)
Distinguez ses couleurs, sa luminosité (PPI)
Percevez sa texture, sa matière (PPI)
Accueillez vos sensations (PPI)
Observez cet objet sous tous ses angles (PPI)
Focalisez toute votre attention (PPI)
Découvrez des détails particuliers (PPI)
Accueillez l'ensemble de vos ressentis (PPI)
Prenez conscience de votre capacité de concentration (PPT)
L'exercice est à présent terminé, vous pouvez ouvrir les yeux.

POLICHINELLE

- **Classification d'origine :** Relaxation dynamique du 1er degré.
- **Définition :** Relaxation dynamique qui permet de prendre conscience de ses appuis.
- **Description de l'exercice :** Le sophronisé sautille sur place.

- **Position de départ du sophronisé :** Le sophronisé est debout, les pieds parallèles écartés de la largeur du bassin et les genoux légèrement fléchis. Le dos droit, les épaules sont relâchées, les bras le long du corps et les mains ouvertes. La tête est droite et les yeux sont ouverts.
- **Consignes de l'exercice :**

Enchaînement à faire 1 fois :

- Faire un maximum de petits sauts sur place en relâchant le haut du corps (thorax, bras et tête).
- Le bas du corps reste tendu pour assurer les appuis.
- S'arrêter lorsque c'est inconfortable.

> **Exemple d'animation – Polichinelle**
>
> **Installation**
>
> Installez-vous debout, les pieds parallèles écartés de la largeur du bassin
> Fléchissez légèrement les genoux
> Redressez votre dos
> Abaissez vos épaules
> Relâchez vos bras le long du corps
> Alignez votre tête dans le prolongement de votre colonne vertébrale
> Gardez les yeux ouverts (PPI)
>
> **Enchaînement**
>
> Effectuez des petits sauts sur place en respiration libre (PPI)
> Maintenez vos jambes toniques pour assurer vos appuis mais laissez aller le haut de votre corps
> Relâchez vos bras et votre tête (PPI)
> Sentez votre corps rebondir (PPI)
> Arrêtez-vous lorsque vous le souhaitez et fermez vos yeux
> Accueillez les sensations dans votre corps (PPI)
> Sentez la stabilité de vos pieds (PPI)
> Prenez conscience de vos appuis (PPT)
> L'exercice est à présent terminé, vous pouvez ouvrir les yeux

PRANA

- **Classification d'origine :** Relaxation dynamique du 1er degré.
- **Définition :** Relaxation dynamique qui permet de prendre conscience de la préhension.
- **Description de l'exercice :** Le sophronisé ramène les mains vers le thorax.
- **Position de départ du sophronisé :** Le sophronisé est debout, les pieds parallèles écartés de la largeur du bassin et les genoux légèrement fléchis. Le dos droit, les épaules sont relâchées, les bras le long du corps et les mains ouvertes. La tête est droite et les yeux sont fermés.
- **Consignes de l'exercice :**

    1. Enchaînement à répéter 3 fois :
    – Lever les bras à l'horizontale en inspirant par le nez.
    – Bloquer la respiration.
    – Amener doucement les mains ouvertes vers le thorax en contractant légèrement les avant-bras.
    – Relâcher les bras le long du corps, les mains ouvertes en soufflant par la bouche.

    2. Répéter l'enchaînement n° 1 en fermant les poings lorsque les mains reviennent vers le thorax.

Exemple d'animation – Prana

Installation

Installez-vous debout, les pieds parallèles écartés de la largeur du bassin

Fléchissez légèrement les genoux

Redressez votre dos

Abaissez vos épaules

Relâchez vos bras le long du corps

Alignez votre tête dans le prolongement de votre colonne vertébrale

Fermez vos yeux (PPI)

1er enchaînement (ramener les mains ouvertes vers le thorax)

Levez vos bras, mains ouvertes, à l'horizontale en inspirant par le nez

Bloquez votre respiration et ramenez doucement vos mains vers la poitrine en contractant légèrement les avant-bras

Laissez redescendre vos bras le long du corps, mains ouvertes, en soufflant par la bouche

Reprenez une respiration naturelle (PPI)

Accueillez les sensations de vos avant-bras, vos mains (PPI)

Prenez conscience de vos bras (PPT)

Recommencez une deuxième fois

Levez vos bras, mains ouvertes, à l'horizontale en inspirant par le nez

Bloquez votre respiration et ramenez doucement vos mains vers la poitrine en contractant légèrement les avant-bras

Laissez redescendre vos bras le long du corps, mains ouvertes, en soufflant par la bouche

Reprenez une respiration naturelle (PPI)

Sentez le relâchement de vos membres supérieurs (PPI)

Prenez conscience du mouvement de vos bras (PPT)

Recommencez une dernière fois à votre rythme

(*Entendre l'inspiration du sophrologue*) (PPI)

(*Entendre l'expiration douce du sophrologue*)

Reprenez une respiration naturelle (PPI)

Accueillez l'ensemble de vos ressentis (PPI)

Prenez conscience de votre capacité à saisir (PPT)

2e enchaînement (ramener les poings fermés vers le thorax)

À présent, vous allez refaire le mouvement les mains fermées

Levez vos bras à l'horizontale en inspirant par le nez et fermez vos mains

Bloquez votre respiration et ramenez doucement vos poings vers la poitrine en contractant légèrement les avant-bras

Laissez redescendre vos bras le long du corps, mains ouvertes, en soufflant par la bouche

Reprenez une respiration naturelle (PPI)

Accueillez les sensations dans vos avant-bras, vos poings (PPI)
Prenez conscience de vos bras (PPT)
Recommencez une deuxième fois
Levez vos bras à l'horizontale en inspirant par le nez et fermez vos mains
Bloquez votre respiration et ramenez doucement vos poings vers la poitrine en contractant légèrement les avant-bras
Laissez redescendre vos bras le long du corps, mains ouvertes, en soufflant par la bouche
Reprenez une respiration naturelle (PPI)
Sentez le relâchement de vos membres supérieurs (PPI)
Prenez conscience du mouvement de vos bras (PPT)
Recommencez une dernière fois à votre rythme
(*Entendre l'inspiration du sophrologue*) (PPI)
(*Entendre l'expiration douce du sophrologue*)
Reprenez une respiration naturelle (PPI)
Accueillez l'ensemble de vos ressentis (PPI)
Prenez conscience de votre capacité à prendre (PPT)
L'exercice est à présent terminé, vous pouvez ouvrir les yeux.

ROTATIONS AXIALES

- **Classification d'origine :** Relaxation dynamique du 1er degré.
- **Définition :** Relaxation dynamique qui permet de prendre conscience de l'axe vertébral.

- **Description de l'exercice :** Le sophronisé effectue des rotations du haut du corps.
- **Position de départ du sophronisé :** Le sophronisé est debout, les pieds parallèles écartés de la largeur du bassin et les genoux légèrement fléchis. Le dos droit, les épaules sont relâchées, les bras le long du corps et les mains ouvertes. La tête est droite et les yeux sont fermés.
- **Consignes de l'exercice :**

Enchaînement à répéter 3 fois :

– Gainer le bas du corps en inspirant par le nez.
– Bloquer la respiration.
– Effectuer des rotations du bassin en laissant les bras et la tête suivre le mouvement avec souplesse.
– Revenir progressivement à la position de départ en soufflant par la bouche.

> **Exemple d'animation – Rotations axiales**
>
> **Installation**
>
> Installez-vous debout, les pieds parallèles écartés de la largeur du bassin
> Fléchissez légèrement les genoux
> Redressez votre dos
> Abaissez vos épaules
> Relâchez vos bras le long du corps
> Alignez votre tête dans le prolongement de votre colonne vertébrale
> Fermez les yeux (PPI)
>
> **Enchaînement**
>
> Tendez vos jambes en inspirant par le nez
> Bloquez votre respiration et effectuez des rotations du bassin en laissant vos bras souples et votre tête suivre le mouvement
> Revenez progressivement à la position de départ en soufflant par la bouche
> Reprenez une respiration naturelle (PPI)
> Accueillez les sensations dans votre buste, vos bras, votre tête (PPI)
> Prenez conscience des mouvements souples de votre buste, vos bras et de votre tête (PPT)
> Recommencez une deuxième fois
> Tendez vos jambes en inspirant par le nez
> Bloquez votre respiration et effectuez des rotations du bassin en laissant vos bras souples et votre tête suivre le mouvement

Revenez progressivement à votre position de départ en soufflant par la bouche
Reprenez une respiration naturelle (PPI)
Accueillez les sensations des muscles de votre dos (PPI)
Prenez conscience de votre colonne vertébrale (PPT)
Recommencez une dernière fois à votre rythme
(*Entendre l'inspiration du sophrologue*) (PPI)
(*Entendre l'expiration douce du sophrologue*)
Reprenez une respiration naturelle (PPI)
Accueillez l'ensemble de vos ressentis (PPI)
Prenez conscience de votre axe vertébral (PPT)
L'exercice est à présent terminé, vous pouvez ouvrir les yeux.

SOPHRO CONTEMPLATION DU SCHÉMA CORPOREL

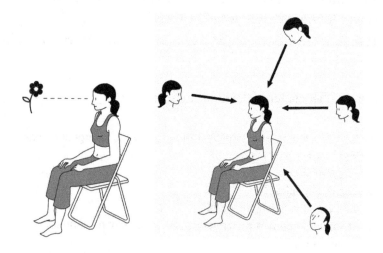

- **Classification d'origine :** Relaxation dynamique du 2ᵉ degré.
- **Définition :** Relaxation dynamique qui permet de prendre conscience de la forme de son corps.
- **Description de l'exercice :** Le sophronisé contemple son corps mentalement.
- **Position de départ du sophronisé :** Le sophronisé est assis, le dos droit, les épaules relâchées et les bras sont déposés naturellement sur les cuisses. La tête est droite et les yeux sont fermés.
- **Consignes de l'exercice :**

Enchaînement à faire 1 fois :

- Imaginer tous les détails d'un élément virtuel.
- Faire pénétrer l'élément en soi et devenir le sujet de l'observation.
- Voir son corps sous différents angles (face, côté, dessus, dessous).

Exemple d'animation – Sophro contemplation du schéma corporel

Installation

Asseyez-vous, le dos droit et les épaules relâchées
Laissez vos bras se déposer naturellement sur vos cuisses
Alignez votre tête dans le prolongement de votre colonne vertébrale
Fermez les yeux (PPI)

Enchaînement

Laissez venir à vous l'image d'un objet (PPI)
Imaginez sa forme, ses contours (PPI)
Observez son volume, sa densité (PPI)
Distinguez ses couleurs, sa luminosité (PPI)
Percevez sa texture, sa matière (PPI)
Observez cet objet sous tous ses angles (PPI)
Imaginez-le se rapprocher progressivement de vous (PPI)
Laissez l'objet se fondre en vous (PPI)
Devenez à votre tour le sujet de l'observation (PPI)
Observez votre corps de face (PPI)
Portez attention aux détails particuliers (PPI)
Puis, imaginez-vous observer de côté (PPI)
Portez attention aux détails particuliers (PPI)
Imaginez à présent vous voir de dos (PPI)
Portez attention aux détails particuliers (PPI)
Continuez votre observation et découvrez l'autre côté (PPI)
Portez attention aux détails particuliers (PPI)
Changez maintenant de point de vue et observez votre corps du dessus (PPI)
Portez attention aux détails particuliers (PPI)
Poursuivez votre observation et découvrez votre corps du dessous (PPI)
Portez attention aux détails particuliers (PPI)
Observez de nouveau votre corps de face (PPI)
Sentez votre conscience envelopper votre corps (PPI)
Accueillez les sensations agréables que cela vous procure (PPI)
Percevez le volume de votre corps (PPI)
Prenez conscience de la forme de votre corps (PPT)
L'exercice est à présent terminé, vous pouvez ouvrir les yeux.

SOUFFLET THORACIQUE

- **Classification d'origine :** Relaxation dynamique du 1er degré.
- **Définition :** Relaxation dynamique qui permet de prendre conscience de la respiratoire thoracique.
- **Description de l'exercice :** Le sophronisé respire avec les mains posées de part et d'autre de ses côtes.
- **Position de départ du sophronisé :** Le sophronisé est debout, les pieds parallèles écartés de la largeur du bassin et les genoux légèrement fléchis. Le dos droit, les mains sont posées sur les côtes, les épaules relâchées, la tête est droite et les yeux sont fermés.
- **Consignes de l'exercice :**

Enchaînement à répéter 3 fois :

– Gonfler la poitrine en inspirant profondément par le nez.
– Laisser la poitrine redescendre en soufflant par la bouche.

> **Exemple d'animation – Soufflet thoracique**
> **Installation**
> Installez-vous debout, les pieds parallèles écartés de la largeur du bassin
> Fléchissez légèrement les genoux
> Redressez votre dos
> Posez vos mains de part et d'autre de vos côtes
> Abaissez vos épaules
> Alignez votre tête dans le prolongement de votre colonne vertébrale

Fermez les yeux (PPI)

Enchaînement

Gonflez votre poitrine en inspirant par le nez et sentez vos côtes s'ouvrir sous vos doigts

Soufflez doucement par la bouche en laissant vos côtes s'abaisser

Reprenez une respiration naturelle (PPI)

Ressentez l'ouverture de votre cage thoracique (PPI)

Prenez conscience du mouvement de vos côtes (PPT)

Recommencez une deuxième fois

Gonflez votre poitrine en inspirant par le nez et sentez vos côtes s'ouvrir sous vos doigts

Soufflez doucement par la bouche et sentez vos côtes s'abaisser

Reprenez une respiration naturelle (PPI)

Ressentez l'amplitude de votre respiration (PPI)

Prenez conscience du volume de votre poitrine (PPT)

Recommencez une dernière fois à votre rythme

(*Entendre l'inspiration du sophrologue*)

(*Entendre l'expiration forte du sophrologue*)

Reprenez une respiration naturelle et laissez vos bras descendre le long de votre corps (PPI)

Accueillez l'ensemble de vos ressentis (PPI)

Prenez conscience de votre respiration thoracique (PPT)

L'exercice est à présent terminé, vous pouvez ouvrir les yeux.

TRA-TAC

- **Classification d'origine :** Relaxation dynamique du 1ᵉʳ degré.
- **Définition** : Relaxation dynamique qui permet de prendre conscience de la concentration.
- **Description de l'exercice :** Le sophronisé focalise son regard sur son pouce.
- **Position de départ du sophronisé :** Le sophronisé est debout, les pieds parallèles écartés de la largeur du bassin et les genoux légèrement fléchis. Le dos droit, les épaules sont relâchées, les bras le long du corps et les mains ouvertes. La tête est droite et les yeux sont ouverts.
- **Consignes de l'exercice :**

  Enchaînement à répéter 3 fois :
  - Lever le bras droit à l'horizontale, la main fermée et le pouce tendu vers le ciel en inspirant par le nez.
  - Fixer le regard sur le pouce. Bloquer la respiration.
  - Amener doucement le pouce sur l'espace entre les sourcils.
  - Fermer les yeux lorsque la vue se trouble.
  - Lorsque le pouce touche l'entre-sourcil, relâcher le bras le long du corps en soufflant par la bouche.

Exemple d'animation – Tra-tac

Installation

Installez-vous debout, les pieds parallèles écartés de la largeur du bassin
Fléchissez légèrement les genoux
Redressez votre dos
Abaissez vos épaules
Relâchez vos bras le long du corps
Alignez votre tête dans le prolongement de votre colonne vertébrale
Gardez les yeux ouverts (PPI)

Enchaînement

Levez votre bras droit à l'horizontale, la main fermée et le pouce tendu vers le ciel en inspirant par le nez
Bloquez votre respiration et ramenez lentement votre pouce vers votre front en le fixant du regard
Fermez vos yeux lorsque votre vue se trouble
Laisser votre pouce toucher l'espace entre les sourcils et soufflez par la bouche en relâchant votre bras le long du corps (PPI)

Reprenez une respiration naturelle (PPI)

Sentez le relâchement de vos yeux (PPI)

Prenez conscience du mouvement de vos yeux (PPT)

Ouvrez les yeux et recommencez une deuxième fois

Levez votre bras droit à l'horizontale, la main fermée et le pouce tendu vers le ciel en inspirant par le nez

Bloquez votre respiration et ramenez lentement votre pouce vers votre front en le fixant du regard

Fermez vos yeux lorsque votre vue se trouble

Laisser votre pouce toucher l'espace entre les sourcils et soufflez par la bouche en relâchant votre bras le long du corps (PPI)

Reprenez une respiration naturelle (PPI)

Accueillez les sensations de votre front (PPI)

Prenez conscience du point entre vos sourcils (PPT)

Gardez les yeux fermés et recommencez une dernière fois à votre rythme

(*Entendre l'inspiration du sophrologue*) (PPI)

(*Entendre l'expiration forte du sophrologue*)

Reprenez une respiration naturelle (PPI)

Accueillez l'ensemble de vos ressentis (PPI)

Prenez conscience de votre concentration (PPT)

L'exercice est à présent terminé, vous pouvez ouvrir les yeux.

VIVANCE DE LA LIBERTÉ

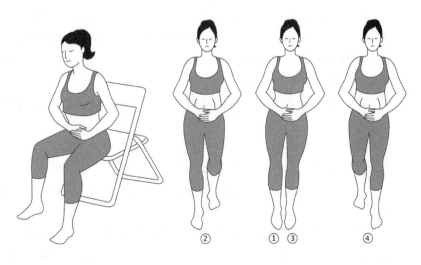

- **Classification d'origine :** Relaxation dynamique du 3ᵉ degré.

- **Définition :** Relaxation dynamique qui permet de prendre conscience de la liberté.
- **Description de l'exercice :** Le sophronisé marche et médite sur la liberté.
- **Position de départ du sophronisé :** Le sophronisé est debout, les pieds parallèles écartés de la largeur du bassin et les genoux légèrement fléchis. Le dos droit, les épaules sont relâchées, les bras le long du corps et les mains ouvertes. La tête est droite et les yeux sont fermés.
- **Consignes de l'exercice :**

    1. Enchaînement à faire 1 fois :
    – Relâcher mentalement le corps
    – Poser un poing sur le ventre recouvert par l'autre main
    – Faire une contraction du corps

    2. Enchaînement à faire 1 fois :
    – S'asseoir et se concentrer pour créer un espace de liberté
    – Avancer sur la chaise, poser un poing sur le ventre recouvert par l'autre main et faire 3 contractions du corps

    3. Enchaînement à faire 1 fois :
    – Se mettre debout, un poing posé sur le ventre recouvert par l'autre main et répéter l'enchaînement (marche phronique) pendant 5 à 20 minutes :
    – Inspirer en avançant le pied droit
    – Maintenir l'équilibre sur les deux pieds en bloquant la respiration
    – Souffler en amenant le pied gauche à hauteur du pied droit
    – Inspirer en avançant le pied gauche
    – Maintenir l'équilibre sur les deux pieds en bloquant la respiration
    – Souffler en amenant le pied droit à hauteur du pied gauche
    – Méditer sur sa place dans : Le groupe ; Le monde ; L'univers

    4. Enchaînement à faire 1 fois :

- S'asseoir et se concentrer à renforcer cet espace de liberté
- Avancer sur la chaise, poser un poing sur le ventre recouvert par l'autre main et faire 3 contractions du corps les yeux semi-ouverts
- Méditer sur cette nouvelle existence
- Évoquer les capacités : Confiance ; Harmonie ; Espoir

5. Enchaînement à faire 1 fois :

- Remettre son corps en mouvement

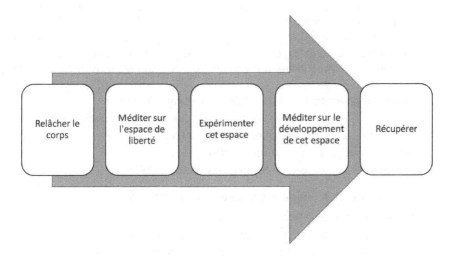

Les enchaînements de la vivance de la liberté

Exemple d'animation – Vivance de la liberté

Installation

Installez-vous debout, les pieds parallèles écartés de la largeur du bassin
Fléchissez légèrement les genoux
Redressez votre dos
Abaissez vos épaules
Relâchez vos bras le long du corps
Alignez votre tête dans le prolongement de votre colonne vertébrale
Fermez les yeux (PPI)

1er enchaînement (relâcher le corps)

Relâchez les muscles de votre visage, de votre cou (PPI)
Sentez vos épaules s'abaisser naturellement (PPI)

Relâchez vos bras, vos mains (PPI)
Sentez les muscles de votre dos se détendre (PPI)
Relâchez votre thorax, votre poitrine (PPI)
Sentez votre ventre se dénouer, se relâcher (PPI)
Relâchez votre bassin, vos muscles fessiers (PPI)
Relâchez vos jambes, vos pieds (PPI)
Sentez l'ensemble de votre corps détendu et relâché (PPI)
Posez un poing sous votre nombril et amenez l'autre main par-dessus
Abaissez vos épaules (PPI)
Percevez les mouvements réguliers de votre ventre (PPI)
Sentez votre respiration abdominale (PPI)
Je vous propose à présent de faire une contraction du corps pour vous libérer des tensions résiduelles.
Pour cela, vous inclinerez légèrement la tête en arrière en inspirant par le nez, vous contacterez doucement l'ensemble de votre corps en bloquant votre respiration et vous soufflerez par la bouche en ramenant la tête en position droite (PPI)
Penchez légèrement la tête en arrière en inspirant par le nez
Contractez l'ensemble de votre corps en bloquant votre respiration (PPI)
Soufflez par la bouche en ramenant la tête en position droite
Reprenez une respiration naturelle (PPI)
Accueillez les sensations de détente de votre corps (PPI)

2e enchaînement (méditer sur un espace de liberté)
Asseyez-vous, le dos droit et les épaules relâchées
Laissez vos bras se déposer naturellement sur vos cuisses
Alignez votre tête dans le prolongement de votre colonne vertébrale
Gardez les yeux fermés (PPI)
Portez votre attention sur le fait d'exister librement (PPI)
Identifiez votre espace actuel de liberté (PPI)
Imaginez à présent ce qui peut l'entraver (PPI)
Laissez émerger vos freins, vos résistances (PPI)
Prenez le temps de les identifier (PPI)
Je vous propose à présent de faire trois contractions du corps pour vous libérer de ces entraves.
Pour cela, avancez sur le bord de votre chaise, écartez légèrement les jambes en abaissant vos genoux et en ramenant vos pieds sous la chaise
Gardez le dos droit, posez un poing sous votre nombril et amenez l'autre main par-dessus
Relâchez vos épaules et inclinez légèrement votre menton vers le bas (PPI)
À mon signal, vous inspirerez par le nez, contracterez doucement l'ensemble de votre corps en bloquant votre respiration et vous soufflerez fortement par la bouche (PPI)
Inspirez par le nez

Contractez l'ensemble de votre corps en bloquant votre respiration (PPI)
Soufflez fortement par la bouche pour évacuer toutes vos entraves
Reprenez une respiration naturelle (PPI)
Accueillez les sensations de relâchement (PPI)
Sentez votre corps se libérer (PPI)
Recommencez une deuxième fois
Inspirez par le nez
Contractez l'ensemble de votre corps en bloquant votre respiration (PPI)
Soufflez fortement par la bouche pour évacuer toutes vos entraves
Reprenez une respiration naturelle (PPI)
Accueillez les sensations de légèreté (PPI)
Percevez votre espace (PPI)
Recommencez une dernière fois à votre rythme
(*Entendre l'inspiration du sophrologue*) (PPI)
(*Entendre l'expiration forte du sophrologue*)
Reprenez une respiration naturelle (PPI)
Accueillez l'ensemble de vos ressentis (PPI)
Sentez votre espace de liberté (PPI)
Afin d'accueillir cet espace de liberté, je vous propose de vous assoir confortablement, la tête dans le prolongement de votre colonne vertébrale, le dos droit contre le dossier de la chaise, les épaules relâchées, les bras déposés naturellement sur vos cuisses et les pieds en appui sur le sol (PPI)
Imaginez la liberté se diffuser dans votre corps (PPI)
Sentez votre capacité à exister librement (PPI)
Prenez conscience de votre existence libérée (PPT)

3ᵉ enchaînement (expérimenter cet espace de liberté)

Maintenant, je vous propose de marcher en Homme libre.
Pour cela, installez-vous debout les pieds parallèles écartés de la largeur du bassin
Redressez votre dos
Posez un poing sous votre nombril et déposez l'autre main par-dessus
Abaissez vos épaules
Penchez légèrement la tête en avant et entrouvrez vos yeux (PPI)
À mon signal, vous avancerez le pied droit en inspirant par le nez, vous maintiendrez l'équilibre sur les deux pieds en bloquant votre respiration et vous ramènerez votre pied gauche à hauteur du pied droit en soufflant par la bouche. Puis, vous avancerez le pied gauche en inspirant par le nez, vous maintiendrez l'équilibre sur les deux pieds en bloquant votre respiration et vous ramènerez votre pied droit à hauteur du pied gauche en soufflant par la bouche (PPI)
À vous, avancez votre pied droit en inspirant par le nez
Maintenez l'équilibre sur les deux pieds en bloquant votre respiration (PPI)
Ramenez votre pied gauche à hauteur de votre pied droit en soufflant par la bouche

Avancez votre pied gauche en inspirant par le nez
Maintenez l'équilibre sur les deux pieds en bloquant votre respiration (PPI)
Ramenez votre pied droit à hauteur du pied gauche en soufflant par la bouche
Continuez à votre rythme (PPI)
Restez présent à chacun de vos pas (PPI)
Marchez librement en conscience (PPI)
...
Imaginez marcher librement au-delà de cette pièce (PPI)
Portez un regard nouveau à chaque pas (PPI)
...
Marchez en Homme libre (PPI)
Vivez la liberté (PPI)
...
Terminez à présent votre marche en retournant à votre place (PPI)
Restez quelques instants debout, les yeux fermés pour accueillir les sensations de cette marche (PPI)
Portez attention à la place que vous occupez dans le groupe qui vous entoure (PPI)
Portez attention à la place que vous occupez dans le monde (PPI)
Portez attention à la place que vous occupez dans l'univers (PPI)
Prenez conscience de votre place (PPT)

4ᵉ enchaînement (méditer sur le développement de cet espace de liberté)

Asseyez-vous confortablement sur votre chaise, le dos droit et les épaules relâchées
Laissez vos bras se déposer naturellement sur vos cuisses
Alignez votre tête dans le prolongement de votre colonne vertébrale
Fermez les yeux (PPI)
Portez attention à votre espace de liberté (PPI)
Cherchez à l'étendre et à le renforcer (PPI)
Pour cela, je vous propose à présent de faire trois contractions du corps pour évacuer les derniers freins, les dernières résistances
Avancez sur le bord de votre chaise, écartez légèrement les jambes en abaissant vos genoux et en ramenant vos pieds sous la chaise
Gardez le dos droit, posez un poing sous votre nombril et amenez l'autre main par-dessus
Relâchez vos épaules et inclinez légèrement votre menton vers le bas
Entrouvrez vos yeux (PPI)
À mon signal, vous inspirerez par le nez, contracterez doucement l'ensemble de votre corps en bloquant votre respiration et vous soufflerez fortement par la bouche (PPI)
Inspirez par le nez
Contractez l'ensemble de votre corps en bloquant votre respiration (PPI)

Soufflez fortement par la bouche pour évacuer les derniers freins, les dernières résistances
Reprenez une respiration naturelle (PPI)
Sentez votre corps s'alléger (PPI)
Recommencez une deuxième fois
Inspirez par le nez
Contractez l'ensemble de votre corps en bloquant votre respiration (PPI)
Soufflez fortement par la bouche pour évacuer les derniers freins, les dernières résistances
Reprenez une respiration naturelle (PPI)
Sentez la liberté se diffuser en vous (PPI)
Recommencez une dernière fois à votre rythme
(*Entendre l'inspiration du sophrologue*) (PPI)
(*Entendre l'expiration forte du sophrologue*)
Reprenez une respiration naturelle (PPI)
Accueillez l'ensemble de vos ressentis (PPI)
Prenez conscience de cette nouvelle existence (PPT)
Installez-vous confortablement sur la chaise, le dos droit et les épaules relâchées
Laissez vos bras se déposer naturellement sur vos cuisses
Alignez votre tête dans le prolongement de votre colonne vertébrale
Fermez les yeux (PPI)
Renforcez cette nouvelle existence (PPI)
Évoquez votre capacité de confiance en vous et en la vie (PPI)
Évoquez votre capacité d'harmonie avec vous-même et avec les autres (PPI)
Évoquez votre capacité d'espoir dans des projets positifs et dans l'avenir (PPI)

5ᵉ enchaînement (remettre le corps en mouvement)
Reprenez contact avec les points d'appuis de votre corps (PPI)
Inspirez profondément et soufflez fortement pour vous dynamiser
Reprenez une respiration naturelle (PPI)
Bougez légèrement vos pieds, vos mains (PPI)
Étirez-vous, bâillez (PPI)
L'exercice est à présent terminé, vous pouvez ouvrir les yeux.

VIVANCE DES CINQ SENS

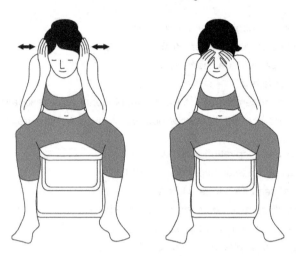

- **Classification d'origine :** Relaxation dynamique du 2ᵉ degré.
- **Définition :** Relaxation dynamique qui permet de prendre conscience des organes sensoriels.
- **Description de l'exercice :** Le sophronisé médite sur les organes sensoriels.
- **Position de départ du sophronisé :** Le sophronisé est assis, le dos droit, les épaules relâchées et les bras sont déposés naturellement sur les cuisses. La tête est droite et les yeux sont fermés.
- **Consignes de l'exercice :**
  1. Enchaînement à faire 1 fois : Relâcher mentalement son corps.
  2. Toucher son nez et imaginer sur sa fonction.
  3. Toucher sa bouche et imaginer sur sa fonction.
  4. Toucher ses oreilles et imaginer sur leur fonction.
  5. Toucher ses yeux et imaginer sur leur fonction.
  6. Toucher différentes textures et imaginer la fonction du toucher.
  7. Émettre un souhait et l'ancrer.
  8. Remettre son corps en mouvement.

> **Exemple d'animation – Vivance des cinq sens**
> **Installation**
> Asseyez-vous, le dos droit et les épaules relâchées
> Laissez vos bras se déposer naturellement sur vos cuisses

Alignez votre tête dans le prolongement de votre colonne vertébrale
Fermez les yeux (PPI)

1ᵉʳ enchaînement (relâcher mentalement le corps)

Relâchez les muscles de votre visage, de votre cou (PPI)
Sentez vos épaules s'abaisser naturellement (PPI)
Relâchez vos bras, vos mains (PPI)
Sentez les muscles de votre dos se détendre (PPI)
Relâchez votre thorax, votre poitrine (PPI)
Sentez votre ventre se dénouer, se relâcher (PPI)
Relâchez votre bassin, vos muscles fessiers (PPI)
Relâchez vos jambes, vos pieds (PPI)
Sentez à présent l'ensemble de votre corps détendu et relâché (PPT)

2ᵉ enchaînement (prendre conscience de la capacité olfactive)

Portez attention à votre nez (PPI)
Touchez votre nez comme pour redécouvrir sa forme (PPI)
Percevez la présence de vos narines (PPI)
Ressentez le trajet de l'air à l'intérieur de vos narines (PPI)
Sentez la fraîcheur de l'air à l'inspiration (PPI)
Ressentez la tiédeur de l'air à l'expiration (PPI)
Laissez vos mains à présent se déposer naturellement sur vos cuisses
Imaginez la fonction de votre nez dans votre corps (PPI)
Percevez les odeurs autour de vous (PPI)
Imaginez des odeurs agréables (PPI)
Prenez conscience de votre nez et de votre capacité olfactive (PPT)

3ᵉ enchaînement (prendre conscience de la capacité gustative)

Portez attention à votre bouche (PPI)
Touchez vos lèvres pour sentir leurs contours (PPI)
Percevez la présence de votre langue, de votre palais (PPI)
Passez votre langue sur vos dents (PPI)
Ressentez votre salive (PPI)
Laissez vos mains à présent se déposer naturellement sur vos cuisses
Imaginez la fonction de votre bouche dans votre corps (PPI)
Percevez des goûts salés, amers ou sucrés (PPI)
Imaginez des saveurs agréables (PPI)
Prenez conscience de votre bouche et de votre capacité gustative (PPT)

4ᵉ enchaînement (prendre conscience de la capacité auditive)

Portez attention à vos oreilles (PPI)
Posez vos coudes sur vos genoux et touchez vos oreilles (PPI)
Percevez leur pavillon, l'orifice de votre conduit auditif (PPI)

Imaginez la fonction de vos oreilles dans votre corps (PPI)
Posez vos paumes de main sur vos oreilles et variez l'intensité de la pression (PPI)
Percevez la différence de bruits, de fréquence sonore (PPI)
Laissez vos mains à présent se déposer naturellement sur vos cuisses
Imaginez des sons agréables, des mélodies plaisantes (PPI)
Prenez conscience de vos oreilles et de votre capacité auditive (PPT)

5e enchaînement (prendre conscience de la capacité visuelle)

Portez attention à vos yeux (PPI)
Touchez vos paupières, vos cils (PPI)
Sentez vos globes oculaires dans leur orbite (PPI)
Imaginez la fonction de vos yeux dans votre corps (PPI)
Posez vos doigts sur vos paupières et déplacez-les doucement (PPI)
Percevez la différence de couleur, de luminosité (PPI)
Laissez vos mains à présent se déposer naturellement sur vos cuisses
Reprenez votre position initiale (PPI)
Imaginez des images agréables, des formes plaisantes (PPI)
Prenez conscience de vos yeux et de votre capacité visuelle (PPT)

6e enchaînement (prendre conscience de la capacité tactile)

Portez attention à la pulpe de vos doigts (PPI)
Imaginez la fonction de vos doigts dans votre corps (PPI)
Touchez votre crâne, votre visage (PPI)
Percevez leur forme, leur texture (PPI)
Touchez votre cou, votre thorax (PPI)
Sentez la différence de texture entre votre peau et vos vêtements (PPI)
Touchez votre ventre, votre bassin, vos jambes jusqu'à vos pieds (PPI)
Percevez les différences de matières et redressez-vous doucement (PPI)
Imaginez des textures agréables (PPI)
Prenez conscience de vos doigts et de votre capacité tactile (PPT)
Accueillez les sensations agréables que vous procurent vos sens (PPI)
Observez vos différents organes qui vous lient au monde (PPI)
Développez l'écoute de vos sensations grâce à vos sens (PPI)
Prenez conscience de vos capacités sensorielles (PPT)

7e enchaînement (formuler un souhait)

À présent, formulez un souhait (PPI)
Imaginez une pensée positive pour vous-même ou votre entourage (PPI)
Je vous propose maintenant de vous imprégner de ce souhait
À mon signal, vous inspirerez par le nez, vous retiendrez votre respiration et inscrirez ce souhait dans votre tête puis vous soufflerez doucement par la bouche pour le diffuser en vous (PPI)

Inspirez par le nez
Retenez votre respiration et inscrivez ce souhait dans votre tête
Soufflez doucement par la bouche pour le diffuser dans votre corps
Reprenez une respiration naturelle (PPI)
Ancrez ces sensations positives (PPI)
Prenez conscience de ce souhait qui vous anime (PPT)

8ᵉ enchaînement (remettre le corps en mouvement)
Reprenez contact avec les points d'appuis de votre corps (PPI)
Inspirez profondément et soufflez fortement pour vous dynamiser
Reprenez une respiration naturelle (PPI)
Bougez légèrement vos pieds, vos mains (PPI)
Étirez-vous, bâillez (PPI)
L'exercice est à présent terminé, vous pouvez ouvrir les yeux.

VIVANCE DES VALEURS

- **Classification d'origine :** Relaxation dynamique du 4ᵉ degré.
- **Définition :** Relaxation dynamique qui permet de prendre conscience de ses valeurs.
- **Description de l'exercice :** Le sophronisé évoque et s'imprègne de ses valeurs.
- **Position de départ du sophronisé :** Le sophronisé est assis, le dos droit, les épaules relâchées et les bras sont déposés naturellement sur les cuisses. La tête est droite et les yeux sont fermés.

- **Consignes de l'exercice :**

    1. Enchaînement à faire 1 fois :

    – Relâcher mentalement le corps

    2. Enchaînement à faire 1 fois :

    – Évoquer la présence : Des êtres chers ; Des objets aimés ; Des projets positifs
    – Avancer sur la chaise, le regard intermittent, observer son environnement et son monde intérieur pendant 1 à 3 minutes.
    – Se mettre debout, poser un poing sur le ventre recouvert par l'autre main :
    – Tourner doucement la tête de droite à gauche les yeux semi-ouverts
    – Tourner doucement la tête de gauche à droite les yeux fermés
    – Lever doucement la tête les yeux semi-ouverts
    – Baisser doucement la tête les yeux fermés
    – Évoquer des valeurs
    – S'imprégner de ses valeurs en répétant 3 fois l'enchaînement (faire phénomène) :
    – Lever les bras à la verticale en « V » en inspirant par le nez
    – S'étirer en ouvrant les mains et en bloquant quelques instants la respiration
    – Pencher la tête légèrement en arrière en soufflant par la bouche
    – Maintenir la pause, le regard intermittent
    – Revenir en position initiale
    – S'asseoir et se concentrer sur ses valeurs

    3. Enchaînement à faire 1 fois :

    – Se mettre debout, un poing posé sur le ventre recouvert par l'autre main et répéter l'enchaînement (marche phronique) pendant 5 à 20 minutes :
    – Inspirer en avançant le pied droit
    – Maintenir l'équilibre sur les deux pieds en bloquant la respiration

– Souffler en amenant le pied gauche à hauteur du pied droit
– Inspirer en avançant le pied gauche
– Maintenir l'équilibre sur les deux pieds en bloquant la respiration
– Souffler en amenant le pied droit à hauteur du pied gauche

4. Enchaînement à faire 1 fois :

– S'asseoir et méditer sur : Sa place dans l'existence ; Sa place comme sujet responsable
– Évoquer les capacités de : Confiance ; Harmonie ; Espoir

5. Enchaînement à faire 1 fois :

– Remettre son corps en mouvement

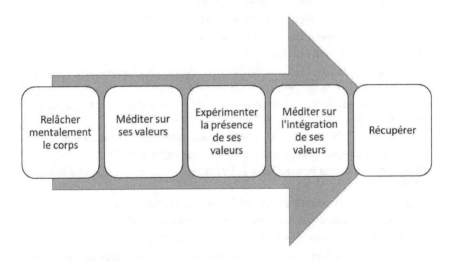

Les enchaînements de la vivance des valeurs

Exemple d'animation – Vivance des valeurs

Installation

Asseyez-vous, le dos droit et les épaules relâchées
Laissez vos bras se déposer naturellement sur vos cuisses
Alignez votre tête dans le prolongement de votre colonne vertébrale
Fermez les yeux (PPI)

1er enchaînement (relâcher mentalement le corps)

Relâchez les muscles de votre visage, de votre cou (PPI)
Sentez vos épaules s'abaisser naturellement (PPI)

Relâchez vos bras, vos mains (PPI)
Sentez les muscles de votre dos se détendre (PPI)
Relâcher votre thorax, votre poitrine (PPI)
Sentez votre ventre se dénouer, se relâcher (PPI)
Relâchez votre bassin, vos muscles fessiers (PPI)
Relâchez vos jambes, vos pieds (PPI)
Sentez l'ensemble de votre corps détendu et relâché (PPI)

2e enchaînement (méditer sur ses valeurs)
À présent, évoquez les êtres qui vous sont chers (PPI)
Imaginez leurs visages, leurs sourires (PPI)
Ressentez le positif que cela vous procure (PPI)
Laissez venir à vous l'image d'objets que vous aimez (PPI)
Identifiez le lien qui vous unit à eux (PPI)
Ressentez le positif que cela vous procure (PPI)
Évoquez vos projets à court terme, à long terme (PPI)
Percevez le positif que cela vous procure (PPI)
Sentez tout ce positif en vous (PPI)
Avancez sur le bord de votre chaise, écartez légèrement les jambes en abaissant vos genoux et en ramenant vos pieds sous la chaise
Gardez le dos droit, posez un poing sous votre nombril et amenez l'autre main par-dessus
Relâchez vos épaules et inclinez légèrement votre menton vers le bas
Entrouvrez vos yeux pour observer votre environnement (PPI)
Observez les personnes qui vous accompagnent, les objets qui vous entourent (PPI)
Fermez vos yeux pour observer votre monde intérieur (PPI)
Écoutez les bruits de votre corps, votre voix intérieure (PPI)
Alternez l'ouverture et la fermeture de vos yeux (PPI)
Portez un regard bienveillant sur votre environnement, sur votre monde intérieur (PPI)
Observez-les à chaque fois comme si c'était la première fois (PPI)
Vivez l'émerveillement du moment (PPI)
Levez-vous, les pieds parallèles écartés de la largeur du bassin
Fléchissez légèrement les genoux
Redressez votre dos
Posez un poing sous votre nombril et amenez l'autre main par-dessus
Abaissez vos épaules
Penchez légèrement la tête en avant, les yeux fermés (PPI)
Percevez votre respiration abdominale (PPI)
À présent, vous allez doucement tourner la tête de droite à gauche (PPI)
Entrouvrez vos yeux et balayez du regard les personnes et les choses qui sont autour de vous (PPI)

Observez votre environnement (PPI)
Maintenant, vous allez doucement tourner la tête de gauche à droite (PPI)
Fermez vos yeux et imaginez votre monde intérieur (PPI)
Écoutez votre voix intérieure (PPI)
Ramenez la tête en position droite (PPI)
Accueillez vos ressentis (PPI)
Je vous propose de changer l'angle de votre observation (PPI)
Pour cela, vous allez doucement basculer la tête d'avant en arrière (PPI)
Entrouvrez vos yeux et balayez d'un regard vertical les personnes et les choses qui vous entourent (PPI)
Observez votre environnement (PPI)
Maintenant, vous allez doucement baisser la tête (PPI)
Fermez vos yeux et imaginez votre monde intérieur (PPI)
Écoutez votre voix intérieure (PPI)
Ramenez la tête en position droite (PPI)
Accueillez l'ensemble de vos ressentis (PPI)
Relâchez vos bras le long du corps (PPI)
Évoquez à présent une ou plusieurs valeurs (PPI)
Laissez venir à vous ce qui vous tient à cœur, ce qui est important pour vous (PPI)
Accueillez sans jugement les valeurs qui se présentent (PPI)
Fermez les poings comme pour les tenir solidement (PPI)
Cherchez maintenant à vous en imprégner (PPI)
Pour cela, évoquez mentalement une valeur particulière en levant vos bras à la verticale en « V » et en inspirant par le nez
Étirez-vous en ouvrant vos mains et en bloquant quelques instants votre respiration (PPI)
Penchez la tête légèrement en arrière en soufflant par la bouche et imaginez cette valeur s'imprégner dans votre corps (PPI)
Maintenez la position quelques instants le regard intermittent pour vous l'approprier (PPI)
Fermez les yeux et laissez descendre vos bras en imaginant cette valeur s'ancrer dans votre corps (PPI)
Sentez cette valeur dans les battements de votre cœur, dans votre respiration (PPI)
Accueillez cette valeur en vous (PPI)
Imaginez-la vous renforcer (PPI)
Recommencez une deuxième fois en laissant émerger peut-être une nouvelle valeur (PPI)
Levez vos bras à la verticale en « V » et en inspirant par le nez
Étirez-vous en ouvrant vos mains et en bloquant quelques instants votre respiration (PPI)
Penchez la tête légèrement en arrière en soufflant par la bouche et imaginez cette valeur s'imprégner dans votre corps (PPI)

Maintenez la position quelques instants le regard intermittent pour vous l'approprier (PPI)
Fermez les yeux et laissez descendre vos bras en imaginant cette valeur s'ancrer dans votre corps (PPI)
Sentez cette valeur prendre place dans vos idées, vos raisonnements (PPI)
Accueillez cette valeur dans tout votre être (PPI)
Imaginez-la vous renforcer (PPI)
Recommencez une dernière fois, à votre rythme
(*Entendre l'inspiration du sophrologue*)(PPI)
(*Entendre l'expiration forte du sophrologue*)
Accueillez la présence de ces valeurs (PPI)
Sentez-les s'inscrire en vous (PPI)
Asseyez-vous à l'avant de votre chaise
Écartez légèrement les jambes en abaissant vos genoux et en ramenant vos pieds sous la chaise
Gardez le dos droit, posez un poing sous votre nombril et amenez l'autre main par-dessus
Relâchez vos épaules et inclinez légèrement votre menton vers le bas
Gardez les yeux fermés (PPI)
Accueillez vos ressentis (PPI)
Prenez conscience de ces valeurs dans votre corps (PPT)
Installez-vous confortablement sur la chaise, le dos droit et les épaules relâchées
Laissez vos bras se déposer naturellement sur vos cuisses
Alignez votre tête dans le prolongement de votre colonne vertébrale
Gardez les yeux fermés (PPI)
Accueillez la présence de ces valeurs dans votre quotidien (PPI)
Prenez conscience des valeurs qui vous animent, qui vous habitent (PPT)

3ᵉ enchaînement (expérimenter la présence des valeurs)

Maintenant, je vous propose de vivre en marchant la rencontre de ses valeurs avec l'extérieur.
Pour cela, installez-vous debout les pieds parallèles écartés de la largeur du bassin
Redressez votre dos
Posez un poing sous votre nombril et déposez l'autre main par-dessus
Abaissez vos épaules
Penchez légèrement la tête en avant et entrouvrez vos yeux (PPI)
À mon signal, vous avancerez le pied droit en inspirant par le nez, vous maintiendrez l'équilibre sur les deux pieds en bloquant votre respiration et vous ramènerez votre pied gauche à hauteur du pied droit en soufflant par la bouche. Puis, vous avancerez le pied gauche en inspirant par le nez, vous maintiendrez l'équilibre sur les deux pieds en bloquant votre respiration et vous ramènerez votre pied droit à hauteur du pied gauche en soufflant par la bouche (PPI)
À vous, avancez votre pied droit en inspirant par le nez

Maintenez l'équilibre sur les deux pieds en bloquant votre respiration (PPI)
Ramenez votre pied gauche à hauteur de votre pied droit en soufflant par la bouche
Avancez votre pied gauche en inspirant par le nez
Maintenez l'équilibre sur les deux pieds en bloquant votre respiration (PPI)
Ramenez votre pied droit à hauteur du pied gauche en soufflant par la bouche
Continuez à votre rythme (PPI)
Restez présent à chacun de vos pas (PPI)
Portez un regard neuf sur votre environnement, sur les autres (PPI)
Portez un regard neuf sur vos relations (PPI)
Vivez la concrétisation de ces valeurs à chaque pas (PPI)
...
Imaginez marcher au-delà de cette pièce (PPI)
Explorez vos valeurs à chaque pas (PPI)
...
Marchez porté par ces valeurs (PPI)
...
Terminez à présent votre marche en retournant à votre place (PPI)

4e enchaînement (méditer sur l'intégration des valeurs)
Asseyez-vous confortablement sur la chaise, le dos droit et les épaules relâchées
Laissez vos bras se déposer naturellement sur vos cuisses
Alignez votre tête dans le prolongement de votre colonne vertébrale
Gardez les yeux fermés (PPI)
Accueillez les sensations de cette marche (PPI)
Sentez la présence de vos valeurs vous renforcer (PPI)
Percevez la cohérence entre ce que vous êtes et ce que vous faites (PPI)
Prenez conscience de votre place dans l'existence (PPT)
Vivez vos choix, vos actes en cohérence avec vos valeurs (PPI)
Prenez conscience de votre place comme sujet responsable (PPT)
Évoquez votre capacité de confiance en vous et en la vie (PPI)
Évoquez votre capacité d'harmonie avec vous-même et avec les autres (PPI)
Évoquez votre capacité d'espoir dans des projets positifs et dans l'avenir (PPI)

5e enchaînement (remettre le corps en mouvement)
Reprenez contact avec les points d'appuis de votre corps (PPI)
Inspirez profondément et soufflez fortement pour vous dynamiser
Reprenez une respiration naturelle (PPI)
Bougez légèrement vos pieds, vos mains (PPI)
Étirez-vous, bâillez (PPI)

L'exercice est à présent terminé, vous pouvez ouvrir les yeux.

7

LES EXERCICES DE SOPHRONISATION

L'ENFANT INTÉRIEUR

- **Classification d'origine :** Technique de futurisation du 2e degré.
- **Définition :** Sophronisation qui permet de prendre conscience de sa capacité à se reconnaître.
- **Description de l'exercice :** Le sophronisé dialogue avec l'enfant qu'il était.
- **Description du TAIS :**

  Visualisation :
  – S'imaginer enfant
  – S'imaginer adulte
  – Imaginer la rencontre entre l'enfant et l'adulte
  – Constater les effets de cette discussion

> **Exemple d'animation – L'enfant intérieur**
> **Induction**
> Installez-vous confortablement (PPI[1])
> Prenez une position qui vous soit agréable, sans tension (PPI)

---

1. Rappel : PPI : pause phronique d'intégration ; PPT : pause phronique de totalisation ; cf. chapitre 3.

N'hésitez pas à ajuster votre position pendant la séance (PPI)
Fermez les yeux et laissez votre corps se relâcher (PPI)
Prenez une profonde inspiration en gonflant le ventre et la poitrine (PPI)
Soufflez en les laissant redescendre (PPI)
Reprenez une respiration naturelle (PPI)
Prenez conscience de votre corps confortablement installé (PPI)
Sentez toutes les zones en appui, l'arrière de la tête (PPI), les bras (PPI), le dos (PPI), le bassin (PPI), les jambes (PPI), les talons (PPI)
Sentez votre corps s'étaler, se relâcher davantage (PPI)
Prenez conscience du calme qui s'installe en vous (PPT)
Portez attention à votre tête, votre visage (PPI)
Sentez votre cuir chevelu se détendre, se relâcher (PPI)
Relâchez votre front (PPI)
Sentez toutes les rides d'expression s'estomper, disparaître (PPI)
Défroncez vos sourcils (PPI)
Cherchez à agrandir l'espace entre vos sourcils (PPI)
Sentez vos paupières s'alourdir, relâchez vos yeux (PPI)
Relâchez vos tempes (PPI), vos pommettes (PPI), les ailes de votre nez (PPI)
Sentez l'air frais au bord de vos narines à chaque inspiration (PPI)
Sentez le souffle tiède à chaque expiration (PPI)
Relâchez vos joues (PPI)
Desserrez vos mâchoires, vos dents et ouvrez légèrement la bouche (PPI)
Laissez votre langue se poser naturellement (PPI)
Sentez votre gorge se relâcher et déglutir librement (PPI)
Prenez conscience à présent que votre visage est détendu et relâché (PPT)
Laissez la détente envahir votre nuque (PPI), vos trapèzes (PPI), vos épaules (PPI)
Sentez vos épaules s'abaisser naturellement (PPI)
Laissez la détente se diffuser progressivement dans vos bras (PPI), vos coudes (PPI), vos avant-bras (PPI), vos poignets (PPI), vos mains jusqu'au bout de vos doigts (PPI)
Prenez conscience à présent que vos membres supérieurs sont détendus et relâchés (PPT)
Portez attention à votre dos (PPI)
Imaginez-le s'étendre peu à peu, s'étaler à chaque respiration (PPI)
Relâchez tous les muscles de votre colonne vertébrale, du haut jusqu'en bas (PPI)
Prenez conscience à présent que votre dos est détendu et relâché (PPT)
Porter attention à votre thorax, votre poitrine (PPI)
Observez les mouvements de votre cage thoracique (PPI)
Sentez vos côtes s'ouvrir à chaque inspiration et descendre à chaque expiration (PPI)
Percevez les battements calmes et réguliers de votre cœur (PPI)

Sentez votre ventre se relâcher, se dénouer (PPI)
Observez les mouvements de votre abdomen (PPI)
Sentez votre ventre se soulever à chaque inspiration et redescendre à chaque expiration (PPI)
Percevez ses mouvements calmes et réguliers (PPI)
Imaginez maintenant la détente se diffuser dans votre bassin (PPI)
Imaginez que vos organes reprennent leur place (PPI)
Relâchez vos hanches (PPI), vos muscles fessiers (PPI), votre périnée (PPI)
Prenez conscience à présent que votre buste est détendu et relâché (PPT)
Laissez la détente envahir progressivement vos jambes (PPI)
Relâchez les muscles de vos cuisses (PPI), vos genoux (PPI), vos mollets (PPI), vos chevilles (PPI), vos pieds jusqu'au bout de vos orteils (PPI)
Prenez conscience à présent que vos membres inférieurs sont détendus et relâchés (PPT)
Prenez conscience que tout votre corps est détendu et relâché (PPT)

TAIS – Visualisation
Visualisez maintenant des images de vous enfant (PPI)
Arrêtez-vous sur l'une d'entre elles (PPI)
Observez votre apparence, vos vêtements (PPI)
Distinguez votre visage, vos expressions (PPI)
Prenez le temps de vous détailler (PPT)
Imaginez maintenant que cet enfant puisse s'animer (PPI)
Regardez sa démarche, son allure (PPI)
Écoutez sa voix, ses rires (PPI)
Regardez-le marcher, courir (PPI)
Prenez le temps de l'observer (PPT)
Visualisez-vous aujourd'hui (PPI)
Observez votre démarche, votre apparence (PPI)
Distinguez votre visage, vos expressions (PPI)
Écoutez votre voix (PPI)
Sentez votre parfum (PPI)
Prenez le temps de vous détailler (PPT)
Projetez-vous maintenant dans un lieu agréable (PPI)
Remarquez la présence de l'enfant (PPI)
Observez-le jouer, s'amuser (PPI)
Prononcez doucement son prénom (PPI)
Invitez-le à vous rejoindre (PPI)
Imaginez-le s'avancer vers vous (PPI)
Prenez délicatement sa main (PPI)
Serrez-le dans vos bras (PPI)
Savourez pleinement cette rencontre (PPT)
Prenez le temps de l'écouter (PPI)

Découvrez ses rêves, ses envies (PPI)
Prêtez attention à ses doutes, ses peurs (PPI)
Rassurez-le sur ses capacités, son avenir (PPI)
Écoutez ses conseils, ses recommandations (PPI)
Accueillez ses compliments, sa reconnaissance (PPI)
Soyez attentif à ses paroles (PPI)
Prenez conscience de la richesse de vos retrouvailles (PPT)
Laissez à présent cet enfant s'en retourner (PPI)
Conservez le souvenir de cette rencontre (PPI)
Laissez son message résonner en vous (PPI)
Savourez les sensations agréables qu'il vous procure (PPT)
Intégrez ces sensations (PPT)

Désophronisation
Souvenez-vous que ces sensations restent présentes en vous (PPI)
Pensez à les activer dans votre quotidien (PPI)
Reprenez contact avec les points d'appui de votre corps (PPI)
Sentez l'arrière de votre tête, vos bras, votre dos, votre bassin, vos jambes, vos talons (PPI)
Imaginez l'espace dans lequel vous êtes installé (PPI)
Prenez conscience des bruits extérieurs (PPI)
Inspirez profondément pour vous dynamiser (PPI)
Soufflez fortement (PPI)
Reprenez à présent une respiration naturelle (PPI)
Mobilisez progressivement l'ensemble de votre corps (PPI)
Bougez légèrement vos mains (PPI), vos pieds (PPI)
Étirez-vous (PPI)
Bâillez (PPI)
Et lorsque vous vous sentirez prêt, vous pourrez ouvrir les yeux.

LA RÉPONSE DE L'ANIMAL

- **Classification d'origine :** Technique de futurisation du 2e degré.
- **Définition :** Sophronisation qui permet de prendre conscience de sa capacité à s'écouter.
- **Description de l'exercice :** Le sophronisé reçoit le message d'un animal.
- **Description du TAIS :**

Visualisation :
- Imaginer un lieu avec des animaux
- Imaginer un animal s'approcher et délivrer un message
- Constater les effets du message

Exemple d'animation – La réponse de l'animal
Induction
Installez-vous confortablement (PPI)
Prenez une position qui vous soit agréable, sans tension (PPI)
N'hésitez pas à ajuster votre position pendant la séance (PPI)
Fermez les yeux et laissez votre corps se relâcher (PPI)
Prenez une profonde inspiration en gonflant le ventre et la poitrine (PPI)
Soufflez en les laissant redescendre (PPI)
Reprenez une respiration naturelle (PPI)
Prenez conscience de votre corps confortablement installé (PPI)
Sentez toutes les zones en appui, l'arrière de la tête (PPI), les bras (PPI), le dos (PPI), le bassin (PPI), les jambes (PPI), les talons (PPI)
Sentez votre corps s'étaler, se relâcher davantage (PPI)
Prenez conscience du calme qui s'installe en vous (PPT)
Portez attention à votre tête, votre visage (PPI)
Sentez votre cuir chevelu se détendre, se relâcher (PPI)
Relâchez votre front (PPI)
Sentez toutes les rides d'expression s'estomper, disparaître (PPI)
Défroncez vos sourcils (PPI)
Cherchez à agrandir l'espace entre vos sourcils (PPI)
Sentez vos paupières s'alourdir, relâchez vos yeux (PPI)
Relâchez vos tempes (PPI), vos pommettes (PPI), les ailes de votre nez (PPI)
Sentez l'air frais au bord de vos narines à chaque inspiration (PPI)
Sentez le souffle tiède à chaque expiration (PPI)
Relâchez vos joues (PPI)
Desserrez vos mâchoires, vos dents et ouvrez légèrement la bouche (PPI)
Laissez votre langue se poser naturellement (PPI)
Sentez votre gorge se relâcher et déglutir librement (PPI)
Prenez conscience à présent que votre visage est détendu et relâché (PPT)
Laissez la détente envahir votre nuque (PPI), vos trapèzes (PPI), vos épaules (PPI)
Sentez vos épaules s'abaisser naturellement (PPI)
Laissez la détente se diffuser progressivement dans vos bras (PPI), vos coudes (PPI), vos avant-bras (PPI), vos poignets (PPI), vos mains jusqu'au bout de vos doigts (PPI)

Prenez conscience à présent que vos membres supérieurs sont détendus et relâchés (PPT)
Portez attention à votre dos (PPI)
Imaginez-le s'étendre peu à peu, s'étaler à chaque respiration (PPI)
Relâchez tous les muscles de votre colonne vertébrale, du haut jusqu'en bas (PPI)
Prenez conscience à présent que votre dos est détendu et relâché (PPT)
Porter attention à votre thorax, votre poitrine (PPI)
Observez les mouvements de votre cage thoracique (PPI)
Sentez vos côtes s'ouvrir à chaque inspiration et descendre à chaque expiration (PPI)
Percevez les battements calmes et réguliers de votre cœur (PPI)
Sentez votre ventre se relâcher, se dénouer (PPI)
Observez les mouvements de votre abdomen (PPI)
Sentez votre ventre se soulever à chaque inspiration et redescendre à chaque expiration (PPI)
Percevez ses mouvements calmes et réguliers (PPI)
Imaginez maintenant la détente se diffuser dans votre bassin (PPI)
Imaginez que vos organes reprennent leur place (PPI)
Relâchez vos hanches (PPI), vos muscles fessiers (PPI), votre périnée (PPI)
Prenez conscience à présent que votre buste est détendu et relâché (PPT)
Laissez la détente envahir progressivement vos jambes (PPI)
Relâchez les muscles de vos cuisses (PPI), vos genoux (PPI), vos mollets (PPI), vos chevilles (PPI), vos pieds jusqu'au bout de vos orteils (PPI)
Prenez conscience à présent que vos membres inférieurs sont détendus et relâchés (PPT)
Prenez conscience que tout votre corps est détendu et relâché (PPT)

TAIS – Visualisation
Imaginez-vous près d'un point d'eau, en pleine nature (PPI)
Observez tout ce qui vous entoure (PPI)
Imaginez la lumière se refléter sur l'eau (PPI)
Contemplez les couleurs de la végétation (PPI)
Sentez les parfums (PPI), les odeurs de la terre (PPI)
Écoutez les bruits (PPI), le chant des oiseaux (PPI)
Prenez conscience de tous les détails (PPT)
Imaginez maintenant des animaux venant se désaltérer (PPI)
Observez secrètement leurs mouvements (PPI)
Contemplez ce spectacle dont la nature a le secret (PPT)
Croisez à présent le regard d'un animal (PPI)
Restez immobile pour ne pas l'effrayer (PPI)
Laissez-le s'habituer à votre présence (PPI)
Imaginez-le s'avancer vers vous (PPI)

Admirez sa beauté (PPI), son allure (PPI)
Tendez votre main pour l'inviter à s'approcher (PPI)
Sentez la chaleur de son souffle (PPI)
Caressez-le délicatement (PPI)
Sentez les battements de son cœur (PPI)
Savourez pleinement cette rencontre (PPT)
Imaginez maintenant cet animal vous délivrer un message (PPI)
Écoutez attentivement ses paroles (PPI)
Laissez ses mots résonner en vous (PPI)
Accueillez ce message (PPI)
Prenez conscience des sensations qu'il vous procure (PPT)
Intégrez ces sensations (PPT)

Désophronisation
Souvenez-vous que ces sensations restent présentes en vous (PPI)
Pensez à les activer dans votre quotidien (PPI)
Reprenez contact avec les points d'appui de votre corps (PPI)
Sentez l'arrière de votre tête, vos bras, votre dos, votre bassin, vos jambes, vos talons (PPI)
Imaginez l'espace dans lequel vous êtes installé (PPI)
Prenez conscience des bruits extérieurs (PPI)
Inspirez profondément pour vous dynamiser (PPI)
Soufflez fortement (PPI)
Reprenez à présent une respiration naturelle (PPI)
Mobilisez progressivement l'ensemble de votre corps (PPI)
Bougez légèrement vos mains (PPI), vos pieds (PPI)
Étirez-vous (PPI)
Bâillez (PPI)
Et lorsque vous vous sentirez prêt, vous pourrez ouvrir les yeux.

LE VOYAGE DANS LE COSMOS

- **Classification d'origine :** Technique de futurisation du 2e degré.
- **Définition :** Sophronisation qui permet de prendre conscience de sa capacité à prendre du recul.
- **Description de l'exercice :** Le sophronisé observe la Terre vue du ciel.
- **Description du TAIS :**

Visualisation :

- S'imaginer dans la pièce
- Imaginer monter progressivement dans le cosmos
- Observer la Terre
- Redescendre progressivement dans la pièce
- Constater les effets de ce voyage

Exemple d'animation – Le voyage dans le cosmos
Induction

Installez-vous confortablement (PPI)
Prenez une position qui vous soit agréable, sans tension (PPI)
N'hésitez pas à ajuster votre position pendant la séance (PPI)
Fermez les yeux et laissez votre corps se relâcher (PPI)
Prenez une profonde inspiration en gonflant le ventre et la poitrine (PPI)
Soufflez en les laissant redescendre (PPI)
Reprenez une respiration naturelle (PPI)
Prenez conscience de votre corps confortablement installé (PPI)
Sentez toutes les zones en appui, l'arrière de la tête (PPI), les bras (PPI), le dos (PPI), le bassin (PPI), les jambes (PPI), les talons (PPI)
Sentez votre corps s'étaler, se relâcher davantage (PPI)
Prenez conscience du calme qui s'installe en vous (PPT)
Portez attention à votre tête, votre visage (PPI)
Sentez votre cuir chevelu se détendre, se relâcher (PPI)
Relâchez votre front (PPI)
Sentez toutes les rides d'expression s'estomper, disparaître (PPI)
Défroncez vos sourcils (PPI)
Cherchez à agrandir l'espace entre vos sourcils (PPI)
Sentez vos paupières s'alourdir, relâchez vos yeux (PPI)
Relâchez vos tempes (PPI), vos pommettes (PPI), les ailes de votre nez (PPI)
Sentez l'air frais au bord de vos narines à chaque inspiration (PPI)
Sentez le souffle tiède à chaque expiration (PPI)
Relâchez vos joues (PPI)
Desserrez vos mâchoires, vos dents et ouvrez légèrement la bouche (PPI)
Laissez votre langue se poser naturellement (PPI)
Sentez votre gorge se relâcher et déglutir librement (PPI)
Prenez conscience à présent que votre visage est détendu et relâché (PPT)
Laissez la détente envahir votre nuque (PPI), vos trapèzes (PPI), vos épaules (PPI)
Sentez vos épaules s'abaisser naturellement (PPI)

Laissez la détente se diffuser progressivement dans vos bras (PPI), vos coudes (PPI), vos avant-bras (PPI), vos poignets (PPI), vos mains jusqu'au bout de vos doigts (PPI)
Prenez conscience à présent que vos membres supérieurs sont détendus et relâchés (PPT)
Portez attention à votre dos (PPI)
Imaginez-le s'étendre peu à peu, s'étaler à chaque respiration (PPI)
Relâchez tous les muscles de votre colonne vertébrale, du haut jusqu'en bas (PPI)
Prenez conscience à présent que votre dos est détendu et relâché (PPT)
Porter attention à votre thorax, votre poitrine (PPI)
Observez les mouvements de votre cage thoracique (PPI)
Sentez vos côtes s'ouvrir à chaque inspiration et descendre à chaque expiration (PPI)
Percevez les battements calmes et réguliers de votre cœur (PPI)
Sentez votre ventre se relâcher, se dénouer (PPI)
Observez les mouvements de votre abdomen (PPI)
Sentez votre ventre se soulever à chaque inspiration et redescendre à chaque expiration (PPI)
Percevez ses mouvements calmes et réguliers (PPI)
Imaginez maintenant la détente se diffuser dans votre bassin (PPI)
Imaginez que vos organes reprennent leur place (PPI)
Relâchez vos hanches (PPI), vos muscles fessiers (PPI), votre périnée (PPI)
Prenez conscience à présent que votre buste est détendu et relâché (PPT)
Laissez la détente envahir progressivement vos jambes (PPI)
Relâchez les muscles de vos cuisses (PPI), vos genoux (PPI), vos mollets (PPI), vos chevilles (PPI), vos pieds jusqu'au bout de vos orteils (PPI)
Prenez conscience à présent que vos membres inférieurs sont détendus et relâchés (PPT)
Prenez conscience que tout votre corps est détendu et relâché (PPT)

TAIS – Visualisation

Visualisez maintenant votre corps (PPI)
Regardez-le en prenant de la hauteur (PPI)
Imaginez la pièce, les objets qui la composent (PPI)
Représentez-vous l'appartement, sa surface (PPI)
Continuez à prendre de la hauteur (PPI)
Imaginez l'immeuble, sa place dans le quartier (PPI)
Représentez-vous la ville, sa région, ses alentours (PPI)
Poursuivez votre voyage (PPI)
Imaginez la France, ses côtes, ses frontières (PPI)
Représentez-vous les continents, les océans (PPI)
Prolongez votre ascension pour admirer la Terre (PPI)
Contemplez ses nuances de couleurs (PPI)

Portez maintenant votre regard sur l'immensité de l'univers (PPI)
Admirez les étoiles, la course des comètes (PPI)
Savourez la plénitude de cet instant (PPI)
Imprégnez-vous de cette sérénité (PPT)
Préparez-vous à redescendre progressivement (PPI)
Regardez de nouveau la Terre, contemplez sa beauté (PPI)
Amorcez votre descente (PPI)
Représentez-vous les continents, les océans (PPI)
Prenez votre temps, appréciez ce voyage (PPI)
Retrouvez la France, ses côtes, ses frontières (PPI)
Continuez doucement votre descente (PPI)
Zoomez sur la ville, le quartier (PPI)
Poursuivez lentement votre retour (PPI)
Visualisez l'immeuble, l'appartement (PPI)
Entrez dans la pièce, imaginez ses objets (PPI)
Visualisez de nouveau votre corps (PPI)
Observez son calme (PPI) sa plénitude (PPI)
Prenez conscience de votre sérénité (PPT)
Intégrez ces sensations (PPT)

Désophronisation
Souvenez-vous que ces sensations restent présentes en vous (PPI)
Pensez à les activer dans votre quotidien (PPI)
Reprenez contact avec les points d'appui de votre corps (PPI)
Sentez l'arrière de votre tête, vos bras, votre dos, votre bassin, vos jambes, vos talons (PPI)
Imaginez l'espace dans lequel vous êtes installé (PPI)
Prenez conscience des bruits extérieurs (PPI)
Inspirez profondément pour vous dynamiser (PPI)
Soufflez fortement (PPI)
Reprenez à présent une respiration naturelle (PPI)
Mobilisez progressivement l'ensemble de votre corps (PPI)
Bougez légèrement vos mains (PPI), vos pieds (PPI)
Étirez-vous (PPI)
Bâillez (PPI)
Et lorsque vous vous sentirez prêt, vous pourrez ouvrir les yeux.

PROJECTION SOPHRONIQUE DES CAPACITÉS (PSC)

- **Classification d'origine :** Technique de futurisation du 2e degré.

- **Définition :** Sophronisation qui permet de prendre conscience de son potentiel.
- **Description de l'exercice :** Le sophronisé projette ses capacités futures.
- **Description du TAIS :**

  1. Visualisation
  - S'imaginer dans une situation précise à une échéance déterminée
  - S'observer posséder la capacité désirée dans cette situation

  2. Ancrage de cette capacité

> **Exemple d'animation – Projection sophronique des capacités**
> **Induction**
> Installez-vous confortablement (PPI)
> Prenez une position qui vous soit agréable, sans tension (PPI)
> N'hésitez pas à ajuster votre position pendant la séance (PPI)
> Fermez les yeux et laissez votre corps se relâcher (PPI)
> Prenez une profonde inspiration en gonflant le ventre et la poitrine (PPI)
> Soufflez en les laissant redescendre (PPI)
> Reprenez une respiration naturelle (PPI)
> Prenez conscience de votre corps confortablement installé (PPI)
> Sentez toutes les zones en appui, l'arrière de la tête (PPI), les bras (PPI), le dos (PPI), le bassin (PPI), les jambes (PPI), les talons (PPI)
> Sentez votre corps s'étaler, se relâcher davantage (PPI)
> Prenez conscience du calme qui s'installe en vous (PPT)
> Portez attention à votre tête, votre visage (PPI)
> Sentez votre cuir chevelu se détendre, se relâcher (PPI)
> Relâchez votre front (PPI)
> Sentez toutes les rides d'expression s'estomper, disparaître (PPI)
> Défroncez vos sourcils (PPI)
> Cherchez à agrandir l'espace entre vos sourcils (PPI)
> Sentez vos paupières s'alourdir, relâchez vos yeux (PPI)
> Relâchez vos tempes (PPI), vos pommettes (PPI), les ailes de votre nez (PPI)
> Sentez l'air frais au bord de vos narines à chaque inspiration (PPI)
> Sentez le souffle tiède à chaque expiration (PPI)
> Relâchez vos joues (PPI)
> Desserrez vos mâchoires, vos dents et ouvrez légèrement la bouche (PPI)
> Laissez votre langue se poser naturellement (PPI)
> Sentez votre gorge se relâcher et déglutir librement (PPI)

Prenez conscience à présent que votre visage est détendu et relâché (PPT)
Laissez la détente envahir votre nuque (PPI), vos trapèzes (PPI), vos épaules (PPI)
Sentez vos épaules s'abaisser naturellement (PPI)
Laissez la détente se diffuser progressivement dans vos bras (PPI), vos coudes (PPI), vos avant-bras (PPI), vos poignets (PPI), vos mains jusqu'au bout de vos doigts (PPI)
Prenez conscience à présent que vos membres supérieurs sont détendus et relâchés (PPT)
Portez attention à votre dos (PPI)
Imaginez-le s'étendre peu à peu, s'étaler à chaque respiration (PPI)
Relâchez tous les muscles de votre colonne vertébrale, du haut jusqu'en bas (PPI)
Prenez conscience à présent que votre dos est détendu et relâché (PPT)
Porter attention à votre thorax, votre poitrine (PPI)
Observez les mouvements de votre cage thoracique (PPI)
Sentez vos côtes s'ouvrir à chaque inspiration et descendre à chaque expiration (PPI)
Percevez les battements calmes et réguliers de votre cœur (PPI)
Sentez votre ventre se relâcher, se dénouer (PPI)
Observez les mouvements de votre abdomen (PPI)
Sentez votre ventre se soulever à chaque inspiration et redescendre à chaque expiration (PPI)
Percevez ses mouvements calmes et réguliers (PPI)
Imaginez maintenant la détente se diffuser dans votre bassin (PPI)
Imaginez que vos organes reprennent leur place (PPI)
Relâchez vos hanches (PPI), vos muscles fessiers (PPI), votre périnée (PPI)
Prenez conscience à présent que votre buste est détendu et relâché (PPT)
Laissez la détente envahir progressivement vos jambes (PPI)
Relâchez les muscles de vos cuisses (PPI), vos genoux (PPI), vos mollets (PPI), vos chevilles (PPI), vos pieds jusqu'au bout de vos orteils (PPI)
Prenez conscience à présent que vos membres inférieurs sont détendus et relâchés (PPT)
Prenez conscience que tout votre corps est détendu et relâché (PPT)

TAIS – 1. Visualisation
Projetez-vous dans quelques semaines avec une capacité désirée (PPI)
Imaginez le contexte (PPI), les circonstances (PPI)
Regardez-vous gérer la situation avec facilité (PPI)
Observez votre attitude (PPI), votre posture (PPI)
Écoutez-vous parler (PPI), répondre avec aisance (PPI)
Percevez les sensations positives de cette capacité (PPI)
Prenez conscience de vos ressources (PPT)

Projetez-vous dans quelques mois avec une capacité désirée (PPI)
Imaginez la scène (PPI), la situation (PPI)
Regardez-vous évoluer avec habileté (PPI)
Observez votre confiance (PPI), votre assurance (PPI)
Écoutez-vous donner votre avis (PPI), vos idées (PPI)
Percevez les sensations positives de cette capacité (PPI)
Prenez conscience de vos ressources (PPT)

TAIS – 2. Ancrage
Je vous propose à présent de vous imprégner de ces capacités
À mon signal, vous inspirerez en gonflant votre ventre, vous retiendrez votre respiration et inscrirez ces capacités dans votre tête puis vous soufflerez doucement pour les diffuser en vous (PPI)
Inspirez
Retenez votre respiration et inscrivez ces capacités dans votre tête
Soufflez doucement pour les diffuser dans votre corps
Reprenez une respiration naturelle (PPI)
Ancrez ces sensations positives (PPI)
Prenez conscience de votre potentiel (PPT)
Intégrez ces sensations (PPT)

Désophronisation
Souvenez-vous que ces sensations restent présentes en vous (PPI)
Pensez à les activer dans votre quotidien (PPI)
Reprenez contact avec les points d'appui de votre corps (PPI)
Sentez l'arrière de votre tête, vos bras, votre dos, votre bassin, vos jambes, vos talons (PPI)
Imaginez l'espace dans lequel vous êtes installé (PPI)
Prenez conscience des bruits extérieurs (PPI)
Inspirez profondément pour vous dynamiser (PPI)
Soufflez fortement (PPI)
Reprenez à présent une respiration naturelle (PPI)
Mobilisez progressivement l'ensemble de votre corps (PPI)
Bougez légèrement vos mains (PPI), vos pieds (PPI)
Étirez-vous (PPI)
Bâillez (PPI)
Et lorsque vous vous sentirez prêt, vous pourrez ouvrir les yeux.

PROTECTION SOPHROLIMINALE (PSL)

- **Classification d'origine :** Technique de présentation du 1er degré.

- **Définition :** Sophronisation qui permet de prendre conscience de l'autosuggestion.
- **Description de l'exercice :** Le sophronisé se répète mentalement une affirmation.
- **Description du TAIS :**

  Visualisation :
  - Imaginer une ressource qui comble le besoin
  - Ancrer ces sensations positives
  - Se répéter plusieurs fois « je suis... » ou « j'ai... » suivi de la ressource
  - Se répéter plusieurs fois « je suis... toute la journée » ou « j'ai... toute la journée » suivi de la ressource

  Exemple d'animation – Protection sophroliminale
  Induction
  Installez-vous confortablement (PPI)
  Prenez une position qui vous soit agréable, sans tension (PPI)
  N'hésitez pas à ajuster votre position pendant la séance (PPT)
  Fermez les yeux et laissez votre corps se relâcher (PPI)
  Prenez une profonde inspiration en gonflant le ventre et la poitrine (PPI)
  Soufflez en les laissant redescendre (PPI)
  Reprenez une respiration naturelle (PPI)
  Prenez conscience de votre corps confortablement installé (PPI)
  Sentez toutes les zones en appui, l'arrière de la tête (PPI), les bras (PPI), le dos (PPI), le bassin (PPI), les jambes (PPI), les talons (PPI)
  Sentez votre corps s'étaler, se relâcher davantage (PPI)
  Prenez conscience du calme qui s'installe en vous (PPT)
  Pour approfondir cette sensation, imaginez un point de détente au sommet de votre tête (PPI)
  Imaginez que ce point s'élargisse à tout votre cuir chevelu (PPI)
  Sentez la peau de votre crâne se détendre (PPI)
  Relâchez votre front (PPI)
  Imaginez-le comme la surface d'un lac paisible (PPI)
  Laissez passer vos pensées parasites comme des nuages dans le ciel (PPI)
  Défroncez vos sourcils (PPI)
  Sentez vos paupières s'alourdir (PPI)
  Relâchez vos yeux (PPI)
  Relâchez vos tempes (PPI), vos pommettes (PPI), les ailes de votre nez (PPI)
  Sentez l'air frais au bord de vos narines à chaque inspiration (PPI)
  Sentez le souffle tiède à chaque expiration (PPI)

Relâchez vos joues (PPI)
Desserrez vos mâchoires, vos dents et ouvrez légèrement la bouche (PPI)
Laissez votre langue se poser naturellement (PPI)
Sentez votre gorge se relâcher et déglutir librement (PPI)
Prenez conscience à présent que votre visage est détendu et relâché (PPT)
Laissez la détente envahir votre nuque (PPI), vos trapèzes (PPI), vos épaules (PPI)
Sentez vos épaules s'abaisser naturellement comme attirées par la pesanteur (PPI)
Laissez la détente se diffuser progressivement dans vos bras (PPI), vos coudes (PPI), vos avant-bras (PPI), vos poignets (PPI), vos mains jusqu'au bout de vos doigts (PPI)
Prenez conscience à présent que vos membres supérieurs sont détendus et relâchés (PPT)
Portez attention à votre dos (PPI)
Sentez ses appuis et imaginez-le s'étendre peu à peu, s'étaler à chaque respiration (PPI)
Relâchez vos omoplates (PPI), vos muscles dorsaux (PPI), vos muscles lombaires (PPI)
Relâchez tous les muscles de votre colonne vertébrale, du haut jusqu'en bas (PPI)
Prenez conscience à présent que votre dos est détendu et relâché (PPT)
Relâchez votre thorax, votre poitrine (PPI)
Observez les mouvements de votre cage thoracique à chaque respiration (PPI)
Sentez votre respiration, calme et profonde (PPI)
Percevez les battements calmes et réguliers de votre cœur (PPI)
Reprenez contact avec votre rythme intérieur (PPI)
Imaginez votre diaphragme s'assouplir au rythme de votre respiration (PPI)
Sentez votre ventre se relâcher, se dénouer (PPI)
Observez les mouvements de votre ventre à chaque respiration (PPI)
Imaginez-les comme une vague caressant la plage (PPI)
Percevez ces mouvements calmes et réguliers (PPI)
Relâchez vos hanches (PPI), votre bassin (PPI), votre périnée (PPI)
Imaginez que vos organes reprennent leur place (PPI)
Prenez conscience à présent que votre buste est détendu et relâché (PPT)
Laissez la détente envahir progressivement vos jambes (PPI)
Relâchez les muscles de vos cuisses (PPI), vos genoux (PPI), vos mollets (PPI), vos chevilles (PPI), vos pieds jusqu'au bout de vos orteils (PPI)
Prenez conscience à présent que vos membres inférieurs sont détendus et relâchés (PPT)
Maintenant, prenez conscience que tout votre corps est détendu et relâché (PPT)

TAIS – 1. Visualisation

Laissez venir à vous le mot « paix » (PPI)
Imaginez la forme de ses lettres (PPI), leurs couleurs (PPI)

Percevez les sensations agréables que vous procure ce mot (PPI)
Accueillez ces sensations de paix (PPI)

TAIS – 2. Ancrage

Je vous propose à présent de vous imprégner de ces sensations.

À mon signal, vous inspirerez en gonflant votre ventre, vous retiendrez votre respiration et inscrirez le mot « paix » dans votre tête puis vous soufflerez doucement pour diffuser la paix en vous (PPI)

Inspirez

Retenez votre respiration et inscrivez le mot « paix » dans votre tête

Soufflez doucement pour diffuser la paix en vous

Reprenez une respiration naturelle (PPI)

Accueillez ces sensations positives (PPI)

Prenez conscience de votre corps en paix (PPT)

TAIS – 3. Visualisation

Pour renforcer ce sentiment, affirmez : « je suis en paix » dans votre tête (PPI)

Appréciez en vous toute la force de ces mots (PPI)

« Je suis en paix » (PPI)

Répétez plusieurs fois cette phrase dans votre tête (PPI)

Diffusez ce sentiment à chaque respiration (PPI)

« Je suis en paix » (PPI)

Continuez à votre rythme (PPI)

Prenez conscience de cet état de paix (PPT)

TAIS – 4. Visualisation

Maintenant, programmez le maintien de cette sensation (PPI)

Affirmez dans votre tête : « Je suis en paix pour le restant de la journée » (PPI)

Répétez plusieurs fois cette affirmation (PPI)

Diffusez cette sensation à chaque respiration (PPI)

Continuez à votre rythme (PPI)

Prenez conscience du maintien de cette sensation (PPT)

Intégrez cet état (PPT)

Désophronisation

Souvenez-vous que ces sensations restent présentes en vous (PPI)

Pensez à les activer dans votre quotidien (PPI)

Reprenez contact avec les points d'appui de votre corps (PPI)

Sentez l'arrière de votre tête, vos bras, votre dos, votre bassin, vos jambes, vos talons (PPI)

Imaginez l'espace dans lequel vous êtes installé (PPI)

Prenez conscience des bruits extérieurs (PPI)

Inspirez profondément pour vous dynamiser (PPI)

Soufflez fortement (PPI)

Reprenez à présent une respiration naturelle (PPI)
Mobilisez progressivement l'ensemble de votre corps (PPI)
Bougez légèrement vos mains (PPI), vos pieds (PPI)
Étirez-vous (PPI)
Bâillez (PPI)
Et lorsque vous vous sentirez prêt, vous pourrez ouvrir les yeux

PROTECTION SOPHROLIMINALE DU SOMMEIL (PSLS)

- **Classification d'origine :** Technique de présentation du 1er degré.
- **Définition :** Sophronisation qui permet de prendre conscience de sa capacité à améliorer son sommeil.
- **Description de l'exercice :** Le sophronisé détaille les étapes de son coucher jusqu'à son réveil.
- **Description du TAIS :**

1. Visualisation :

– Imaginer les rites du coucher

– Imaginer l'endormissement

– Imaginer le sommeil

– Imaginer les sensations d'un sommeil réparateur

2. Ancrage des sensations

3. Visualisation :

– Imaginer le réveil après cette bonne nuit

Exemple d'animation – Protection sophroliminale du sommeil
Induction
Installez-vous confortablement (PPI)
Observez l'espace autour de vous puis fermez les yeux (PPI)
Mettez-vous à présent à l'écoute de votre corps (PPT)
Portez attention à votre tête, à votre visage (PPI)
Sentez la peau de votre crâne se détendre, se relâcher (PPI)
Relâchez votre front, laissez passer vos pensées parasites (PPI)
Défroncez vos sourcils (PPI)
Sentez vos paupières se lisser, relâchez vos yeux (PPI)
Relâchez vos tempes (PPI), vos pommettes (PPI), les ailes de votre nez (PPI)

Sentez le souffle au bord de vos narines à chaque respiration (PPI)
Détendez vos joues (PPI)
Desserrez vos mâchoires, vos dents (PPI)
Laissez votre langue reposer naturellement dans la bouche (PPI)
Prenez conscience à présent que votre visage est détendu et relâché (PPT)
Laissez la détente envahir votre nuque (PPI), vos trapèzes (PPI), vos épaules (PPI)
Sentez vos épaules s'abaisser (PPI)
Laissez la détente se diffuser progressivement dans vos bras (PPI), vos coudes (PPI), vos -bras (PPI), vos poignets (PPI), vos mains jusqu'au bout de vos doigts (PPI)
Prenez conscience à présent que vos membres supérieurs sont détendus et relâchés (PPT)
Portez attention à votre dos (PPI)
Imaginez le s'étendre peu à peu, s'étaler davantage à chaque respiration (PPI)
Relâchez tous les muscles de votre colonne vertébrale, du haut jusqu'en bas (PPI)
Sentez votre cambrure s'assouplir, se relâcher (PPI)
Prenez conscience à présent que votre dos est détendu et relâché (PPT)
Relâchez votre thorax, votre poitrine (PPI)
Percevez les mouvements de votre cage thoracique à chaque respiration (PPI)
Cherchez naturellement à les amplifier (PPI)
Relâchez votre ventre (PPI)
Imaginez que vos organes reprennent leur place (PPI)
Percevez les mouvements de votre ventre à chaque respiration (PPI)
Cherchez naturellement à les amplifier (PPI)
Imaginez la détente se diffuser dans votre bassin (PPI)
Relâchez vos hanches (PPI), vos muscles fessiers (PPI), votre périnée (PPI)
Prenez conscience à présent que votre buste est détendu et relâché (PPT)
Laissez la détente envahir progressivement vos jambes (PPI)
Relâchez les muscles de vos cuisses (PPI), vos genoux (PPI), vos mollets (PPI), vos chevilles (PPI), vos pieds jusqu'au bout de vos orteils (PPI)
Prenez conscience à présent que vos membres inférieurs sont détendus et relâchés (PPT)
Maintenant, prenez conscience que tout votre corps est détendu et relâché (PPT)

TAIS – 1. Visualisation

À présent, imaginez-vous au moment du coucher (PPI)
Repérez vos rituels (PPI)
Quittez vos vêtements de la journée (PPI)
Passez à la salle de bains (PPI)
Appréciez ces sensations agréables (PPI)
Dirigez-vous vers votre chambre (PPI)

Installez-vous dans votre lit (PPI)
Prenez une position confortable (PPI)
Appréciez le maintien du matelas (PPI), la douceur de la couette (PPI), le moelleux de l'oreiller (PPI)
Éteignez la lumière (PPI)
Accueillez ces sensations de relâchement (PPI)
Prenez conscience des rites de votre coucher (PPT)
Maintenant, laissez le sommeil vous envahir (PPI)
Adoptez votre position d'endormissement (PPI)
Percevez votre respiration calme et paisible (PPI)
Ressentez votre corps peser plus lourd dans votre lit (PPI)
Glissez dans le sommeil (PPI)
Prenez conscience de votre endormissement (PPT)
Imaginez-vous dormir (PPI)
Observez votre visage détendu (PPI)
Sentez votre corps au repos (PPI)
Imaginez la profondeur de votre sommeil à l'amplitude de votre respiration (PPI)
Percevez ses mouvements amples et réguliers (PPI)
Accueillez ces sensations de récupération (PPI)
Prenez conscience de la qualité de votre sommeil (PPT)

TAIS – 2. Ancrage

Je vous propose à présent de vous imprégner de ces sensations positives.
À mon signal, vous inspirerez en gonflant votre ventre, vous retiendrez votre respiration et inscrirez ces sensations positives dans votre tête puis vous soufflerez doucement pour les diffuser en vous (PPI)
Inspirez
Retenez votre respiration et inscrivez ces sensations positives dans votre tête
Soufflez doucement pour les diffuser dans votre corps
Reprenez une respiration naturelle (PPI)
Ancrez ces sensations d'un sommeil réparateur (PPT)

TAIS – 3. Visualisation

Imaginez à présent votre réveil (PPI)
Observez votre visage reposé (PPI)
Sentez en vous la vitalité (PPI)
Ressentez votre bonne humeur (PPI)
Accueillez ces sensations agréables (PPI)
Prenez conscience de votre corps ressourcé (PPT)
Intégrez ces sensations (PPT)

Désophronisation

Souvenez-vous que ces sensations restent présentes en vous (PPI)

Pensez à les activer dans votre quotidien (PPI)
Reprenez contact avec les points d'appui de votre corps (PPI)
Sentez l'arrière de votre tête, vos bras, votre dos, votre bassin, vos jambes, vos talons (PPI)
Imaginez l'espace dans lequel vous êtes installé (PPI)
Prenez conscience des bruits extérieurs (PPI)
Inspirez profondément pour vous dynamiser (PPI)
Soufflez fortement (PPI)
Reprenez à présent une respiration naturelle (PPI)
Mobilisez progressivement l'ensemble de votre corps (PPI)
Bougez légèrement vos mains (PPI), vos pieds (PPI)
Étirez-vous (PPI)
Bâillez (PPI)
Et lorsque vous vous sentirez prêt, vous pourrez ouvrir les yeux.

PSYCHOPLASTIE SOPHRONIQUE (PS)

- **Classification d'origine :** Technique de futurisation du 2e degré.
- **Définition :** Sophronisation qui permet de prendre conscience de sa capacité à se soigner.
- **Description de l'exercice :** Le sophronisé projette sa reconstruction cellulaire.
- **Description du TAIS :**

Visualisation :

– Se concentrer sur les cellules défaillantes

– Repérer les ressources nécessaires pour reconstruire les cellules

– Imaginer la reconstruction cellulaire grâce aux ressources

– S'imaginer guéri dans un avenir proche

Exemple d'animation – Psychoplastie sophronique
Induction
Installez-vous confortablement (PPI)
Prenez une position qui vous soit agréable, sans tension (PPI)
N'hésitez pas à ajuster votre position pendant la séance (PPI)
Fermez les yeux et laissez votre corps se relâcher (PPI)
Prenez une profonde inspiration en gonflant le ventre et la poitrine (PPI)

Soufflez en les laissant redescendre (PPI)

Reprenez une respiration naturelle (PPI)

Prenez conscience de votre corps confortablement installé (PPI)

Sentez toutes les zones en appui, l'arrière de la tête (PPI), les bras (PPI), le dos (PPI), le bassin (PPI), les jambes (PPI), les talons (PPI)

Sentez votre corps s'étaler, se relâcher davantage (PPI)

Prenez conscience du calme qui s'installe en vous (PPT)

Portez attention à votre tête, votre visage (PPI)

Sentez votre cuir chevelu se détendre, se relâcher (PPI)

Relâchez votre front (PPI)

Sentez toutes les rides d'expression s'estomper, disparaître (PPI)

Défroncez vos sourcils (PPI)

Cherchez à agrandir l'espace entre vos sourcils (PPI)

Sentez vos paupières s'alourdir, relâchez vos yeux (PPI)

Relâchez vos tempes (PPI), vos pommettes (PPI), les ailes de votre nez (PPI)

Sentez l'air frais au bord de vos narines à chaque inspiration (PPI)

Sentez le souffle tiède à chaque expiration (PPI)

Relâchez vos joues (PPI)

Desserrez vos mâchoires, vos dents et ouvrez légèrement la bouche (PPI)

Laissez votre langue se poser naturellement (PPI)

Sentez votre gorge se relâcher et déglutir librement (PPI)

Prenez conscience à présent que votre visage est détendu et relâché (PPT)

Laissez la détente envahir votre nuque (PPI), vos trapèzes (PPI), vos épaules (PPI)

Sentez vos épaules s'abaisser naturellement (PPI)

Laissez la détente se diffuser progressivement dans vos bras (PPI), vos coudes (PPI), vos avant-bras (PPI), vos poignets (PPI), vos mains jusqu'au bout de vos doigts (PPI)

Prenez conscience à présent que vos membres supérieurs sont détendus et relâchés (PPT)

Portez attention à votre dos (PPI)

Imaginez-le s'étendre peu à peu, s'étaler à chaque respiration (PPI)

Relâchez tous les muscles de votre colonne vertébrale, du haut jusqu'en bas (PPI)

Prenez conscience à présent que votre dos est détendu et relâché (PPT)

Porter attention à votre thorax, votre poitrine (PPI)

Observez les mouvements de votre cage thoracique (PPI)

Sentez vos côtes s'ouvrir à chaque inspiration et descendre à chaque expiration (PPI)

Percevez les battements calmes et réguliers de votre cœur (PPI)

Sentez votre ventre se relâcher, se dénouer (PPI)

Observez les mouvements de votre abdomen (PPI)

Sentez votre ventre se soulever à chaque inspiration et redescendre à chaque expiration (PPI)
Percevez ses mouvements calmes et réguliers (PPI)
Imaginez maintenant la détente se diffuser dans votre bassin (PPI)
Imaginez que vos organes reprennent leur place (PPI)
Relâchez vos hanches (PPI), vos muscles fessiers (PPI), votre périnée (PPI)
Prenez conscience à présent que votre buste est détendu et relâché (PPT)
Laissez la détente envahir progressivement vos jambes (PPI)
Relâchez les muscles de vos cuisses (PPI), vos genoux (PPI), vos mollets (PPI), vos chevilles (PPI), vos pieds jusqu'au bout de vos orteils (PPI)
Prenez conscience à présent que vos membres inférieurs sont détendus et relâchés (PPT)
Prenez conscience que tout votre corps est détendu et relâché (PPT)

TAIS – Visualisation
Portez attention aux cellules défaillantes de votre corps (PPI)
Imaginez leur forme (PPI), leur couleur (PPI), leur aspect (PPI)
Prenez conscience de ces cellules comme des points isolés de votre corps (PPT)
Repérez maintenant les éléments réparateurs dont elles ont besoin (PPI)
Stimulez les ressources nécessaires à leur rétablissement (PPI)
Augmentez leur intensité (PPI)
Développez leurs effets (PPI)
Renforcez leur action à chaque respiration (PPI)
Prenez conscience de la puissance de vos ressources (PPT)
Utilisez à présent vos ressources pour reconstruire vos cellules (PPI)
Laissez-les lutter (PPI), combattre (PPI), travailler sans relâche (PPI)
Observez leur progression (PPI), leurs actions bénéfiques (PPI)
Sentez vos cellules se régénérer (PPI), renaître progressivement (PPI)
Percevez leur vigueur (PPI), leur vitalité (PPI), leur énergie (PPI)
Imaginez leur nombre croître sans limite (PPI)
Prenez conscience du bon fonctionnement de vos cellules (PPT)
Projetez-vous maintenant dans quelque temps (PPI)
Imaginez-vous rétabli, en pleine forme (PPI), vos soucis appartiennent au passé (PPI)
Prenez conscience de votre potentiel (PPT)
Intégrez ces sensations (PPT)

Désophronisation
Souvenez-vous que ces sensations restent présentes en vous (PPI)
Pensez à les activer dans votre quotidien (PPI)
Reprenez contact avec les points d'appui de votre corps (PPI)
Sentez l'arrière de votre tête, vos bras, votre dos, votre bassin, vos jambes, vos talons (PPI)

Imaginez l'espace dans lequel vous êtes installé (PPI)
Prenez conscience des bruits extérieurs (PPI)
Inspirez profondément pour vous dynamiser (PPI)
Soufflez fortement (PPI)
Reprenez à présent une respiration naturelle (PPI)
Mobilisez progressivement l'ensemble de votre corps (PPI)
Bougez légèrement vos mains (PPI), vos pieds (PPI)
Étirez-vous (PPI)
Bâillez (PPI)
Et lorsque vous vous sentirez prêt, vous pourrez ouvrir les yeux.

SOPHRO ACCEPTATION PROGRESSIVE (SAP)

- **Classification d'origine :** Technique de futurisation du 2e degré.
- **Définition :** Sophronisation qui permet de prendre conscience de sa capacité à réussir.
- **Description de l'exercice :** Le sophronisé se projette dans la réussite d'un événement à venir[1].
- **Description du TAIS :**

1. Visualisation :

– S'imaginer après avoir vécu l'événement

– Imaginer les sensations positives de la réussite

2. Ancrage des sensations positives

Exemple d'animation – Sophro acceptation progressive
Induction
Installez-vous confortablement (PPI)
Prenez une position qui vous soit agréable, sans tension (PPI)
N'hésitez pas à ajuster votre position pendant la séance (PPI)
Fermez les yeux et laissez votre corps se relâcher (PPI)
Prenez une profonde inspiration en gonflant le ventre et la poitrine (PPI)

---

1. Dans le protocole de préparation mentale, l'exercice peut être renforcé en le pratiquant en 4 séances (1re : projeter l'après événement, 2e : projeter l'avant événement, 3e : projeter le pendant événement et 4e : projeter l'ensemble de l'événement).

Soufflez en les laissant redescendre (PPI)
Reprenez une respiration naturelle (PPI)
Prenez conscience de votre corps confortablement installé (PPI)
Sentez toutes les zones en appui, l'arrière de la tête (PPI), les bras (PPI), le dos (PPI), le bassin (PPI), les jambes (PPI), les talons (PPI)
Sentez votre corps s'étaler, se relâcher davantage (PPI)
Prenez conscience du calme qui s'installe en vous (PPT)
Portez attention à votre tête, votre visage (PPI)
Sentez votre cuir chevelu se détendre, se relâcher (PPI)
Relâchez votre front (PPI)
Sentez toutes les rides d'expression s'estomper, disparaître (PPI)
Défroncez vos sourcils (PPI)
Cherchez à agrandir l'espace entre vos sourcils (PPI)
Sentez vos paupières s'alourdir, relâchez vos yeux (PPI)
Relâchez vos tempes (PPI), vos pommettes (PPI), les ailes de votre nez (PPI)
Sentez l'air frais au bord de vos narines à chaque inspiration (PPI)
Sentez le souffle tiède à chaque expiration (PPI)
Relâchez vos joues (PPI)
Desserrez vos mâchoires, vos dents et ouvrez légèrement la bouche (PPI)
Laissez votre langue se poser naturellement (PPI)
Sentez votre gorge se relâcher et déglutir librement (PPI)
Prenez conscience à présent que votre visage est détendu et relâché (PPT)
Laissez la détente envahir votre nuque (PPI), vos trapèzes (PPI), vos épaules (PPI)
Sentez vos épaules s'abaisser naturellement (PPI)
Laissez la détente se diffuser progressivement dans vos bras (PPI), vos coudes (PPI), vos avant-bras (PPI), vos poignets (PPI), vos mains jusqu'au bout de vos doigts (PPI)
Prenez conscience à présent que vos membres supérieurs sont détendus et relâchés (PPT)
Portez attention à votre dos (PPI)
Imaginez-le s'étendre peu à peu, s'étaler à chaque respiration (PPI)
Relâchez tous les muscles de votre colonne vertébrale, du haut jusqu'en bas (PPI)
Prenez conscience à présent que votre dos est détendu et relâché (PPT)
Porter attention à votre thorax, votre poitrine (PPI)
Observez les mouvements de votre cage thoracique (PPI)
Sentez vos côtes s'ouvrir à chaque inspiration et descendre à chaque expiration (PPI)
Percevez les battements calmes et réguliers de votre cœur (PPI)
Sentez votre ventre se relâcher, se dénouer (PPI)
Observez les mouvements de votre abdomen (PPI)

Sentez votre ventre se soulever à chaque inspiration et redescendre à chaque expiration (PPI)
Percevez ses mouvements calmes et réguliers (PPI)
Imaginez maintenant la détente se diffuser dans votre bassin (PPI)
Imaginez que vos organes reprennent leur place (PPI)
Relâchez vos hanches (PPI), vos muscles fessiers (PPI), votre périnée (PPI)
Prenez conscience à présent que votre buste est détendu et relâché (PPT)
Laissez la détente envahir progressivement vos jambes (PPI)
Relâchez les muscles de vos cuisses (PPI), vos genoux (PPI), vos mollets (PPI), vos chevilles (PPI), vos pieds jusqu'au bout de vos orteils (PPI)
Prenez conscience à présent que vos membres inférieurs sont détendus et relâchés (PPT)
Prenez conscience que tout votre corps est détendu et relâché (PPT)

TAIS – 1. Visualisation
Projetez-vous maintenant dans les minutes qui suivent l'événement (PPI)
Imaginez votre réussite (PPI), votre victoire (PPI)
Prenez le temps d'imaginer la scène (PPI)
Observez les lieux (PPI), les couleurs (PPI), les personnes qui vous entourent (PPI)
Prêtez attention aux bruits (PPI), aux rires (PPI), à tous les sons qui vous parviennent (PPI)
Sentez les odeurs (PPI), les parfums (PPI)
Prenez conscience de tous les détails de la scène (PPT)
Ressentez la délivrance (PPI), le soulagement du devoir accompli (PPI)
Réjouissez-vous d'avoir atteint votre objectif (PPI)
Percevez votre joie (PPI), votre fierté (PPI)
Savourez la satisfaction d'avoir donné le meilleur de vous-même (PPI)
Appréciez votre victoire (PPI), votre triomphe (PPI)
Laissez-vous gagner par ces sensations de réussite (PPI)
Prenez conscience du positif dans tout votre corps (PPT)

TAIS – 2. Ancrage
Je vous propose à présent de vous imprégner de cette réussite.
À mon signal, vous inspirerez en gonflant votre ventre, vous retiendrez votre respiration et inscrirez cette réussite dans votre tête puis vous soufflerez doucement pour la diffuser en vous (PPI)
Inspirez
Retenez votre respiration et inscrivez cette réussite dans votre tête
Soufflez doucement pour la diffuser dans votre corps
Reprenez une respiration naturelle (PPI)
Ancrez ces sensations positives (PPI)
Prenez conscience de votre potentiel (PPT)
Intégrez ces sensations (PPT)

Désophronisation

Souvenez-vous que ces sensations restent présentes en vous (PPI)
Pensez à les activer dans votre quotidien (PPI)
Reprenez contact avec les points d'appui de votre corps (PPI)
Sentez l'arrière de votre tête, vos bras, votre dos, votre bassin, vos jambes, vos talons (PPI)
Imaginez l'espace dans lequel vous êtes installé (PPI)
Prenez conscience des bruits extérieurs (PPI)
Inspirez profondément pour vous dynamiser (PPI)
Soufflez fortement (PPI)
Reprenez à présent une respiration naturelle (PPI)
Mobilisez progressivement l'ensemble de votre corps (PPI)
Bougez légèrement vos mains (PPI), vos pieds (PPI)
Étirez-vous (PPI)
Bâillez (PPI)
Et lorsque vous vous sentirez prêt, vous pourrez ouvrir les yeux.

SOPHRONISATION DE BASE (SB)

- **Classification d'origine :** Technique de présentation du 1er degré.
- **Définition :** Sophronisation qui permet de prendre conscience de sa capacité à se détendre.
- **Description de l'exercice :** Le sophronisé se concentre et relâche chaque partie de son corps.
- **Description du TAIS :** Néant

Exemple d'animation – Sophronisation de base
Induction

Installez-vous confortablement (PPI)
Prenez une position qui vous soit agréable, sans tension (PPI)
N'hésitez pas à ajuster votre position pendant la séance (PPT)
Fermez les yeux et laissez votre corps se relâcher (PPI)
Prenez une profonde inspiration en gonflant le ventre et la poitrine (PPI)
Soufflez en les laissant redescendre (PPI)
Reprenez une respiration naturelle (PPI)
Prenez conscience de votre corps confortablement installé (PPI)
Sentez toutes les zones en appui, l'arrière de la tête (PPI), les bras (PPI), le dos (PPI), le bassin (PPI), les jambes (PPI), les talons (PPI)

Sentez votre corps s'étaler, se relâcher davantage (PPI)
Prenez conscience du calme qui s'installe en vous (PPT)
Portez attention à votre tête, votre visage (PPI)
Sentez votre cuir chevelu se détendre, se relâcher (PPI)
Relâchez votre front (PPI)
Sentez toutes les rides d'expression s'estomper, disparaître (PPI)
Défroncez vos sourcils (PPI)
Cherchez à agrandir l'espace entre vos sourcils (PPI)
Sentez vos paupières s'alourdir, relâchez vos yeux (PPI)
Relâchez vos tempes (PPI), vos pommettes (PPI), les ailes de votre nez (PPI)
Sentez l'air frais au bord de vos narines à chaque inspiration (PPI)
Sentez le souffle tiède à chaque expiration (PPI)
Relâchez vos joues (PPI)
Desserrez vos mâchoires, vos dents et ouvrez légèrement la bouche (PPI)
Laissez votre langue se poser naturellement (PPI)
Sentez votre gorge se relâcher et déglutir librement (PPI)
Prenez conscience à présent que votre visage est détendu et relâché (PPT)
Laissez la détente envahir votre nuque (PPI), vos trapèzes (PPI), vos épaules (PPI)
Sentez vos épaules s'abaisser naturellement (PPI)
Laissez la détente se diffuser progressivement dans vos bras (PPI), vos coudes (PPI), vos avant-bras (PPI), vos poignets (PPI), vos mains jusqu'au bout de vos doigts (PPI)
Prenez conscience à présent que vos membres supérieurs sont détendus et relâchés (PPT)
Portez attention à votre dos (PPI)
Imaginez-le s'étendre peu à peu, s'étaler à chaque respiration (PPI)
Relâchez tous les muscles de votre dos, votre colonne vertébrale, du haut jusqu'en bas (PPI)
Prenez conscience à présent que votre dos est détendu et relâché (PPT)
Portez attention à votre thorax, votre poitrine (PPI)
Observez les mouvements de votre cage thoracique (PPI)
Sentez vos côtes s'ouvrir à chaque inspiration et descendre à chaque expiration (PPI)
Percevez les battements calmes et réguliers de votre cœur (PPI)
Sentez votre ventre se relâcher, se dénouer (PPI)
Observez les mouvements de votre abdomen (PPI)
Sentez votre ventre se soulever à chaque inspiration et redescendre à chaque expiration (PPI)
Percevez ses mouvements calmes et réguliers (PPI)
Imaginez maintenant la détente se diffuser dans votre bassin (PPI)
Imaginez que vos organes reprennent leur place (PPI)
Relâchez vos hanches (PPI), vos muscles fessiers (PPI), votre périnée (PPI)
Prenez conscience à présent que votre buste est détendu et relâché (PPT)

Laissez la détente envahir progressivement vos jambes (PPI)
Relâchez les muscles de vos cuisses (PPI), vos genoux (PPI), vos mollets (PPI), vos chevilles (PPI), vos pieds jusqu'au bout de vos orteils (PPI)
Prenez conscience à présent que vos membres inférieurs sont détendus et relâchés (PPT)
Prenez conscience que tout votre corps est détendu et relâché (PPT)
Prenez conscience maintenant de votre respiration (PPT)
Intégrez les sensations de détente qu'elle vous procure (PPT)

Désophronisation

Souvenez-vous que ces sensations restent présentes en vous (PPI)
Pensez à les activer dans votre quotidien (PPI)
Reprenez contact avec les points d'appui de votre corps (PPI)
Sentez l'arrière de votre tête, vos bras, votre dos, votre bassin, vos jambes, vos talons (PPI)
Imaginez l'espace dans lequel vous êtes installé (PPI)
Prenez conscience des bruits extérieurs (PPI)
Inspirez profondément pour vous dynamiser (PPI)
Soufflez fortement (PPI)
Reprenez à présent une respiration naturelle (PPI)
Mobilisez progressivement l'ensemble de votre corps (PPI)
Bougez légèrement vos mains (PPI), vos pieds (PPI)
Étirez-vous (PPI)
Bâillez (PPI)
Et lorsque vous vous sentirez prêt, vous pourrez ouvrir les yeux.

SOPHRONISATION DE BASE VIVANTIELLE (SBV)

- **Classification d'origine :** Technique de présentation du 1er degré.
- **Définition :** Sophronisation qui permet de prendre conscience de sa capacité à ressentir corporellement une image.
- **Description de l'exercice :** Le sophronisé se détend et se concentre sur une image.
- **Description du TAIS :**
  1. IRTER global
  2. Visualisation

  – Imaginer quelque chose d'agréable
  – Constater les effets de cette image

Exemple d'animation – Sophronisation de base vivantielle
Induction
Installez-vous confortablement (PPI)
Prenez une position qui vous soit agréable, sans tension (PPI)
N'hésitez pas à ajuster votre position pendant la séance (PPI)
Fermez les yeux et laissez votre corps se relâcher (PPI)
Prenez une profonde inspiration en gonflant le ventre et la poitrine (PPI)
Soufflez en les laissant redescendre (PPI)
Reprenez une respiration naturelle (PPI)
Prenez conscience de votre corps confortablement installé (PPI)
Sentez toutes les zones en appui, l'arrière de la tête (PPI), les bras (PPI), le dos (PPI), le bassin (PPI), les jambes (PPI), les talons (PPI)
Sentez votre corps s'étaler, se relâcher davantage (PPI)
Prenez conscience du calme qui s'installe en vous (PPT)
Portez attention à votre tête, votre visage (PPI)
Sentez votre cuir chevelu se détendre, se relâcher (PPI)
Relâchez votre front (PPI)
Sentez toutes les rides d'expression s'estomper, disparaître (PPI)
Défroncez vos sourcils (PPI)
Cherchez à agrandir l'espace entre vos sourcils (PPI)
Sentez vos paupières s'alourdir, relâchez vos yeux (PPI)
Relâchez vos tempes (PPI), vos pommettes (PPI), les ailes de votre nez (PPI)
Sentez l'air frais au bord de vos narines à chaque inspiration (PPI)
Sentez le souffle tiède à chaque expiration (PPI)
Relâchez vos joues (PPI)
Desserrez vos mâchoires, vos dents et ouvrez légèrement la bouche (PPI)
Laissez votre langue se poser naturellement (PPI)
Sentez votre gorge se relâcher et déglutir librement (PPI)
Prenez conscience à présent que votre visage est détendu et relâché (PPT)
Laissez la détente envahir votre nuque (PPI), vos trapèzes (PPI), vos épaules (PPI)
Sentez vos épaules s'abaisser naturellement (PPI)
Laissez la détente se diffuser progressivement dans vos bras (PPI), vos coudes (PPI), vos avant-bras (PPI), vos poignets (PPI), vos mains jusqu'au bout de vos doigts (PPI)
Prenez conscience à présent que vos membres supérieurs sont détendus et relâchés (PPT)
Portez attention à votre dos (PPI)
Imaginez-le s'étendre peu à peu, s'étaler à chaque respiration (PPI)
Relâchez tous les muscles de votre colonne vertébrale, du haut jusqu'en bas (PPI)
Prenez conscience à présent que votre dos est détendu et relâché (PPT)

Porter attention à votre thorax, votre poitrine (PPI)

Observez les mouvements de votre cage thoracique (PPI)

Sentez vos côtes s'ouvrir à chaque inspiration et descendre à chaque expiration (PPI)

Percevez les battements calmes et réguliers de votre cœur (PPI)

Sentez votre ventre se relâcher, se dénouer (PPI)

Observez les mouvements de votre abdomen (PPI)

Sentez votre ventre se soulever à chaque inspiration et redescendre à chaque expiration (PPI)

Percevez ses mouvements calmes et réguliers (PPI)

Imaginez maintenant la détente se diffuser dans votre bassin (PPI)

Imaginez que vos organes reprennent leur place (PPI)

Relâchez vos hanches (PPI), vos muscles fessiers (PPI), votre périnée (PPI)

Prenez conscience à présent que votre buste est détendu et relâché (PPT)

Laissez la détente envahir progressivement vos jambes (PPI)

Relâchez les muscles de vos cuisses (PPI), vos genoux (PPI), vos mollets (PPI), vos chevilles (PPI), vos pieds jusqu'au bout de vos orteils (PPI)

Prenez conscience à présent que vos membres inférieurs sont détendus et relâchés (PPT)

Prenez conscience que tout votre corps est détendu et relâché (PPT)

TAIS – 1. IRTER

Je vous propose à présent de vous libérer des dernières tensions

À mon signal, vous inspirerez en gonflant votre ventre, vous retiendrez votre respiration en effectuant une légère contraction du corps puis vous relâcherez en expirant fortement (PPI)

Inspirez

Retenez votre respiration et contractez légèrement tous vos muscles, de votre visage jusqu'à vos pieds

Soufflez pour chasser toutes vos tensions

Relâchez (PPI)

Reprenez une respiration naturelle (PPI)

Prenez conscience de cette sensation de calme dans tout votre corps (PPT)

TAIS – 2. Visualisation

Imaginez maintenant une image agréable (PPI)

Une image qui évoque pour vous le bien-être, le calme (PPI)

Imaginez les lieux (PPI), les couleurs (PPI), les personnes qui vous entourent (PPI)

Prêtez attention aux bruits (PPI), aux rires (PPI), à tous les sons qui vous parviennent (PPI)

Sentez les odeurs (PPI), les parfums (PPI)

Touchez les objets (PPI), les matières (PPI)

Accueillez les sensations positives qu'elle vous inspire (PPI)

Prenez conscience de toutes ces sensations dans votre corps (PPT)
Intégrez ces sensations (PPT)

Désophronisation

Souvenez-vous que ces sensations restent présentes en vous (PPI)
Pensez à les activer dans votre quotidien (PPI)
Reprenez contact avec les points d'appui de votre corps (PPI)
Sentez l'arrière de votre tête, vos bras, votre dos, votre bassin, vos jambes, vos talons (PPI)
Imaginez l'espace dans lequel vous êtes installé (PPI)
Prenez conscience des bruits extérieurs (PPI)
Inspirez profondément pour vous dynamiser (PPI)
Soufflez fortement (PPI)
Reprenez à présent une respiration naturelle (PPI)
Mobilisez progressivement l'ensemble de votre corps (PPI)
Bougez légèrement vos mains (PPI), vos pieds (PPI)
Étirez-vous (PPI)
Bâillez (PPI)
Et lorsque vous vous sentirez prêt, vous pourrez ouvrir les yeux.

SOPHRO CORRECTION SÉRIELLE (SCS)

- **Classification d'origine :** Technique de futurisation du 2e degré
- **Définition :** Sophronisation qui permet de prendre conscience de sa capacité à gérer ses phobies ou ses pulsions[1].
- **Description de l'exercice :** Le sophronisé corrige son comportement phobique ou pulsionnel.
- **Description du TAIS :**

1. Visualisation

    – Imaginer une situation phobique ou pulsionnelle jusqu'à l'apparition de sensations désagréables
    – Signaler ces sensations par un geste
    – Imaginer quelque chose de positif qui apporte des sensations inverses
    – Substituer les sensations négatives par les sensations positives

---

1. Cet exercice se pratique uniquement en séance individuelle. Il est à renouveler jusqu'à ce que le sophronisé puisse se projeter sereinement dans la situation souhaitée (minimum 2 séances).

2. Ancrage des nouvelles sensations

Exemple d'animation – Sophro correction sérielle
Induction
Installez-vous confortablement (PPI)
Prenez une position qui vous soit agréable, sans tension (PPI)
N'hésitez pas à ajuster votre position pendant la séance (PPT)
Fermez les yeux et laissez votre corps se relâcher (PPI)
Prenez une profonde inspiration en gonflant le ventre et la poitrine (PPI)
Soufflez en les laissant redescendre (PPI)
Reprenez une respiration naturelle (PPI)
Prenez conscience de votre corps confortablement installé (PPI)
Sentez toutes les zones en appui, l'arrière de la tête (PPI), les bras (PPI), le dos (PPI), le bassin (PPI), les jambes (PPI), les talons (PPI)
Sentez votre corps s'étaler, se relâcher davantage (PPI)
Prenez conscience du calme qui s'installe en vous (PPT)
Pour approfondir cette sensation, imaginez un point de détente au sommet de votre tête (PPI)
Imaginez que ce point s'élargisse à tout votre cuir chevelu (PPI)
Sentez la peau de votre crâne se détendre (PPI)
Relâchez votre front (PPI)
Imaginez-le comme la surface d'un lac paisible (PPI)
Laissez passer vos pensées parasites comme des nuages dans le ciel (PPI)
Défroncez vos sourcils (PPI)
Sentez vos paupières s'alourdir (PPI)
Relâchez vos yeux (PPI)
Relâchez vos tempes (PPI), vos pommettes (PPI), les ailes de votre nez (PPI)
Sentez l'air frais au bord de vos narines à chaque inspiration (PPI)
Sentez le souffle tiède à chaque expiration (PPI)
Relâchez vos joues (PPI)
Desserrez vos mâchoires, vos dents et ouvrez légèrement la bouche (PPI)
Laissez votre langue se poser naturellement (PPI)
Sentez votre gorge se relâcher et déglutir librement (PPI)
Prenez conscience à présent que votre visage est détendu et relâché (PPT)
Laissez la détente envahir votre nuque (PPI), vos trapèzes (PPI), vos épaules (PPI)
Sentez vos épaules s'abaisser naturellement comme attirées par la pesanteur (PPI)
Laissez la détente se diffuser progressivement dans vos bras (PPI), vos coudes (PPI), vos avant-bras (PPI), vos poignets (PPI), vos mains jusqu'au bout de vos doigts (PPI)
Prenez conscience à présent que vos membres supérieurs sont détendus et relâchés (PPT)

Portez attention à votre dos (PPI)

Sentez ses appuis et imaginez-le s'étendre peu à peu, s'étaler à chaque respiration (PPI)

Relâchez vos omoplates (PPI), vos muscles dorsaux (PPI), vos muscles lombaires (PPI)

Relâchez tous les muscles de votre colonne vertébrale, du haut jusqu'en bas (PPI)

Prenez conscience à présent que votre dos est détendu et relâché (PPT)

Relâchez votre thorax, votre poitrine (PPI)

Observez les mouvements de votre cage thoracique à chaque respiration (PPI)

Sentez votre respiration, calme et profonde (PPI)

Percevez les battements calmes et réguliers de votre cœur (PPI)

Reprenez contact avec votre rythme intérieur (PPI)

Imaginez votre diaphragme s'assouplir au rythme de votre respiration (PPI)

Sentez votre ventre se relâcher, se dénouer (PPI)

Observez les mouvements de votre ventre à chaque respiration (PPI)

Imaginez-les comme une vague caressant la plage (PPI)

Percevez ces mouvements calmes et réguliers (PPI)

Relâchez vos hanches (PPI), votre bassin (PPI), votre périnée (PPI)

Imaginez que vos organes reprennent leur place (PPI)

Prenez conscience à présent que votre buste est détendu et relâché (PPT)

Laissez la détente envahir progressivement vos jambes (PPI)

Relâchez les muscles de vos cuisses (PPI), vos genoux (PPI), vos mollets (PPI), vos chevilles (PPI), vos pieds jusqu'au bout de vos orteils (PPI)

Prenez conscience à présent que vos membres inférieurs sont détendus et relâchés (PPT)

Maintenant, prenez conscience que tout votre corps est détendu et relâché (PPT)

TAIS – 1. Visualisation

Imaginez maintenant la scène qui vous rend anxieux ou phobique (PPI)

Projetez-vous aux premiers instants de cette scène (PPI)

Prenez le temps de l'imaginer, de vivre progressivement ses étapes (PPI)

Observez les lieux (PPI), les couleurs (PPI), les personnes qui vous entourent (PPI)

Prêtez attention aux bruits (PPI), à tous les sons qui vous parviennent (PPI)

Sentez les odeurs (PPI), touchez les matières (PPI)

Prenez conscience de tous ses détails (PPI)

Levez votre main dès que des sensations négatives apparaîtront (PPT)

Imaginez à présent un lieu paisible et agréable (PPI)

Observez ses couleurs (PPI), ses bruits (PPI), ses parfums (PPI)

Ressentez le calme et la sérénité qui s'en dégage (PPI)

Accueillez ces sensations agréables dans votre corps (PPI)

Prenez conscience du positif de cette image ressource (PPT)

Remplacez à présent vos sensations négatives par les ressentis positifs de votre image ressource (PPI)

Augmentez l'intensité de ces ressentis (PPI)

Sentez-les grandir et gommer progressivement vos sensations négatives (PPI)

Diffusez-les à chaque respiration dans votre corps (PPI)

Percevez ces sensations libératrices (PPI)

Prenez conscience de votre corps calme et serein (PPT)

TAIS – 2. Ancrage

Je vous propose à présent de vous imprégner de ces nouvelles sensations.

À mon signal, vous inspirerez en gonflant votre ventre, vous retiendrez votre respiration et inscrirez ces nouvelles sensations dans votre tête puis vous soufflerez doucement pour les diffuser en vous (PPI).

Inspirez

Retenez votre respiration et inscrivez ces nouvelles sensations dans votre tête

Soufflez doucement pour les diffuser dans votre corps

Reprenez une respiration naturelle (PPI)

Ancrez ces sensations agréables (PPI)

Prenez conscience des ressources de votre corps (PPT)

Intégrez ces sensations (PPT)

Désophronisation

Souvenez-vous que ces sensations restent présentes en vous (PPI)

Pensez à les activer dans votre quotidien (PPI)

Reprenez contact avec les points d'appui de votre corps (PPI)

Sentez l'arrière de votre tête, vos bras, votre dos, votre bassin, vos jambes, vos talons (PPI)

Imaginez l'espace dans lequel vous êtes installé (PPI)

Prenez conscience des bruits extérieurs (PPI)

Inspirez profondément pour vous dynamiser (PPI)

Soufflez fortement (PPI)

Reprenez à présent une respiration naturelle (PPI)

Mobilisez progressivement l'ensemble de votre corps (PPI)

Bougez légèrement vos mains (PPI), vos pieds (PPI)

Étirez-vous (PPI)

Bâillez (PPI)

Et lorsque vous vous sentirez prêt, vous pourrez ouvrir les yeux.

SOPHRO DÉPLACEMENT DU NÉGATIF (SDN)

- **Classification d'origine :** Technique de présentation du 1ᵉʳ degré.
- **Définition :** Sophronisation qui permet de prendre conscience de sa capacité à évacuer le négatif.
- **Description de l'exercice :** Le sophronisé élimine ses tensions corporelles, mentales ou émotionnelles par des contractions/relâchements.
- **Description du TAIS :**

1. IRTER global
2. Trois IRTER du visage
3. Trois IRTER de l'ensemble cou/épaules/bras/mains
4. Trois IRTER de l'ensemble dos/ventre
5. Trois IRTER de l'ensemble bassin/fessiers
6. Trois IRTER de l'ensemble jambes/pieds
7. IRTER global

> **Exemple d'animation – Sophro déplacement du négatif**
> **Induction**
> Installez-vous confortablement (PPI)
> Observez l'espace autour de vous puis fermez les yeux (PPI)
> Mettez-vous à présent, à l'écoute de votre corps (PPT)
> Portez attention à votre tête, à votre visage (PPI)
> Sentez la peau de votre crâne se détendre, se relâcher (PPI)
> Relâchez votre front, laissez passer vos pensées parasites (PPI)
> Défroncez vos sourcils (PPI)
> Sentez vos paupières se lisser, relâchez vos yeux (PPI)
> Relâchez vos tempes (PPI), vos pommettes (PPI), les ailes de votre nez (PPI)
> Sentez le souffle au bord de vos narines à chaque respiration (PPI)
> Détendez vos joues (PPI)
> Desserrez vos mâchoires, vos dents (PPI)
> Laissez votre langue reposer naturellement dans la bouche (PPI)
> Prenez conscience à présent que votre visage est détendu et relâché (PPT)
> Laissez la détente envahir votre nuque (PPI), vos trapèzes (PPI), vos épaules (PPI)
> Sentez vos épaules s'abaisser (PPI)

Laissez la détente se diffuser progressivement dans vos bras (PPI), vos coudes (PPI), vos avant-bras (PPI), vos poignets (PPI), vos mains jusqu'au bout de vos doigts (PPI)

Prenez conscience à présent que vos membres supérieurs sont détendus et relâchés (PPT)

Portez attention à votre dos (PPI)

Imaginez le s'étendre peu à peu, s'étaler davantage à chaque respiration (PPI)

Relâchez tous les muscles de votre colonne vertébrale, du haut jusqu'en bas (PPI)

Sentez votre cambrure s'assouplir, se relâcher (PPI)

Prenez conscience à présent que votre dos est détendu et relâché (PPT)

Relâchez votre thorax, votre poitrine (PPI)

Percevez les mouvements de votre cage thoracique à chaque respiration (PPI)

Cherchez naturellement à les amplifier (PPI)

Relâchez votre ventre (PPI)

Imaginez que vos organes reprennent leur place (PPI)

Percevez les mouvements de votre ventre à chaque respiration (PPI)

Cherchez naturellement à les amplifier (PPI)

Imaginez la détente se diffuser dans votre bassin (PPI)

Relâchez vos hanches (PPI), vos muscles fessiers (PPI), votre périnée (PPI)

Prenez conscience à présent que votre buste est détendu et relâché (PPT)

Laissez la détente envahir progressivement vos jambes (PPI)

Relâchez les muscles de vos cuisses (PPI), vos genoux (PPI), vos mollets (PPI), vos chevilles (PPI), vos pieds jusqu'au bout de vos orteils (PPI)

Prenez conscience à présent que vos membres inférieurs sont détendus et relâchés (PPT)

Maintenant, prenez conscience que tout votre corps est détendu et relâché (PPT)

TAIS – 1. IRTER global

Je vous propose à présent de libérer vos tensions corporelles, mentales et émotionnelles.

À mon signal, vous inspirerez en gonflant votre ventre, vous retiendrez votre respiration en effectuant une légère contraction du corps puis vous relâcherez en expirant fortement (PPI)

Inspirez

Retenez votre respiration et contractez légèrement tous vos muscles, de votre visage jusqu'à vos pieds

Soufflez pour chasser toutes vos tensions

Relâchez (PPI)

Reprenez une respiration naturelle (PPI)

Accueillez les sensations de relâchement (PPI)

Prenez conscience de cette sensation de calme dans tout votre corps (PPT)

TAIS – 2. IRTER visage

Portez attention à votre tête, votre visage (PPI)
Repérez les points de tension (PPI)
Inspirez
Retenez votre respiration et contractez légèrement les muscles du front, les yeux, les mâchoires
Soufflez pour chasser toutes vos tensions
Relâchez (PPI)
Reprenez une respiration naturelle (PPI)
Laissez la détente envahir votre tête (PPI)
Recommencez une deuxième fois en imaginant souffler vos contrariétés et vos soucis (PPI)
Inspirez
Retenez votre respiration et contractez légèrement les muscles du front, les yeux, les mâchoires
Soufflez pour chasser vos contrariétés, vos soucis
Relâchez (PPI)
Reprenez une respiration naturelle (PPI)
Sentez votre visage peu à peu se détendre (PPI)
Recommencez une dernière fois à votre rythme (PPI)
(*Entendre l'inspiration du sophrologue*) (PPI)
(*Entendre l'expiration forte du sophrologue*) (PPI)
Accueillez les sensations de relâchement (PPI)
Prenez conscience de votre visage entièrement détendu (PPT)

TAIS – 3. IRTER cou/épaules/bras/mains

Portez attention à votre cou, vos épaules, vos bras, vos mains (PPI)
Repérez les points de tension (PPI)
Inspirez
Retenez votre respiration et contractez légèrement le cou, les épaules, les bras, les mains
Soufflez pour chasser vos tensions inutiles
Relâchez (PPI)
Reprenez une respiration naturelle (PPI)
Laissez la détente envahir votre cou, vos épaules, vos bras, vos mains (PPI)
Recommencez une deuxième fois en imaginant éliminer vos raideurs, vos résistances (PPI)
Inspirez
Retenez votre respiration et contractez légèrement le cou, les épaules, les bras, les mains
Soufflez pour chasser vos raideurs, vos résistances
Relâchez (PPI)
Reprenez une respiration naturelle (PPI)

Sentez votre cou, vos épaules, vos bras, vos mains, peu à peu se détendre (PPI)
Recommencez une dernière fois, à votre rythme (PPI)
(*Entendre l'inspiration du sophrologue*) (PPI)
(*Entendre l'expiration forte du sophrologue*) (PPI)
Accueillez les sensations de relâchement (PPI)
Prenez conscience de vos membres supérieurs entièrement détendus (PPT)

TAIS – 4. IRTER dos/ventre

Portez attention à votre dos, votre poitrine, votre ventre (PPI)
Repérez les points de tensions (PPI)
Inspirez
Retenez votre respiration et contractez légèrement le dos, la poitrine, le ventre
Soufflez pour chasser vos tensions inutiles
Relâchez (PPI)
Reprenez une respiration naturelle (PPI)
Laissez la détente envahir votre dos, votre poitrine, votre ventre (PPI)
Recommencez une deuxième fois en imaginant souffler sur vos émotions négatives (PPI)
Inspirez
Retenez votre respiration et contractez légèrement le dos, la poitrine, le ventre
Soufflez pour chasser toutes vos émotions négatives
Relâchez (PPI)
Reprenez une respiration naturelle (PPI)
Sentez votre dos, votre poitrine, votre ventre peu à peu se détendre (PPI)
Recommencez une dernière fois à votre rythme (PPI)
(*Entendre l'inspiration du sophrologue*) (PPI)
(*Entendre l'expiration forte du sophrologue*) (PPI)
Accueillez les sensations de relâchement (PPI)
Prenez conscience de votre dos, votre poitrine, votre ventre, entièrement détendus (PPT)

TAIS – 5. IRTER bassin/fessiers

Portez attention à votre bassin, vos muscles fessiers (PPI)
Repérez les points de tensions (PPI)
Inspirez
Retenez votre respiration et contractez légèrement le bassin, les muscles fessiers
Soufflez pour chasser vos tensions inutiles
Relâchez (PPI)
Reprenez une respiration naturelle (PPI)
Ressentez votre bassin, vos muscles fessiers, se relâcher (PPI)
Recommencez une deuxième fois en imaginant souffler vos retenues, vos freins (PPI)
Inspirez

Les exercices de sophronisation

Retenez votre respiration et contractez légèrement le bassin, les muscles fessiers
Soufflez pour chasser vos retenus, vos freins
Relâchez (PPI)
Reprenez une respiration naturelle (PPI)
Sentez votre bassin, vos muscles fessiers, peu à peu se détendre (PPI)
Recommencez une dernière fois, à votre rythme (PPI)
(*Entendre l'inspiration du sophrologue*) (PPI)
(*Entendre l'expiration forte du sophrologue*) (PPI)
Accueillez les sensations de relâchement (PPI)
Prenez conscience de votre bassin, de vos muscles fessiers, entièrement détendus (PPT)

TAIS – 6. IRTER jambes/pieds

Portez attention à vos jambes, vos pieds (PPI)
Repérez les points de tensions (PPI)
Inspirez
Retenez votre respiration et contractez légèrement les jambes, les pieds
Soufflez pour chasser vos tensions inutiles
Relâchez (PPI)
Reprenez une respiration naturelle (PPI)
Ressentez vos jambes, vos pieds se relâcher (PPI)
Recommencez une deuxième fois, en imaginant souffler vos blocages (PPI)
Inspirez
Retenez votre respiration et contractez légèrement les jambes, les pieds
Soufflez pour chasser tous vos blocages
Relâchez (PPI)
Reprenez une respiration naturelle (PPI)
Sentez vos jambes, vos pieds peu à peu se détendre (PPI)
Recommencez une dernière fois, à votre rythme (PPI)
(*Entendre l'inspiration du sophrologue*) (PPI)
(*Entendre l'expiration forte du sophrologue*) (PPI)
Accueillez les sensations de relâchement (PPI)
Prenez conscience de vos membres inférieurs entièrement détendus (PPT)

TAIS – 7. IRTER global

Portez attention à l'ensemble de votre corps (PPI)
Repérez les dernières tensions (PPI)
Inspirez
Retenez votre respiration et contractez légèrement tous les muscles de votre corps
Soufflez pour chasser vos dernières tensions
Relâchez (PPI)
Reprenez une respiration naturelle (PPI)

Accueillez le calme à l'intérieur de vous (PPI)
Prenez conscience de votre corps entièrement libéré (PPT)
Intégrez ces sensations (PPT)

Désophronisation
Souvenez-vous que ces sensations restent présentes en vous (PPI)
Pensez à les activer dans votre quotidien (PPI)
Reprenez contact avec les points d'appui de votre corps (PPI)
Sentez l'arrière de votre tête, vos bras, votre dos, votre bassin, vos jambes, vos talons (PPI)
Imaginez l'espace dans lequel vous êtes installé (PPI)
Prenez conscience des bruits extérieurs (PPI)
Inspirez profondément pour vous dynamiser (PPI)
Soufflez fortement (PPI)
Reprenez à présent une respiration naturelle (PPI)
Mobilisez progressivement l'ensemble de votre corps (PPI)
Bougez légèrement vos mains (PPI), vos pieds (PPI)
Étirez-vous (PPI)
Bâillez (PPI)
Et lorsque vous vous sentirez prêt, vous pourrez ouvrir les yeux.

SOPHRO MANENCE (SMAN)

- **Classification d'origine :** Technique de totalisation du 4ᵉ degré.
- **Définition :** Sophronisation qui permet de prendre conscience de la richesse de l'être humain.
- **Description de l'exercice :** Le sophronisé énumère les capacités de l'être humain et constate qu'il les possède.
- **Description du TAIS :**

1. Visualisation :

- Imaginer se regarder
- Imaginer zoomer progressivement vers l'intérieur du corps jusqu'aux chromosomes
- Imaginer les capacités physiques de l'être humain
- Constater ces capacités
- Imaginer les capacités mentales de l'être humain
- Constater ces capacités

- Imaginer l'union de ces capacités naturelles
- Constater les effets de cette union dans le corps

2. Ancrage des effets

Exemple d'animation – Sophro manence
Induction
Installez-vous confortablement (PPI)
Observez l'espace autour de vous puis fermez les yeux (PPI)
Mettez-vous à présent, à l'écoute de votre corps (PPT)
Portez attention à votre tête, à votre visage (PPI)
Sentez la peau de votre crâne se détendre, se relâcher (PPI)
Relâchez votre front, laissez passer vos pensées parasites (PPI)
Défroncez vos sourcils (PPI)
Sentez vos paupières se lisser, relâchez vos yeux (PPI)
Relâchez vos tempes (PPI), vos pommettes (PPI), les ailes de votre nez (PPI)
Sentez le souffle au bord de vos narines à chaque respiration (PPI)
Détendez vos joues (PPI)
Desserrez vos mâchoires, vos dents (PPI)
Laissez votre langue reposer naturellement dans la bouche (PPI)
Prenez conscience à présent que votre visage est détendu et relâché (PPT)
Laissez la détente envahir votre nuque (PPI), vos trapèzes (PPI), vos épaules (PPI)
Sentez vos épaules s'abaisser (PPI)
Laissez la détente se diffuser progressivement dans vos bras (PPI), vos coudes (PPI), vos avant-bras (PPI), vos poignets (PPI), vos mains jusqu'au bout de vos doigts (PPI)
Prenez conscience à présent que vos membres supérieurs sont détendus et relâchés (PPT)
Portez attention à votre dos (PPI)
Imaginez-le s'étendre peu à peu, s'étaler davantage à chaque respiration (PPI)
Relâchez tous les muscles de votre colonne vertébrale, du haut jusqu'en bas (PPI)
Sentez votre cambrure s'assouplir, se relâcher (PPI)
Prenez conscience à présent que votre dos est détendu et relâché (PPT)
Relâchez votre thorax, votre poitrine (PPI)
Percevez les mouvements de votre cage thoracique à chaque respiration (PPI)
Cherchez naturellement à les amplifier (PPI)
Relâchez votre ventre (PPI)
Imaginez que vos organes reprennent leur place (PPI)
Percevez les mouvements de votre ventre à chaque respiration (PPI)
Cherchez naturellement à les amplifier (PPI)
Imaginez la détente se diffuser dans votre bassin (PPI)

Relâchez vos hanches (PPI), vos muscles fessiers (PPI), votre périnée (PPI)
Prenez conscience à présent que votre buste est détendu et relâché (PPT)
Laissez la détente envahir progressivement vos jambes (PPI)
Relâchez les muscles de vos cuisses (PPI), vos genoux (PPI), vos mollets (PPI), vos chevilles (PPI), vos pieds jusqu'au bout de vos orteils (PPI)
Prenez conscience à présent que vos membres inférieurs sont détendus et relâchés (PPT)
Maintenant, prenez conscience que tout votre corps est détendu et relâché (PPT)

TAIS – 1. Visualisation

Visualisez maintenant l'enveloppe extérieure de votre corps (PPI)
Traversez l'épiderme et découvrez votre monde intérieur (PPI)
Observez vos organes (PPI), les tissus (PPI), les vaisseaux (PPI)
Pénétrez vos cellules, entrez dans leur noyau (PPI)
Découvrez vos chromosomes (PPI)
Remarquez la chaîne ADN qui les constitue (PPI)
Prenez conscience du patrimoine génétique de l'humanité (PPT)
Focalisez sur les capacités physiques de l'être humain (PPI)
Savourez sa possibilité de marcher (PPI), courir (PPI), nager (PPI)
Appréciez son habileté à utiliser des outils (PPI)
Admirez sa faculté à se régénérer, se ressourcer (PPI)
Valorisez ses adaptations physiologiques (PPI)
Visualisez ces capacités physiques comme les maillons d'une chaîne naturelle (PPI)
Prenez conscience de la force de ces maillons (PPT)
Focalisez maintenant sur les capacités mentales de l'être humain (PPI)
Savourez la richesse de ses émotions (PPI)
Appréciez ses aptitudes au langage (PPI)
Admirez les mécanismes de sa mémoire (PPI)
Valorisez ses processus d'anticipation, de projection (PPI)
Visualisez ces capacités mentales comme les maillons d'une chaîne naturelle (PPI)
Prenez conscience de la force de ces maillons (PPT)
Unifiez à présent toutes ces capacités physiques et mentales (PPI)
Assemblez tous ces maillons pour former une chaîne naturelle incassable (PPI)
Prenez conscience de la puissance de ces capacités réunies que vous possédez (PPT)
Terminez maintenant votre voyage intérieur (PPI)
Visualisez votre chaîne ADN solidifiée par cette union (PPI)
Observez la transformation de vos chromosomes (PPI)
Constatez l'évolution de vos cellules (PPI)

Savourez cette transformation (PPI)

Prenez conscience de la nouvelle vitalité de votre corps (PPT)

TAIS – 2. Ancrage

Pour finir, imprégnez-vous « ici et maintenant » de cette vitalité

À mon signal, vous inspirerez en gonflant votre ventre, vous retiendrez votre respiration et inscrirez cette vitalité dans votre tête puis vous soufflerez doucement pour la diffuser en vous (PPI)

Inspirez

Retenez votre respiration et inscrivez cette vitalité dans votre tête

Soufflez doucement pour la diffuser dans votre corps

Reprenez une respiration naturelle (PPI)

Ancrez cette vitalité « ici et maintenant » (PPT)

Intégrez ces sensations (PPT)

Désophronisation

Souvenez-vous que ces sensations restent présentes en vous (PPI)

Pensez à les activer dans votre quotidien (PPI)

Reprenez contact avec les points d'appui de votre corps (PPI)

Sentez l'arrière de votre tête, vos bras, votre dos, votre bassin, vos jambes, vos talons (PPI)

Imaginez l'espace dans lequel vous êtes installé (PPI)

Prenez conscience des bruits extérieurs (PPI)

Inspirez profondément pour vous dynamiser (PPI)

Soufflez fortement (PPI)

Reprenez à présent une respiration naturelle (PPI)

Mobilisez progressivement l'ensemble de votre corps (PPI)

Bougez légèrement vos mains (PPI), vos pieds (PPI)

Étirez-vous (PPI)

Bâillez (PPI)

Et lorsque vous vous sentirez prêt, vous pourrez ouvrir les yeux.

SOPHRO MNÉSIE LIBRE (SMNL)

- **Classification d'origine :** Technique de prétérisation du 3e degré.
- **Définition :** Sophronisation qui permet de prendre conscience de sa capacité à poser un regard positif sur sa vie.
- **Description de l'exercice :** Le sophronisé se remémore des instants positifs de sa vie.

- **Description du TAIS :**
1. Visualisation :
   – Se souvenir de moments agréables
2. Ancrage des sensations positives de ces souvenirs

> **Exemple d'animation – Sophro mnésie libre**
> **Induction**
> Installez-vous confortablement (PPI)
> Prenez une position qui vous soit agréable, sans tension (PPI)
> N'hésitez pas à ajuster votre position pendant la séance (PPT)
> Fermez les yeux et laissez votre corps se relâcher (PPI)
> Prenez une profonde inspiration en gonflant le ventre et la poitrine (PPI)
> Soufflez en les laissant redescendre (PPI)
> Reprenez une respiration naturelle (PPI)
> Prenez conscience de votre corps confortablement installé (PPI)
> Sentez toutes les zones en appui, l'arrière de la tête (PPI), les bras (PPI), le dos (PPI), le bassin (PPI), les jambes (PPI), les talons (PPI)
> Sentez votre corps s'étaler, se relâcher davantage (PPI)
> Prenez conscience du calme qui s'installe en vous (PPT)
> Pour approfondir cette sensation, imaginez un point de détente au sommet de votre tête (PPI)
> Imaginez que ce point s'élargisse à tout votre cuir chevelu (PPI)
> Sentez la peau de votre crâne se détendre (PPI)
> Relâchez votre front (PPI)
> Imaginez-le comme la surface d'un lac paisible (PPI)
> Laissez passer vos pensées parasites comme des nuages dans le ciel (PPI)
> Défroncez vos sourcils (PPI)
> Sentez vos paupières s'alourdir (PPI)
> Relâchez vos yeux (PPI)
> Relâchez vos tempes (PPI), vos pommettes (PPI), les ailes de votre nez (PPI)
> Sentez l'air frais au bord de vos narines à chaque inspiration (PPI)
> Sentez le souffle tiède à chaque expiration (PPI)
> Relâchez vos joues (PPI)
> Desserrez vos mâchoires, vos dents et ouvrez légèrement la bouche (PPI)
> Laissez votre langue se poser naturellement (PPI)
> Sentez votre gorge se relâcher et déglutir librement (PPI)
> Prenez conscience à présent que votre visage est détendu et relâché (PPT)
> Laissez la détente envahir votre nuque (PPI), vos trapèzes (PPI), vos épaules (PPI)
> Sentez vos épaules s'abaisser naturellement comme attirées par la pesanteur (PPI)

Laissez la détente se diffuser progressivement dans vos bras (PPI), vos coudes (PPI), vos avant-bras (PPI), vos poignets (PPI), vos mains jusqu'au bout de vos doigts (PPI)
Prenez conscience à présent que vos membres supérieurs sont détendus et relâchés (PPT)
Portez attention à votre dos (PPI)
Sentez ses appuis et imaginez-le s'étendre peu à peu, s'étaler à chaque respiration (PPI)
Relâchez vos omoplates (PPI), vos muscles dorsaux (PPI), vos muscles lombaires (PPI)
Relâchez tous les muscles de votre colonne vertébrale, du haut jusqu'en bas (PPI)
Prenez conscience à présent que votre dos est détendu et relâché (PPT)
Relâchez votre thorax, votre poitrine (PPI)
Observez les mouvements de votre cage thoracique à chaque respiration (PPI)
Sentez votre respiration, calme et profonde (PPI)
Percevez les battements calmes et réguliers de votre cœur (PPI)
Reprenez contact avec votre rythme intérieur (PPI)
Imaginez votre diaphragme s'assouplir au rythme de votre respiration (PPI)
Sentez votre ventre se relâcher, se dénouer (PPI)
Observez les mouvements de votre ventre à chaque respiration (PPI)
Imaginez-les comme une vague caressant la plage (PPI)
Percevez ces mouvements calmes et réguliers (PPI)
Relâchez vos hanches (PPI), votre bassin (PPI), votre périnée (PPI)
Imaginez que vos organes reprennent leur place (PPI)
Prenez conscience à présent que votre buste est détendu et relâché (PPT)
Laissez la détente envahir progressivement vos jambes (PPI)
Relâchez les muscles de vos cuisses (PPI), vos genoux (PPI), vos mollets (PPI), vos chevilles (PPI), vos pieds jusqu'au bout de vos orteils (PPI)
Prenez conscience à présent que vos membres inférieurs sont détendus et relâchés (PPT)
Maintenant, prenez conscience que tout votre corps est détendu et relâché (PPT)

TAIS – 1. Visualisation

Souvenez-vous maintenant de tous les événements positifs de votre vie (PPI)
Rappelez-vous de ces instants de joie, ces grands moments de bonheur (PPI)
Laissez les émerger sans restriction, sans jugement (PPI)
Accueillez tous ces souvenirs comme ils se présentent (PPI)
Appréciez tous les instants positifs que la vie vous a offert (PPI)
Percevez les sensations agréables qui s'en dégagent (PPI)
Prenez le temps de les détailler, les reconnaître (PPI)
Valorisez ces richesses, savourez leurs effets bénéfiques (PPI)
Prenez conscience de tout ce positif (PPT)

TAIS – 2. Ancrage

Je vous propose à présent de vous imprégner de ce positif

À mon signal, vous inspirerez en gonflant votre ventre, vous retiendrez votre respiration et inscrirez ce positif dans votre tête puis vous soufflerez doucement pour le diffuser en vous (PPI)

Inspirez

Retenez votre respiration et inscrivez ce positif dans votre tête

Soufflez doucement pour le diffuser dans votre corps

Reprenez une respiration naturelle (PPI)

Ancrez ce positif (PPI)

Prenez conscience du positif gravé dans votre corps (PPT)

Intégrez ces sensations (PPT)

Désophronisation

Souvenez-vous que ces sensations restent présentes en vous (PPI)

Pensez à les activer dans votre quotidien (PPI)

Reprenez contact avec les points d'appui de votre corps (PPI)

Sentez l'arrière de votre tête, vos bras, votre dos, votre bassin, vos jambes, vos talons (PPI)

Imaginez l'espace dans lequel vous êtes installé (PPI)

Prenez conscience des bruits extérieurs (PPI)

Inspirez profondément pour vous dynamiser (PPI)

Soufflez fortement (PPI)

Reprenez à présent une respiration naturelle (PPI)

Mobilisez progressivement l'ensemble de votre corps (PPI)

Bougez légèrement vos mains (PPI), vos pieds (PPI)

Étirez-vous (PPI)

Bâillez (PPI)

Et lorsque vous vous sentirez prêt, vous pourrez ouvrir les yeux.

SOPHRO MNÉSIE POSITIVE SIMPLE (SMNPS)

- **Classification d'origine :** Technique de prétérisation du 3e degré.
- **Définition :** Sophronisation qui permet de prendre conscience de ses capacités.
- **Description de l'exercice :** Le sophronisé définit ce qu'il ressent physiquement lors d'un souvenir positif précis.

- **Description du TAIS :**

1. Visualisation :
   - Se remémorer un souvenir précis
   - Fixer le souvenir par un geste
   - Se questionner sur les différents ressentis corporels

2. Ancrage des ressentis

> **Exemple d'animation – Sophro mnésie positive simple**
> **Induction**
> Installez-vous confortablement (PPI)
> Prenez une position qui vous soit agréable, sans tension (PPI)
> N'hésitez pas à ajuster votre position pendant la séance (PPI)
> Fermez les yeux et laissez votre corps se relâcher (PPI)
> Prenez une profonde inspiration en gonflant le ventre et la poitrine (PPI)
> Soufflez en les laissant redescendre (PPI)
> Reprenez une respiration naturelle (PPI)
> Prenez conscience de votre corps confortablement installé (PPI)
> Sentez toutes les zones en appui, l'arrière de la tête (PPI), les bras (PPI), le dos (PPI), le bassin (PPI), les jambes (PPI), les talons (PPI)
> Sentez votre corps s'étaler, se relâcher davantage (PPI)
> Prenez conscience du calme qui s'installe en vous (PPT)
> Portez attention à votre tête, votre visage (PPI)
> Sentez votre cuir chevelu se détendre, se relâcher (PPI)
> Relâchez votre front (PPI)
> Sentez toutes les rides d'expression s'estomper, disparaître (PPI)
> Défroncez vos sourcils (PPI)
> Cherchez à agrandir l'espace entre vos sourcils (PPI)
> Sentez vos paupières s'alourdir, relâchez vos yeux (PPI)
> Relâchez vos tempes (PPI), vos pommettes (PPI), les ailes de votre nez (PPI)
> Sentez l'air frais au bord de vos narines à chaque inspiration (PPI)
> Sentez le souffle tiède à chaque expiration (PPI)
> Relâchez vos joues (PPI)
> Desserrez vos mâchoires, vos dents et ouvrez légèrement la bouche (PPI)
> Laissez votre langue se poser naturellement (PPI)
> Sentez votre gorge se relâcher et déglutir librement (PPI)
> Prenez conscience à présent que votre visage est détendu et relâché (PPT)
> Laissez la détente envahir votre nuque (PPI), vos trapèzes (PPI), vos épaules (PPI)
> Sentez vos épaules s'abaisser naturellement (PPI)

Laissez la détente se diffuser progressivement dans vos bras (PPI), vos coudes (PPI), vos avant-bras (PPI), vos poignets (PPI), vos mains jusqu'au bout de vos doigts (PPI)

Prenez conscience à présent que vos membres supérieurs sont détendus et relâchés (PPT)

Portez attention à votre dos (PPI)

Imaginez-le s'étendre peu à peu, s'étaler à chaque respiration (PPI)

Relâchez tous les muscles de votre colonne vertébrale, du haut jusqu'en bas (PPI)

Prenez conscience à présent que votre dos est détendu et relâché (PPT)

Porter attention à votre thorax, votre poitrine (PPI)

Observez les mouvements de votre cage thoracique (PPI)

Sentez vos côtes s'ouvrir à chaque inspiration et descendre à chaque expiration (PPI)

Percevez les battements calmes et réguliers de votre cœur (PPI)

Sentez votre ventre se relâcher, se dénouer (PPI)

Observez les mouvements de votre abdomen (PPI)

Sentez votre ventre se soulever à chaque inspiration et redescendre à chaque expiration (PPI)

Percevez ses mouvements calmes et réguliers (PPI)

Imaginez maintenant la détente se diffuser dans votre bassin (PPI)

Imaginez que vos organes reprennent leur place (PPI)

Relâchez vos hanches (PPI), vos muscles fessiers (PPI), votre périnée (PPI)

Prenez conscience à présent que votre buste est détendu et relâché (PPT)

Laissez la détente envahir progressivement vos jambes (PPI)

Relâchez les muscles de vos cuisses (PPI), vos genoux (PPI), vos mollets (PPI), vos chevilles (PPI), vos pieds jusqu'au bout de vos orteils (PPI)

Prenez conscience à présent que vos membres inférieurs sont détendus et relâchés (PPT)

Prenez conscience que tout votre corps est détendu et relâché (PPT)

TAIS – 1. Visualisation

Souvenez-vous maintenant d'un moment de réussite (PPI), de victoire (PPI)

Prenez le temps de revivre la scène (PPI)

Observez les lieux (PPI), les couleurs (PPI), les personnes qui vous entourent (PPI)

Prêtez attention aux bruits (PPI), aux rires (PPI), à tous les sons qui vous parviennent (PPI)

Sentez les odeurs (PPI), les parfums (PPI)

Prenez conscience de tous les détails (PPT)

Et maintenant, fixez la scène par votre geste signal (PPT)

Concentrez-vous à présent sur vos sensations physiques (PPI)

Dans quelles parties du corps ressentez-vous ces sensations ? (PPI)

Sont-elles identiques partout ? (PPI)

Sous quelles formes s'expriment-elles ? (PPI)
Ont-elles la même intensité ? (PPI)
Prenez conscience de tous ces ressentis (PPT)

TAIS – 2. Ancrage

Je vous propose à présent de vous imprégner de ces ressentis

À mon signal, vous inspirerez en gonflant votre ventre, vous retiendrez votre respiration et inscrirez ces ressentis dans votre tête puis vous soufflerez doucement pour les diffuser en vous (PPI)

Inspirez

Retenez votre respiration et inscrivez ces ressentis dans votre tête

Soufflez doucement pour les diffuser dans votre corps

Reprenez une respiration naturelle (PPI)

Ancrez ces ressentis (PPI)

Prenez conscience du positif gravé dans votre corps (PPT)

Intégrez ces sensations (PPT)

Désophronisation

Souvenez-vous que ces sensations restent présentes en vous (PPI)
Pensez à les activer dans votre quotidien (PPI)
Reprenez contact avec les points d'appui de votre corps (PPI)
Sentez l'arrière de votre tête, vos bras, votre dos, votre bassin, vos jambes, vos talons (PPI)
Imaginez l'espace dans lequel vous êtes installé (PPI)
Prenez conscience des bruits extérieurs (PPI)
Inspirez profondément pour vous dynamiser (PPI)
Soufflez fortement (PPI)
Reprenez à présent une respiration naturelle (PPI)
Mobilisez progressivement l'ensemble de votre corps (PPI)
Bougez légèrement vos mains (PPI), vos pieds (PPI)
Étirez-vous (PPI)
Bâillez (PPI)
Et lorsque vous vous sentirez prêt, vous pourrez ouvrir les yeux.

SOPHRO MNÉSIE SENSO PERCEPTIVE (SMNSP)

- **Classification d'origine :** Technique de prétérisation du 3e degré.
- **Définition :** Sophronisation qui permet de prendre conscience de la mémoire sensorielle.

- **Description de l'exercice :** Le sophronisé se remémore les perceptions, les sensations et les émotions d'un instant positif précis.
- **Description du TAIS :**

1. Visualisation :
   - Se remémorer un souvenir précis
   - Repérer les perceptions extérieures liées à ce souvenir
2. Ancrage de ces perceptions
3. Visualisation :
   - Repérer les sensations physiques liées à ce souvenir
4. Ancrage de ces sensations
5. Visualisation :
   - Repérer les émotions liées à ce souvenir
6. Ancrage de ces émotions
7. Ancrage de l'ensemble de ces ressentis

> **Exemple d'animation – Sophro mnésie senso perceptive**
> **Induction**
> Installez-vous confortablement (PPI)
> Observez l'espace autour de vous puis fermez les yeux (PPI)
> Mettez-vous à présent, à l'écoute de votre corps (PPT)
> Portez attention à votre tête, à votre visage (PPI)
> Sentez la peau de votre crâne se détendre, se relâcher (PPI)
> Relâchez votre front, laissez passer vos pensées parasites (PPI)
> Défroncez vos sourcils (PPI)
> Sentez vos paupières se lisser, relâchez vos yeux (PPI)
> Relâchez vos tempes (PPI), vos pommettes (PPI), les ailes de votre nez (PPI)
> Sentez le souffle au bord de vos narines à chaque respiration (PPI)
> Détendez vos joues (PPI)
> Desserrez vos mâchoires, vos dents (PPI)
> Laissez votre langue reposer naturellement dans la bouche (PPI)
> Prenez conscience à présent que votre visage est détendu et relâché (PPT)
> Laissez la détente envahir votre nuque (PPI), vos trapèzes (PPI), vos épaules (PPI)
> Sentez vos épaules s'abaisser (PPI)

Laissez la détente se diffuser progressivement dans vos bras (PPI), vos coudes (PPI), vos avant-bras (PPI), vos poignets (PPI), vos mains jusqu'au bout de vos doigts (PPI)

Prenez conscience à présent que vos membres supérieurs sont détendus et relâchés (PPT)

Portez attention à votre dos (PPI)

Imaginez-le s'étendre peu à peu, s'étaler davantage à chaque respiration (PPI)

Relâchez tous les muscles de votre colonne vertébrale, du haut jusqu'en bas (PPI)

Sentez votre cambrure s'assouplir, se relâcher (PPI)

Prenez conscience à présent que votre dos est détendu et relâché (PPT)

Relâchez votre thorax, votre poitrine (PPI)

Percevez les mouvements de votre cage thoracique à chaque respiration (PPI)

Cherchez naturellement à les amplifier (PPI)

Relâchez votre ventre (PPI)

Imaginez que vos organes reprennent leur place (PPI)

Percevez les mouvements de votre ventre à chaque respiration (PPI)

Cherchez naturellement à les amplifier (PPI)

Imaginez la détente se diffuser dans votre bassin (PPI)

Relâchez vos hanches (PPI), vos muscles fessiers (PPI), votre périnée (PPI)

Prenez conscience à présent que votre buste est détendu et relâché (PPT)

Laissez la détente envahir progressivement vos jambes (PPI)

Relâchez les muscles de vos cuisses (PPI), vos genoux (PPI), vos mollets (PPI), vos chevilles (PPI), vos pieds jusqu'au bout de vos orteils (PPI)

Prenez conscience à présent que vos membres inférieurs sont détendus et relâchés (PPT)

Maintenant, prenez conscience que tout votre corps est détendu et relâché (PPT)

TAIS – 1. Visualisation

Souvenez-vous maintenant d'une scène de joie (PPI), de bonheur (PPI)

Concentrez-vous sur l'environnement de cette scène (PPI)

Observez les lieux (PPI), les couleurs (PPI), les personnes qui vous entourent (PPI)

Prêtez attention aux bruits (PPI), aux rires (PPI), à tous les sons qui vous parviennent (PPI)

Sentez les odeurs (PPI), les parfums (PPI)

Touchez les objets (PPI), les matières (PPI)

Prenez conscience de toutes vos perceptions extérieures (PPT)

TAIS – 2. Ancrage des perceptions

Je vous propose à présent de vous imprégner de ces ressentis extérieurs

À mon signal, vous inspirerez en gonflant votre ventre, vous retiendrez votre respiration et inscrirez ces ressentis dans votre tête puis vous soufflerez doucement pour les diffuser en vous (PPI)

Inspirez

Retenez votre respiration et inscrivez ces ressentis dans votre tête

Soufflez doucement pour les diffuser dans votre corps

Reprenez une respiration naturelle (PPI)

Ancrez ces ressentis (PPT)

TAIS – 3. Visualisation

Concentrez-vous maintenant sur vos sensations physiques (PPI)

Écoutez votre corps s'exprimer (PPI)

Distinguez ses différentes manifestations (PPI)

Repérez les zones où elles émergent (PPI)

Imaginez leurs formes (PPI), leurs apparences (PPI)

Percevez leur intensité (PPI), leurs différences (PPI)

Prenez conscience de toutes vos sensations internes (PPT)

TAIS – 4. Ancrage des sensations

Je vous propose à présent de vous imprégner de ces ressentis internes

À mon signal, vous inspirerez en gonflant votre ventre, vous retiendrez votre respiration et inscrirez ces ressentis dans votre tête puis vous soufflerez doucement pour les diffuser en vous (PPI)

Inspirez

Retenez votre respiration et inscrivez ces ressentis dans votre tête

Soufflez doucement pour les diffuser dans votre corps

Reprenez une respiration naturelle (PPI)

Ancrez ces ressentis (PPT)

TAIS – 5. Visualisation

Concentrez-vous à présent sur vos émotions (PPI)

Laissez les émerger librement (PPI)

Accueillez-les sans contrôle, sans jugement (PPI)

Identifiez ces émotions (PPI)

Observez chacune d'entre elles (PPI)

Distinguez leur intensité (PPI)

Prenez conscience de toutes vos émotions (PPT)

TAIS – 6. Ancrage des émotions

Je vous propose à présent de vous imprégner de ces émotions

À mon signal, vous inspirerez en gonflant votre ventre, vous retiendrez votre respiration et inscrirez ces émotions dans votre tête puis vous soufflerez doucement pour les diffuser en vous (PPI)

Inspirez

Retenez votre respiration et inscrivez ces émotions dans votre tête
Soufflez doucement pour les diffuser dans votre corps
Reprenez une respiration naturelle (PPI)
Ancrez ces émotions (PPT)

TAIS – 7. Ancrage global

Pour finir, imprégnez-vous de vos ressentis et de vos émotions « ici et maintenant »

À mon signal, vous inspirerez en gonflant votre ventre, vous retiendrez votre respiration et inscrirez l'ensemble dans votre tête puis vous soufflerez doucement pour les diffuser en vous (PPI)
Inspirez
Retenez votre respiration et inscrivez vos ressentis et vos émotions dans votre tête
Soufflez doucement pour les diffuser dans votre corps
Reprenez une respiration naturelle (PPI)
Ancrez l'ensemble « ici et maintenant » (PPT)
Intégrez ces sensations (PPT)

Désophronisation

Souvenez-vous que ces sensations restent présentes en vous (PPI)
Pensez à les activer dans votre quotidien (PPI)
Reprenez contact avec les points d'appui de votre corps (PPI)
Sentez l'arrière de votre tête, vos bras, votre dos, votre bassin, vos jambes, vos talons (PPI)
Imaginez l'espace dans lequel vous êtes installé (PPI)
Prenez conscience des bruits extérieurs (PPI)
Inspirez profondément pour vous dynamiser (PPI)
Soufflez fortement (PPI)
Reprenez à présent une respiration naturelle (PPI)
Mobilisez progressivement l'ensemble de votre corps (PPI)
Bougez légèrement vos mains (PPI), vos pieds (PPI)
Étirez-vous (PPI)
Bâillez (PPI)
Et lorsque vous vous sentirez prêt, vous pourrez ouvrir les yeux.

SOPHRO PERCEPTION RELAXATIVE (SPR)

- **Classification d'origine :** Technique de présentation du 1er degré.
- **Définition :** Sophronisation qui permet de prendre conscience de ses capacités sensorielles.

- **Description de l'exercice :** Le sophronisé se concentre sur ses perceptions sensorielles.
- **Description du TAIS :**

Visualisation :

– Imaginer un paysage, un mets...
– Se concentrer sur les perceptions sensorielles de cette image
– Constater la richesse de ces perceptions

Exemple d'animation – Sophro perception relaxative
Induction
Installez-vous confortablement (PPI)
Prenez une position qui vous soit agréable, sans tension (PPI)
N'hésitez pas à ajuster votre position pendant la séance (PPI)
Fermez les yeux et laissez votre corps se relâcher (PPI)
Prenez une profonde inspiration en gonflant le ventre et la poitrine (PPI)
Soufflez en les laissant redescendre (PPI)
Reprenez une respiration naturelle (PPI)
Prenez conscience de votre corps confortablement installé (PPI)
Sentez toutes les zones en appui, l'arrière de la tête (PPI), les bras (PPI), le dos (PPI), le bassin (PPI), les jambes (PPI), les talons (PPI)
Sentez votre corps s'étaler, se relâcher davantage (PPI)
Prenez conscience du calme qui s'installe en vous (PPT)
Portez attention à votre tête, votre visage (PPI)
Sentez votre cuir chevelu se détendre, se relâcher (PPI)
Relâchez votre front (PPI)
Sentez toutes les rides d'expression s'estomper, disparaître (PPI)
Défroncez vos sourcils (PPI)
Cherchez à agrandir l'espace entre vos sourcils (PPI)
Sentez vos paupières s'alourdir, relâchez vos yeux (PPI)
Relâchez vos tempes (PPI), vos pommettes (PPI), les ailes de votre nez (PPI)
Sentez l'air frais au bord de vos narines à chaque inspiration (PPI)
Sentez le souffle tiède à chaque expiration (PPI)
Relâchez vos joues (PPI)
Desserrez vos mâchoires, vos dents et ouvrez légèrement la bouche (PPI)
Laissez votre langue se poser naturellement (PPI)
Sentez votre gorge se relâcher et déglutir librement (PPI)
Prenez conscience à présent que votre visage est détendu et relâché (PPT)
Laissez la détente envahir votre nuque (PPI), vos trapèzes (PPI), vos épaules (PPI)
Sentez vos épaules s'abaisser naturellement (PPI)

Laissez la détente se diffuser progressivement dans vos bras (PPI), vos coudes (PPI), vos avant-bras (PPI), vos poignets (PPI), vos mains jusqu'au bout de vos doigts (PPI)

Prenez conscience à présent que vos membres supérieurs sont détendus et relâchés (PPT)

Portez attention à votre dos (PPI)

Imaginez-le s'étendre peu à peu, s'étaler à chaque respiration (PPI)

Relâchez tous les muscles de votre colonne vertébrale, du haut jusqu'en bas (PPI)

Prenez conscience à présent que votre dos est détendu et relâché (PPT)

Porter attention à votre thorax, votre poitrine (PPI)

Observez les mouvements de votre cage thoracique (PPI)

Sentez vos côtes s'ouvrir à chaque inspiration et descendre à chaque expiration (PPI)

Percevez les battements calmes et réguliers de votre cœur (PPI)

Sentez votre ventre se relâcher, se dénouer (PPI)

Observez les mouvements de votre abdomen (PPI)

Sentez votre ventre se soulever à chaque inspiration et redescendre à chaque expiration (PPI)

Percevez ses mouvements calmes et réguliers (PPI)

Imaginez maintenant la détente se diffuser dans votre bassin (PPI)

Imaginez que vos organes reprennent leur place (PPI)

Relâchez vos hanches (PPI), vos muscles fessiers (PPI), votre périnée (PPI)

Prenez conscience à présent que votre buste est détendu et relâché (PPT)

Laissez la détente envahir progressivement vos jambes (PPI)

Relâchez les muscles de vos cuisses (PPI), vos genoux (PPI), vos mollets (PPI), vos chevilles (PPI), vos pieds jusqu'au bout de vos orteils (PPI)

Prenez conscience à présent que vos membres inférieurs sont détendus et relâchés (PPT)

Prenez conscience que tout votre corps est détendu et relâché (PPT)

TAIS – Visualisation

À présent, imaginez un fruit (PPI)

Imaginez ses couleurs (PPI), ses formes (PPI) son volume (PPI)

Observez l'ensemble de ses détails (PPI)

Prenez conscience de vos capacités visuelles (PPT)

Prenez ensuite ce fruit dans votre main (PPI)

Touchez ses contours (PPI), ses reliefs (PPI)

Sentez la texture de sa peau (PPI), la fermeté de sa chair (PPI)

Prenez conscience de vos capacités tactiles (PPT)

Portez maintenant ce fruit à votre nez (PPI)

Respirez son parfum (PPI)

Sentez les nuances de ses arômes (PPI)

Prenez conscience de vos capacités olfactives (PPT)

Portez enfin ce fruit à votre bouche (PPI)
Appréciez la fraîcheur de son jus (PPI), le goût de sa chair (PPI)
Sentez ses saveurs se diffuser sur vos papilles (PPI)
Prenez conscience de vos capacités gustatives (PPT)
Prenez conscience de toutes vos capacités sensorielles (PPT)
Intégrez ces sensations (PPT)

Désophronisation

Souvenez-vous que ces sensations restent présentes en vous (PPI)
Pensez à les activer dans votre quotidien (PPI)
Reprenez contact avec les points d'appui de votre corps (PPI)
Sentez l'arrière de votre tête, vos bras, votre dos, votre bassin, vos jambes, vos talons (PPI)
Imaginez l'espace dans lequel vous êtes installé (PPI)
Prenez conscience des bruits extérieurs (PPI)
Inspirez profondément pour vous dynamiser (PPI)
Soufflez fortement (PPI)
Reprenez à présent une respiration naturelle (PPI)
Mobilisez progressivement l'ensemble de votre corps (PPI)
Bougez légèrement vos mains (PPI), vos pieds (PPI)
Étirez-vous (PPI)
Bâillez (PPI)
Et lorsque vous vous sentirez prêt, vous pourrez ouvrir les yeux.

SOPHRO PRÉSENCE IMMÉDIATE (SPI)

- **Classification d'origine :** Technique de présentation du 1er degré.
- **Définition :** Sophronisation qui permet de prendre conscience de sa capacité à se remplir de positif.
- **Description de l'exercice :** Le sophronisé améliore son état à partir de sensations positives.
- **Description du TAIS :**

1. IRTER global
2. Visualisation

    – Imaginer quelque chose d'agréable et les sensations qu'elle procure

3. Trois ancrages de ces sensations sur le visage

4. Trois ancrages de ces sensations sur l'ensemble cou/épaules/bras/mains
5. Trois ancrages de ces sensations sur l'ensemble dos/ventre
6. Trois ancrages de ces sensations sur l'ensemble bassin/fessiers
7. Trois ancrages de ces sensations sur l'ensemble jambes/pieds
8. Ancrage de ces sensations sur l'ensemble du corps

Exemple d'animation – Sophro présence immédiate
Induction
Installez-vous confortablement (PPI)
Observez l'espace autour de vous puis fermez les yeux (PPI)
Mettez-vous à présent, à l'écoute de votre corps (PPT)
Portez attention à votre tête, à votre visage (PPI)
Sentez la peau de votre crâne se détendre, se relâcher (PPI)
Relâchez votre front, laissez passer vos pensées parasites (PPI)
Défroncez vos sourcils (PPI)
Sentez vos paupières se lisser, relâchez vos yeux (PPI)
Relâchez vos tempes (PPI), vos pommettes (PPI), les ailes de votre nez (PPI)
Sentez le souffle au bord de vos narines à chaque respiration (PPI)
Détendez vos joues (PPI)
Desserrez vos mâchoires, vos dents (PPI)
Laissez votre langue reposer naturellement dans la bouche (PPI)
Prenez conscience à présent que votre visage est détendu et relâché (PPT)
Laissez la détente envahir votre nuque (PPI), vos trapèzes (PPI), vos épaules (PPI)
Sentez vos épaules s'abaisser (PPI)
Laissez la détente se diffuser progressivement dans vos bras (PPI), vos coudes (PPI), vos avant-bras (PPI), vos poignets (PPI), vos mains jusqu'au bout de vos doigts (PPI)
Prenez conscience à présent que vos membres supérieurs sont détendus et relâchés (PPT)
Portez attention à votre dos (PPI)
Imaginez le s'étendre peu à peu, s'étaler davantage à chaque respiration (PPI)
Relâchez tous les muscles de votre colonne vertébrale, du haut jusqu'en bas (PPI)
Sentez votre cambrure s'assouplir, se relâcher (PPI)
Prenez conscience à présent que votre dos est détendu et relâché (PPT)
Relâchez votre thorax, votre poitrine (PPI)
Percevez les mouvements de votre cage thoracique à chaque respiration (PPI)
Cherchez naturellement à les amplifier (PPI)
Relâchez votre ventre (PPI)
Imaginez que vos organes reprennent leur place (PPI)

Percevez les mouvements de votre ventre à chaque respiration (PPI)
Cherchez naturellement à les amplifier (PPI)
Imaginez la détente se diffuser dans votre bassin (PPI)
Relâchez vos hanches (PPI), vos muscles fessiers (PPI), votre périnée (PPI)
Prenez conscience à présent que votre buste est détendu et relâché (PPT)
Laissez la détente envahir progressivement vos jambes (PPI)
Relâchez les muscles de vos cuisses (PPI), vos genoux (PPI), vos mollets (PPI), vos chevilles (PPI), vos pieds jusqu'au bout de vos orteils (PPI)
Prenez conscience à présent que vos membres inférieurs sont détendus et relâchés (PPT)
Maintenant, prenez conscience que tout votre corps est détendu et relâché (PPT)

TAIS – 1. IRTER global

Je vous propose à présent de libérer vos tensions.
À mon signal, vous inspirerez en gonflant votre ventre, vous retiendrez votre respiration en effectuant une légère contraction du corps puis vous relâcherez en expirant fortement (PPI)
Inspirez
Retenez votre respiration et contractez légèrement tous vos muscles, de votre visage jusqu'à vos pieds
Soufflez pour chasser toutes vos tensions
Relâchez (PPI)
Reprenez une respiration naturelle (PPI)
Prenez conscience de cette sensation de calme dans tout votre corps (PPT)

TAIS – 2. Visualisation

Pour approfondir cette sensation, laissez venir à vous une image agréable (PPI)
Une image qui évoque pour vous le bien-être, le calme (PPI)
Imaginez ses couleurs (PPI), ses bruits (PPI), ses parfums (PPI)
Accueillez les sensations positives qu'elle vous inspire (PPI)
Prenez conscience de ces sensations dans votre corps (PPT)

TAIS – 3. Trois ancrages visage

Je vous propose à présent de vous imprégner de ce positif.
À mon signal, vous inspirerez en gonflant votre ventre, vous retiendrez votre respiration et inscrirez ce positif dans votre tête puis vous soufflerez doucement pour le diffuser en vous (PPI)
Portez attention à votre visage (PPI)
Inspirez
Retenez votre respiration et inscrivez ce positif dans votre tête
Soufflez doucement pour le diffuser sur votre visage
Reprenez une respiration naturelle (PPI)
Laissez le positif envahir votre tête (PPI)

Recommencez une deuxième fois et activez des pensées positives (PPI)
Inspirez
Retenez votre respiration et inscrivez ces pensées positives dans votre tête
Soufflez doucement pour les diffuser sur votre visage
Reprenez une respiration naturelle (PPI)
Sentez ces pensées s'inscrire peu à peu dans votre tête (PPI)
Recommencez une dernière fois à votre rythme (PPI)
(*Entendre l'inspiration du sophrologue*) (PPI)
(*Entendre l'expiration douce du sophrologue*) (PPI)
Reprenez une respiration naturelle (PPI)
Ancrez toutes ces sensations et pensées positives (PPI)
Prenez conscience de ce positif dans votre tête (PPT)

TAIS – 4. Trois ancrages cou/épaules/bras/mains

Portez attention à votre cou, vos épaules, vos bras, vos mains (PPI)
Inspirez
Retenez votre respiration et inscrivez ce positif dans votre tête
Soufflez doucement pour le diffuser dans votre cou, vos épaules, vos bras, vos mains. Reprenez une respiration naturelle (PPI)
Laissez ce positif envahir votre cou, vos épaules, vos bras, vos mains (PPI)
Recommencez une deuxième fois et activez des actions positives (PPI)
Inspirez
Retenez votre respiration et inscrivez ces actions positives dans votre tête
Soufflez doucement pour les diffuser dans votre cou, vos épaules, vos bras, vos mains. Reprenez une respiration naturelle (PPI)
Sentez ces actions s'inscrire peu à peu dans votre cou, vos épaules, vos bras, vos mains (PPI)
Recommencez une dernière fois à votre rythme (PPI)
(*Entendre l'inspiration du sophrologue*) (PPI)
(*Entendre l'expiration douce du sophrologue*) PPI)
Reprenez une respiration naturelle (PPI)
Ancrez toutes les sensations et actions positives (PPI)
Prenez conscience de ce positif dans vos membres supérieurs (PPT)

TAIS – 5. Trois ancrages dos/ventre

Portez attention à votre dos, votre poitrine, votre ventre (PPI)
Inspirez
Retenez votre respiration et inscrivez ce positif dans votre tête
Soufflez doucement pour le diffuser dans votre dos, votre poitrine, votre ventre. Reprenez une respiration naturelle (PPI)
Laissez ce positif envahir votre dos, votre poitrine, votre ventre (PPI)
Recommencez une deuxième fois et activez des émotions positives (PPI)
Inspirez

Retenez votre respiration et inscrivez ces émotions positives dans votre tête
Soufflez doucement pour les diffuser dans votre dos, votre poitrine, votre ventre.
Reprenez une respiration naturelle (PPI)
Sentez ces émotions s'inscrire peu à peu dans votre dos, votre poitrine, votre ventre (PPI)
Recommencez une dernière fois à votre rythme (PPI)
(*Entendre l'inspiration du sophrologue*) (PPI)
(*Entendre l'expiration douce du sophrologue*) (PPI)
Reprenez une respiration naturelle (PPI)
Ancrez toutes les sensations et émotions positives (PPI)
Prenez conscience de ce positif dans votre dos, votre poitrine, votre ventre (PPT)

TAIS – 6. Trois ancrages bassin/fessiers

Portez attention à votre bassin, vos fessiers (PPI)
Inspirez
Retenez votre respiration et inscrivez ce positif dans votre tête
Soufflez doucement pour le diffuser dans votre bassin, vos fessiers
Reprenez une respiration naturelle (PPI)
Laissez ce positif envahir votre bassin, vos fessiers (PPI)
Recommencez une deuxième fois et activez une énergie positive (PPI)
Inspirez
Retenez votre respiration et inscrivez cette énergie positive dans votre tête
Soufflez doucement pour la diffuser dans votre bassin, vos fessiers
Reprenez une respiration naturelle (PPI)
Sentez cette énergie s'inscrire peu à peu dans votre bassin, vos fessiers (PPI)
Recommencez une dernière fois à votre rythme (PPI)
(*Entendre l'inspiration du sophrologue*) (PPI)
(*Entendre l'expiration douce du sophrologue*) (PPI)
Reprenez une respiration naturelle (PPI)
Ancrez toutes les sensations et énergies positives (PPI)
Prenez conscience de ce positif dans votre bassin, vos fessiers (PPT)

TAIS – 7. Trois ancrages jambes/pieds

Portez attention à vos jambes, vos pieds (PPI)
Inspirez
Retenez votre respiration et inscrivez ce positif dans votre tête
Soufflez doucement pour le diffuser dans vos jambes, vos pieds.
Reprenez une respiration naturelle (PPI)
Laissez ce positif envahir vos jambes, vos pieds (PPI)
Recommencez une deuxième fois et activez des actions positives (PPI)
Inspirez
Retenez votre respiration et inscrivez ces actions positives dans votre tête

Soufflez doucement pour les diffuser dans vos jambes, vos pieds
Reprenez une respiration naturelle (PPI)
Sentez ces actions s'inscrire peu à peu dans vos jambes, vos pieds (PPI)
Recommencez une dernière fois à votre rythme (PPI)
(*Entendre l'inspiration du sophrologue*) (PPI)
(*Entendre l'expiration douce du sophrologue*) (PPI)
Reprenez une respiration naturelle (PPI)
Ancrez toutes les sensations des actions positives (PPI)
Prenez conscience de ce positif dans vos membres inférieurs (PPT)

TAIS – 8. Ancrage global
Pour renforcer l'ancrage de tout ce positif, portez attention à l'ensemble de votre corps (PPI)
Inspirez
Retenez votre respiration et inscrivez ce positif dans votre tête
Soufflez doucement pour le diffuser dans l'ensemble de votre corps
Reprenez une respiration naturelle (PPI)
Accueillez toutes ces sensations positives (PPI)
Prenez conscience de ce positif dans l'ensemble de votre corps (PPT)
Intégrez ces sensations (PPT)

Désophronisation
Souvenez-vous que ces sensations restent présentes en vous (PPI)
Pensez à les activer dans votre quotidien (PPI)
Reprenez contact avec les points d'appui de votre corps (PPI)
Sentez l'arrière de votre tête, vos bras, votre dos, votre bassin, vos jambes, vos talons (PPI)
Imaginez l'espace dans lequel vous êtes installé (PPI)
Prenez conscience des bruits extérieurs (PPI)
Inspirez profondément pour vous dynamiser (PPI)
Soufflez fortement (PPI)
Reprenez à présent une respiration naturelle (PPI)
Mobilisez progressivement l'ensemble de votre corps (PPI)
Bougez légèrement vos mains (PPI), vos pieds (PPI)
Étirez-vous (PPI)
Bâillez (PPI)
Et lorsque vous vous sentirez prêt, vous pourrez ouvrir les yeux.

SOPHRO PRÉSENCE DES VALEURS (SPV)

- **Classification d'origine :** Technique de totalisation du 4ᵉ degré.
- **Définition :** Sophronisation qui permet de prendre conscience des valeurs personnelles.
- **Description de l'exercice :** Le sophronisé énumère ses valeurs passées, présentes et futures.
- **Description du TAIS :**

1. Visualisation :
  – Imaginer quelque chose, quelqu'un ou un lieu
  – Se remémorer les valeurs qui y étaient attachées
  – Repérer les valeurs personnelles
  – Imaginer les valeurs actuelles qui y sont attachées
  – Repérer les valeurs personnelles
  – Projeter les valeurs futures qui y seront attachées
  – Repérer les valeurs personnelles

2. Ancrage de toutes ces valeurs personnelles

> **Exemple d'animation – Présence des valeurs**
> **Induction**
> Installez-vous confortablement (PPI)
> Prenez une position qui vous soit agréable, sans tension (PPI)
> N'hésitez pas à ajuster votre position pendant la séance (PPI)
> Fermez les yeux et laissez votre corps se relâcher (PPI)
> Prenez une profonde inspiration en gonflant le ventre et la poitrine (PPI)
> Soufflez en les laissant redescendre (PPI)
> Reprenez une respiration naturelle (PPI)
> Prenez conscience de votre corps confortablement installé (PPI)
> Sentez toutes les zones en appui, l'arrière de la tête (PPI), les bras (PPI), le dos (PPI), le bassin (PPI), les jambes (PPI), les talons (PPI)
> Sentez votre corps s'étaler, se relâcher davantage (PPI)
> Prenez conscience du calme qui s'installe en vous (PPT)
> Portez attention à votre tête, votre visage (PPI)
> Sentez votre cuir chevelu se détendre, se relâcher (PPI)
> Relâchez votre front (PPI)
> Sentez toutes les rides d'expression s'estomper, disparaître (PPI)
> Défroncez vos sourcils (PPI)

Cherchez à agrandir l'espace entre vos sourcils (PPI)
Sentez vos paupières s'alourdir, relâchez vos yeux (PPI)
Relâchez vos tempes (PPI), vos pommettes (PPI), les ailes de votre nez (PPI)
Sentez l'air frais au bord de vos narines à chaque inspiration (PPI)
Sentez le souffle tiède à chaque expiration (PPI)
Relâchez vos joues (PPI)
Desserrez vos mâchoires, vos dents et ouvrez légèrement la bouche (PPI)
Laissez votre langue se poser naturellement (PPI)
Sentez votre gorge se relâcher et déglutir librement (PPI)
Prenez conscience à présent que votre visage est détendu et relâché (PPT)
Laissez la détente envahir votre nuque (PPI), vos trapèzes (PPI), vos épaules (PPI)
Sentez vos épaules s'abaisser naturellement (PPI)
Laissez la détente se diffuser progressivement dans vos bras (PPI), vos coudes (PPI), vos avant-bras (PPI), vos poignets (PPI), vos mains jusqu'au bout de vos doigts (PPI)
Prenez conscience à présent que vos membres supérieurs sont détendus et relâchés (PPT)
Portez attention à votre dos (PPI)
Imaginez-le s'étendre peu à peu, s'étaler à chaque respiration (PPI)
Relâchez tous les muscles de votre colonne vertébrale, du haut jusqu'en bas (PPI)
Prenez conscience à présent que votre dos est détendu et relâché (PPT)
Porter attention à votre thorax, votre poitrine (PPI)
Observez les mouvements de votre cage thoracique (PPI)
Sentez vos côtes s'ouvrir à chaque inspiration et descendre à chaque expiration (PPI)
Percevez les battements calmes et réguliers de votre cœur (PPI)
Sentez votre ventre se relâcher, se dénouer (PPI)
Observez les mouvements de votre abdomen (PPI)
Sentez votre ventre se soulever à chaque inspiration et redescendre à chaque expiration (PPI)
Percevez ses mouvements calmes et réguliers (PPI)
Imaginez maintenant la détente se diffuser dans votre bassin (PPI)
Imaginez que vos organes reprennent leur place (PPI)
Relâchez vos hanches (PPI), vos muscles fessiers (PPI), votre périnée (PPI)
Prenez conscience à présent que votre buste est détendu et relâché (PPT)
Laissez la détente envahir progressivement vos jambes (PPI)
Relâchez les muscles de vos cuisses (PPI), vos genoux (PPI), vos mollets (PPI), vos chevilles (PPI), vos pieds jusqu'au bout de vos orteils (PPI)
Prenez conscience à présent que vos membres inférieurs sont détendus et relâchés (PPT)
Prenez conscience que tout votre corps est détendu et relâché (PPT)

TAIS – 1. Visualisation

Visualisez maintenant ce lieu, cet endroit
Observez les couleurs, les reliefs (PPI)
Prêtez attention aux bruits (PPI), à tous les sons qui vous parviennent (PPI)
Sentez les odeurs (PPI), les parfums (PPI)
Touchez les objets (PPI), les matières (PPI)
Prenez conscience de tous ses détails (PPT)
Remontez maintenant quelques années en arrière (PPI)
Énumérez les valeurs que ce lieu représentait pour vous (PPI)
Relevez celles qui vous semblaient existentielles (PPI)
Prenez conscience de ces valeurs (PPT)
Revenez maintenant dans l'instant présent (PPI)
Énumérez les valeurs que vous accordez à ce lieu (PPI)
Relevez celles qui vous sont existentielles aujourd'hui (PPI)
Prenez conscience de ces valeurs (PPT)
Projetez-vous maintenant dans quelques années (PPI)
Imaginez les valeurs que vous accorderez à ce lieu (PPI)
Estimez celles qui vous seront existentielles (PPI)
Prenez conscience de ces valeurs (PPT)

TAIS – 2. Ancrage

Pour finir, imprégnez-vous de toutes ces valeurs existentielles.
À mon signal, vous inspirerez en gonflant votre ventre, vous retiendrez votre respiration et inscrirez ces valeurs dans votre tête puis vous soufflerez doucement pour les diffuser en vous (PPI)
Inspirez
Retenez votre respiration et inscrivez ces valeurs existentielles dans votre tête
Soufflez doucement pour les diffuser dans votre corps
Reprenez une respiration naturelle (PPI)
Ancrez ces valeurs « ici et maintenant » (PPT)
Intégrez ces sensations (PPT)

Désophronisation

Souvenez-vous que ces sensations restent présentes en vous (PPI)
Pensez à les activer dans votre quotidien (PPI)
Reprenez contact avec les points d'appui de votre corps (PPI)
Sentez l'arrière de votre tête, vos bras, votre dos, votre bassin, vos jambes, vos talons (PPI)
Imaginez l'espace dans lequel vous êtes installé (PPI)
Prenez conscience des bruits extérieurs (PPI)
Inspirez profondément pour vous dynamiser (PPI)
Soufflez fortement (PPI)
Reprenez à présent une respiration naturelle (PPI)

Mobilisez progressivement l'ensemble de votre corps (PPI)
Bougez légèrement vos mains (PPI), vos pieds (PPI)
Étirez-vous (PPI)
Bâillez (PPI)
Et lorsque vous vous sentirez prêt, vous pourrez ouvrir les yeux.

SOPHRO PROGRAMMATION FUTURE (SPF)

- **Classification d'origine :** Technique de futurisation du 2ᵉ degré.
- **Définition :** Sophronisation qui permet de prendre conscience de sa capacité à surmonter ses appréhensions.
- **Description de l'exercice :** Le sophronisé relate, à très long terme, les conditions d'un événement réussi.
- **Description du TAIS :**

1. Visualisation :

   – S'imaginer discuter avec quelqu'un dans un avenir lointain
   – S'imaginer lui raconter les doutes d'un événement surmonté
   – S'imaginer lui raconter la réussite et les sensations qu'elles ont procurées

2. Ancrage des sensations de réussite

> **Exemple d'animation – Sophro programmation future**
> **Induction**
> Installez-vous confortablement (PPI)
> Prenez une position qui vous soit agréable, sans tension (PPI)
> N'hésitez pas à ajuster votre position pendant la séance (PPT)
> Fermez les yeux et laissez votre corps se relâcher (PPI)
> Prenez une profonde inspiration en gonflant le ventre et la poitrine (PPI)
> Soufflez en les laissant redescendre (PPI)
> Reprenez une respiration naturelle (PPI)
> Prenez conscience de votre corps confortablement installé (PPI)
> Sentez toutes les zones en appui, l'arrière de la tête (PPI), les bras (PPI), le dos (PPI), le bassin (PPI), les jambes (PPI), les talons (PPI)
> Sentez votre corps s'étaler, se relâcher davantage (PPI)
> Prenez conscience du calme qui s'installe en vous (PPT)

Pour approfondir cette sensation, imaginez un point de détente au sommet de votre tête (PPI)
Imaginez que ce point s'élargisse à tout votre cuir chevelu (PPI)
Sentez la peau de votre crâne se détendre (PPI)
Relâchez votre front (PPI)
Imaginez-le comme la surface d'un lac paisible (PPI)
Laissez passer vos pensées parasites comme des nuages dans le ciel (PPI)
Défroncez vos sourcils (PPI)
Sentez vos paupières s'alourdir (PPI)
Relâchez vos yeux (PPI)
Relâchez vos tempes (PPI), vos pommettes (PPI), les ailes de votre nez (PPI)
Sentez l'air frais au bord de vos narines à chaque inspiration (PPI)
Sentez le souffle tiède à chaque expiration (PPI)
Relâchez vos joues (PPI)
Desserrez vos mâchoires, vos dents et ouvrez légèrement la bouche (PPI)
Laissez votre langue se poser naturellement (PPI)
Sentez votre gorge se relâcher et déglutir librement (PPI)
Prenez conscience à présent de la forme et du volume de votre visage (PPT)
Laissez la détente envahir votre nuque (PPI), vos trapèzes (PPI), vos épaules (PPI)
Sentez vos épaules s'abaisser naturellement comme attirées par la pesanteur (PPI)
Laissez la détente se diffuser progressivement dans vos bras (PPI), vos coudes (PPI), vos avant-bras (PPI), vos poignets (PPI), vos mains jusqu'au bout de vos doigts (PPI)
Prenez conscience à présent de la forme et du volume de vos membres supérieurs (PPT)
Portez attention à votre dos (PPI)
Sentez ses appuis et imaginez-le s'étendre peu à peu, s'étaler à chaque respiration (PPI)
Relâchez vos omoplates (PPI), vos muscles dorsaux (PPI), vos muscles lombaires (PPI)
Relâchez tous les muscles de votre colonne vertébrale, du haut jusqu'en bas (PPI)
Prenez conscience à présent de la forme et du volume de vos dos (PPT)
Relâchez votre thorax, votre poitrine (PPI)
Observez les mouvements de votre cage thoracique à chaque respiration (PPI)
Sentez votre respiration, calme et profonde (PPI)
Percevez les battements calmes et réguliers de votre cœur (PPI)
Reprenez contact avec votre rythme intérieur (PPI)
Imaginez votre diaphragme s'assouplir au rythme de votre respiration (PPI)
Sentez votre ventre se relâcher, se dénouer (PPI)
Observez les mouvements de votre ventre à chaque respiration (PPI)

Imaginez-les comme une vague caressant la plage (PPI)
Percevez ces mouvements calmes et réguliers (PPI)
Relâchez vos hanches (PPI), votre bassin (PPI), votre périnée (PPI)
Imaginez que vos organes reprennent leur place (PPI)
Prenez conscience à présent de la forme et du volume de votre buste (PPT)
Laissez la détente envahir progressivement vos jambes (PPI)
Relâchez les muscles de vos cuisses (PPI), vos genoux (PPI), vos mollets (PPI), vos chevilles (PPI), vos pieds jusqu'au bout de vos orteils (PPI)
Prenez conscience à présent de la forme et du volume de vos membres inférieurs (PPT)
Maintenant, prenez conscience de la forme et du volume de tout votre corps (PPT)

TAIS – 1. Visualisation

Projetez-vous maintenant dans plusieurs années (PPI)
Imaginez-vous raconter l'épreuve que vous avez surmontée (PPI)
Prenez le temps d'imaginer la scène (PPI)
Observez les lieux (PPI), les couleurs (PPI), les personnes qui vous entourent (PPI)
Prêtez attention aux bruits (PPI), à tous les sons qui vous parviennent (PPI)
Sentez les odeurs (PPI), les parfums (PPI)
Prenez conscience de tous les détails (PPT)
Écoutez-vous raconter cette épreuve (PPI)
Confiez vos inquiétudes (PPI), vos peurs (PPI)
Avouez vos doutes (PPI), vos incertitudes (PPI)
Prenez conscience de toutes vos appréhensions (PPT)
Exposez maintenant votre réussite, votre victoire (PPI)
Expliquez la différence entre vos appréhensions et la réalité (PPI)
Relatez la facilité avec laquelle vous avez surmonté cette épreuve (PPI)
Détaillez vos ressentis (PPI) vos émotions (PPI)
Prenez conscience de toutes vos capacités (PPT)

TAIS – 2. Ancrage

Je vous propose à présent de vous imprégner de cette réussite.
À mon signal, vous inspirerez en gonflant votre ventre, vous retiendrez votre respiration et inscrirez cette réussite dans votre tête puis vous soufflerez doucement pour la diffuser en vous (PPI)
Inspirez
Retenez votre respiration et inscrivez cette réussite dans votre tête
Soufflez doucement pour la diffuser dans votre corps
Reprenez une respiration naturelle (PPI)
Ancrez ces sensations positives (PPI)
Prenez conscience de votre potentiel (PPT)

Intégrez ces sensations (PPT)

Désophronisation

Souvenez-vous que ces sensations restent présentes en vous (PPI)
Pensez à les activer dans votre quotidien (PPI)
Reprenez contact avec les points d'appui de votre corps (PPI)
Sentez l'arrière de votre tête, vos bras, votre dos, votre bassin, vos jambes, vos talons (PPI)
Imaginez l'espace dans lequel vous êtes installé (PPI)
Prenez conscience des bruits extérieurs (PPI)
Inspirez profondément pour vous dynamiser (PPI)
Soufflez fortement (PPI)
Reprenez à présent une respiration naturelle (PPI)
Mobilisez progressivement l'ensemble de votre corps (PPI)
Bougez légèrement vos mains (PPI), vos pieds (PPI)
Étirez-vous (PPI)
Bâillez (PPI)
Et lorsque vous vous sentirez prêt, vous pourrez ouvrir les yeux.

SOPHRO RESPIRATION SYNCHRONIQUE (SRS)

- **Classification d'origine :** Technique de présentation du 1er degré.
- **Définition :** Sophronisation qui permet de prendre conscience de sa capacité à mémoriser un état physique et/ou mental.
- **Description de l'exercice :** Le sophronisé synchronise un mot et un état corporel par la respiration.
- **Description du TAIS :**

1. Visualisation

    – Imaginer une ressource qui comble le besoin
    – Constater les effets de cette ressource
    – Définir un mot pour qualifier ces effets

2. Ancrage de ce mot

Exemple d'animation – Respiration synchronique
Induction

Installez-vous confortablement (PPI)

Prenez une position qui vous soit agréable, sans tension (PPI)
N'hésitez pas à ajuster votre position pendant la séance (PPT)
Fermez les yeux et laissez votre corps se relâcher (PPI)
Prenez une profonde inspiration en gonflant le ventre et la poitrine (PPI)
Soufflez en les laissant redescendre (PPI)
Reprenez une respiration naturelle (PPI)
Prenez conscience de votre corps confortablement installé (PPI)
Sentez toutes les zones en appui, l'arrière de la tête (PPI), les bras (PPI), le dos (PPI), le bassin (PPI), les jambes (PPI), les talons (PPI)
Sentez votre corps s'étaler, se relâcher davantage (PPI)
Prenez conscience du calme qui s'installe en vous (PPT)
Pour approfondir cette sensation, imaginez un point de détente au sommet de votre tête (PPI)
Imaginez que ce point s'élargisse à tout votre cuir chevelu (PPI)
Sentez la peau de votre crâne se détendre (PPI)
Relâchez votre front (PPI)
Imaginez-le comme la surface d'un lac paisible (PPI)
Laissez passer vos pensées parasites comme des nuages dans le ciel (PPI)
Défroncez vos sourcils (PPI)
Sentez vos paupières s'alourdir (PPI)
Relâchez vos yeux (PPI)
Relâchez vos tempes (PPI), vos pommettes (PPI), les ailes de votre nez (PPI)
Sentez l'air frais au bord de vos narines à chaque inspiration (PPI)
Sentez le souffle tiède à chaque expiration (PPI)
Relâchez vos joues (PPI)
Desserrez vos mâchoires, vos dents et ouvrez légèrement la bouche (PPI)
Laissez votre langue se poser naturellement (PPI)
Sentez votre gorge se relâcher et déglutir librement (PPI)
Prenez conscience à présent que votre visage est détendu et relâché (PPT)
Laissez la détente envahir votre nuque (PPI), vos trapèzes (PPI), vos épaules (PPI)
Sentez vos épaules s'abaisser naturellement comme attirées par la pesanteur (PPI)
Laissez la détente se diffuser progressivement dans vos bras (PPI), vos coudes (PPI), vos avant-bras (PPI), vos poignets (PPI), vos mains jusqu'au bout de vos doigts (PPI)
Prenez conscience à présent que vos membres supérieurs sont détendus et relâchés (PPT)
Portez attention à votre dos (PPI)
Sentez ses appuis et imaginez-le s'étendre peu à peu, s'étaler à chaque respiration (PPI)
Relâchez vos omoplates (PPI), vos muscles dorsaux (PPI), vos muscles lombaires (PPI)

Relâchez tous les muscles de votre colonne vertébrale, du haut jusqu'en bas (PPI)
Prenez conscience à présent que votre dos est détendu et relâché (PPT)
Relâchez votre thorax, votre poitrine (PPI)
Observez les mouvements de votre cage thoracique à chaque respiration (PPI)
Sentez votre respiration, calme et profonde (PPI)
Percevez les battements calmes et réguliers de votre cœur (PPI)
Reprenez contact avec votre rythme intérieur (PPI)
Imaginez votre diaphragme s'assouplir au rythme de votre respiration (PPI)
Sentez votre ventre se relâcher, se dénouer (PPI)
Observez les mouvements de votre ventre à chaque respiration (PPI)
Imaginez-les comme une vague caressant la plage (PPI)
Percevez ces mouvements calmes et réguliers (PPI)
Relâchez vos hanches (PPI), votre bassin (PPI), votre périnée (PPI)
Imaginez que vos organes reprennent leur place (PPI)
Prenez conscience à présent que votre buste est détendu et relâché (PPT)
Laissez la détente envahir progressivement vos jambes (PPI)
Relâchez les muscles de vos cuisses (PPI), vos genoux (PPI), vos mollets (PPI), vos chevilles (PPI), vos pieds jusqu'au bout de vos orteils (PPI)
Prenez conscience à présent que vos membres inférieurs sont détendus et relâchés (PPT)
Maintenant, prenez conscience que tout votre corps est détendu et relâché (PPT)

TAIS – 1. Visualisation

Imaginez à présent un lieu paisible et agréable (PPI)
Observez ses couleurs (PPI), ses bruits (PPI), ses parfums (PPI)
Ressentez le calme et la sérénité qui s'en dégage (PPI)
Accueillez ces sensations agréables dans votre corps (PPI)
Prenez conscience du calme de cette image (PPT)

TAIS – 2. Ancrage

Je vous propose à présent de vous imprégner de cette sensation de calme.
À mon signal, vous inspirerez en gonflant votre ventre, vous retiendrez votre respiration et inscrirez le mot « calme » dans votre tête puis vous relâcherez en expirant doucement (PPI)
Inspirez
Retenez votre respiration et inscrivez le mot « calme » dans votre tête
Soufflez doucement pour diffuser ce calme en vous
Reprenez une respiration naturelle (PPI)
Accueillez ces sensations positives (PPI)
Prenez conscience que votre corps est entièrement calme (PPT)
Intégrez ces sensations (PPT)

Désophronisation

Souvenez-vous que ces sensations restent présentes en vous (PPI)
Pensez à les activer dans votre quotidien (PPI)
Reprenez contact avec les points d'appui de votre corps (PPI)
Sentez l'arrière de votre tête, vos bras, votre dos, votre bassin, vos jambes, vos talons (PPI)
Imaginez l'espace dans lequel vous êtes installé (PPI)
Prenez conscience des bruits extérieurs (PPI)
Inspirez profondément pour vous dynamiser (PPI)
Soufflez fortement (PPI)
Reprenez à présent une respiration naturelle (PPI)
Mobilisez progressivement l'ensemble de votre corps (PPI)
Bougez légèrement vos mains (PPI), vos pieds (PPI)
Étirez-vous (PPI)
Bâillez (PPI)
Et lorsque vous vous sentirez prêt, vous pourrez ouvrir les yeux.

SOPHRO RÉTRO MANENCE (SRMAN)

- **Classification d'origine :** Technique de totalisation du 4e degré.
- **Définition :** Sophronisation qui permet de prendre conscience de sa richesse personnelle.
- **Description de l'exercice :** Le sophronisé ajoute de nouvelles capacités aux capacités naturelles de l'être humain.
- **Description du TAIS :**

1. Visualisation :

- Imaginer se regarder
- Imaginer zoomer progressivement vers l'intérieur du corps jusqu'aux chromosomes
- Imaginer les capacités physiques de l'être humain
- Constater ces capacités
- Imaginer les capacités mentales de l'être humain
- Constater ces capacités
- Imaginer l'union de ces capacités naturelles
- Imaginer de nouvelles capacités personnelles
- Imaginer l'union des capacités personnelles et naturelles
- Constater les effets de cette union dans le corps

2. Ancrage de ces effets

Exemple d'animation – Sophro rétro manence
Induction

Installez-vous confortablement (PPI)
Observez l'espace autour de vous puis fermez les yeux (PPI)
Mettez-vous à présent, à l'écoute de votre corps (PPT)
Portez attention à votre tête, à votre visage (PPI)
Sentez la peau de votre crâne se détendre, se relâcher (PPI)
Relâchez votre front, laissez passer vos pensées parasites (PPI)
Défroncez vos sourcils (PPI)
Sentez vos paupières se lisser, relâchez vos yeux (PPI)
Relâchez vos tempes (PPI), vos pommettes (PPI), les ailes de votre nez (PPI)
Sentez le souffle au bord de vos narines à chaque respiration (PPI)
Détendez vos joues (PPI)
Desserrez vos mâchoires, vos dents (PPI)
Laissez votre langue reposer naturellement dans la bouche (PPI)
Prenez conscience à présent que votre visage est détendu et relâché (PPT)
Laissez la détente envahir votre nuque (PPI), vos trapèzes (PPI), vos épaules (PPI)
Sentez vos épaules s'abaisser (PPI)
Laissez la détente se diffuser progressivement dans vos bras (PPI), vos coudes (PPI), vos avant-bras (PPI), vos poignets (PPI), vos mains jusqu'au bout de vos doigts (PPI)
Prenez conscience à présent que vos membres supérieurs sont détendus et relâchés (PPT)
Portez attention à votre dos (PPI)
Imaginez le s'étendre peu à peu, s'étaler davantage à chaque respiration (PPI)
Relâchez tous les muscles de votre colonne vertébrale, du haut jusqu'en bas (PPI)
Sentez votre cambrure s'assouplir, se relâcher (PPI)
Prenez conscience à présent que votre dos est détendu et relâché (PPT)
Relâchez votre thorax, votre poitrine (PPI)
Percevez les mouvements de votre cage thoracique à chaque respiration (PPI)
Cherchez naturellement à les amplifier (PPI)
Relâchez votre ventre (PPI)
Imaginez que vos organes reprennent leur place (PPI)
Percevez les mouvements de votre ventre à chaque respiration (PPI)
Cherchez naturellement à les amplifier (PPI)
Imaginez la détente se diffuser dans votre bassin (PPI)
Relâchez vos hanches (PPI), vos muscles fessiers (PPI), votre périnée (PPI)
Prenez conscience à présent que votre buste est détendu et relâché (PPT)

Laissez la détente envahir progressivement vos jambes (PPI)

Relâchez les muscles de vos cuisses (PPI), vos genoux (PPI), vos mollets (PPI), vos chevilles (PPI), vos pieds jusqu'au bout de vos orteils (PPI)

Prenez conscience à présent que vos membres inférieurs sont détendus et relâchés (PPT)

Maintenant, prenez conscience que tout votre corps est détendu et relâché (PPT)

TAIS – 1. Visualisation

Visualisez maintenant l'enveloppe extérieure de votre corps (PPI)
Traversez l'épiderme et découvrez votre monde intérieur (PPI)
Observez vos organes (PPI), les tissus (PPI), les vaisseaux (PPI)
Pénétrez vos cellules, entrez dans leur noyau (PPI)
Découvrez vos chromosomes (PPI)
Remarquez la chaîne ADN qui les constitue (PPI)
Prenez conscience du patrimoine génétique de l'humanité (PPT)
Focalisez sur les capacités physiques de l'être humain (PPI)
Savourez sa possibilité de marcher, courir, nager (PPI)
Appréciez son habileté à utiliser des outils (PPI)
Admirez sa faculté à se régénérer, se ressourcer (PPI)
Valorisez ses adaptations physiologiques (PPI)
Visualisez ces capacités physiques comme les maillons d'une chaîne naturelle (PPI)
Prenez conscience de la force de ces maillons (PPT)
Focalisez maintenant sur les capacités mentales de l'être humain (PPI)
Savourez la richesse de ses émotions (PPI)
Appréciez ses aptitudes au langage (PPI)
Admirez les mécanismes de sa mémoire (PPI)
Valorisez ses processus d'anticipation, de projection (PPI)
Visualisez ces capacités mentales comme les maillons d'une chaîne naturelle (PPI)
Prenez conscience de la force de ces maillons (PPT)
Unifiez à présent toutes ces capacités physiques et mentales (PPI)
Assemblez tous ces maillons pour former une chaîne naturelle incassable (PPI)
Prenez conscience de la puissance de ces capacités réunies (PPT)
Focalisez maintenant sur vos capacités personnelles (PPI)
Accueillez les capacités physiques et mentales qui vous caractérisent (PPI)
Observez leurs nombres, leurs diversités (PPI)
Cherchez à apprécier les plus méconnues (PPI)
Prenez le temps de toutes les découvrir (PPI)
Visualisez ces capacités personnelles comme les maillons d'une chaîne (PPI)
Prenez conscience de la force de ces maillons (PPT)
Unifiez à présent toutes les capacités (PPI)

Renforcez votre chaîne naturelle avec vos maillons personnels (PPI)
Créez une nouvelle chaîne incassable, indestructible (PPI)
Sentez grandir votre potentiel, repoussez vos limites (PPI)
Prenez conscience de la puissance de ces capacités réunies (PPT)
Terminez maintenant votre voyage intérieur (PPI)
Visualisez votre chaine ADN solidifiée par cette union (PPI)
Observez la transformation de vos chromosomes (PPI)
Constatez l'évolution de vos cellules (PPI)
Savourez cette transformation (PPI)
Prenez conscience que vous êtes unique au monde (PPT)

TAIS – 2. Ancrage

Pour finir, imprégnez-vous « ici et maintenant » de cette nouvelle unité

À mon signal, vous inspirerez en gonflant votre ventre, vous retiendrez votre respiration et inscrirez cette unité dans votre tête puis vous soufflerez doucement pour la diffuser en vous (PPI)

Inspirez

Retenez votre respiration et inscrivez cette unité dans votre tête

Soufflez doucement pour la diffuser dans votre corps

Reprenez une respiration naturelle (PPI)

Ancrez cette unité « ici et maintenant » (PPT)

Intégrez ces sensations (PPT)

Désophronisation

Souvenez-vous que ces sensations restent présentes en vous (PPI)

Pensez à les activer dans votre quotidien (PPI)

Reprenez contact avec les points d'appui de votre corps (PPI)

Sentez l'arrière de votre tête, vos bras, votre dos, votre bassin, vos jambes, vos talons (PPI)

Imaginez l'espace dans lequel vous êtes installé (PPI)

Prenez conscience des bruits extérieurs (PPI)

Inspirez profondément pour vous dynamiser (PPI)

Soufflez fortement (PPI)

Reprenez à présent une respiration naturelle (PPI)

Mobilisez progressivement l'ensemble de votre corps (PPI)

Bougez légèrement vos mains (PPI), vos pieds (PPI)

Étirez-vous (PPI)

Bâillez (PPI)

Et lorsque vous vous sentirez prêt, vous pourrez ouvrir les yeux.

SOPHRO STIMULATION LOCALE (SSL)

- **Classification d'origine :** Technique de présentation du 1er degré.
- **Définition :** Sophronisation qui permet de prendre conscience de sa capacité mentale à améliorer son métabolisme.
- **Description de l'exercice :** Le sophronisé stimule un organe ou une fonction vitale.
- **Description du TAIS :**

Visualisation :

- Imaginer un organe en bon fonctionnement
- Imaginer des ressources venant améliorer ce fonctionnement
- Imaginer le fonctionnement de cet organe optimisé par les ressources

Exemple d'animation – Sophro stimulation locale

Induction

Installez-vous confortablement (PPI)
Prenez une position qui vous soit agréable, sans tension (PPI)
N'hésitez pas à ajuster votre position pendant la séance (PPI)
Fermez les yeux et laissez votre corps se relâcher (PPI)
Prenez une profonde inspiration en gonflant le ventre et la poitrine (PPI)
Soufflez en les laissant redescendre (PPI)
Reprenez une respiration naturelle (PPI)
Prenez conscience de votre corps confortablement installé (PPI)
Sentez toutes les zones en appui, l'arrière de la tête (PPI), les bras (PPI), le dos (PPI), le bassin (PPI), les jambes (PPI), les talons (PPI)
Sentez votre corps s'étaler, se relâcher davantage (PPI)
Prenez conscience du calme qui s'installe en vous (PPT)
Portez attention à votre tête, votre visage (PPI)
Sentez votre cuir chevelu se détendre, se relâcher (PPI)
Relâchez votre front (PPI)
Sentez toutes les rides d'expression s'estomper, disparaître (PPI)
Défroncez vos sourcils (PPI)
Cherchez à agrandir l'espace entre vos sourcils (PPI)
Sentez vos paupières s'alourdir, relâchez vos yeux (PPI)
Relâchez vos tempes (PPI), vos pommettes (PPI), les ailes de votre nez (PPI)
Sentez l'air frais au bord de vos narines à chaque inspiration (PPI)
Sentez le souffle tiède à chaque expiration (PPI)

Relâchez vos joues (PPI)
Desserrez vos mâchoires, vos dents et ouvrez légèrement la bouche (PPI)
Laissez votre langue se poser naturellement (PPI)
Sentez votre gorge se relâcher et déglutir librement (PPI)
Prenez conscience à présent que votre visage est détendu et relâché (PPT)
Laissez la détente envahir votre nuque (PPI), vos trapèzes (PPI), vos épaules (PPI)
Sentez vos épaules s'abaisser naturellement (PPI)
Laissez la détente se diffuser progressivement dans vos bras (PPI), vos coudes (PPI), vos avant-bras (PPI), vos poignets (PPI), vos mains jusqu'au bout de vos doigts (PPI)
Prenez conscience à présent que vos membres supérieurs sont détendus et relâchés (PPT)
Portez attention à votre dos (PPI)
Imaginez-le s'étendre peu à peu, s'étaler à chaque respiration (PPI)
Relâchez tous les muscles de votre colonne vertébrale, du haut jusqu'en bas (PPI)
Prenez conscience à présent que votre dos est détendu et relâché (PPT)
Porter attention à votre thorax, votre poitrine (PPI)
Observez les mouvements de votre cage thoracique (PPI)
Sentez vos côtes s'ouvrir à chaque inspiration et descendre à chaque expiration (PPI)
Percevez les battements calmes et réguliers de votre cœur (PPI)
Sentez votre ventre se relâcher, se dénouer (PPI)
Observez les mouvements de votre abdomen (PPI)
Sentez votre ventre se soulever à chaque inspiration et redescendre à chaque expiration (PPI)
Percevez ses mouvements calmes et réguliers (PPI)
Imaginez maintenant la détente se diffuser dans votre bassin (PPI)
Imaginez que vos organes reprennent leur place (PPI)
Relâchez vos hanches (PPI), vos muscles fessiers (PPI), votre périnée (PPI)
Prenez conscience à présent que votre buste est détendu et relâché (PPT)
Laissez la détente envahir progressivement vos jambes (PPI)
Relâchez les muscles de vos cuisses (PPI), vos genoux (PPI), vos mollets (PPI), vos chevilles (PPI), vos pieds jusqu'au bout de vos orteils (PPI)
Prenez conscience à présent que vos membres inférieurs sont détendus et relâchés (PPT)
Prenez conscience que tout votre corps est détendu et relâché (PPT)

TAIS – Visualisation

Portez attention à la zone du corps que vous souhaitez stimuler (PPI)
Accueillez les différentes sensations qu'elle vous procure (PPI)
Prenez conscience de cette zone comme un point isolé de votre corps (PPT)
Pour stimuler cette zone, imaginez-la en activité (PPI)

Observez ses mécanismes (PPI)
Repérez les éléments qui optimisent son fonctionnement (PPI)
Augmentez leur intensité (PPI)
Développer leurs effets (PPI)
Renforcer leur action à chaque respiration (PPI)
Accueillez ces nouvelles sensations positives (PPI)
Prenez conscience de votre corps stimulé (PPT)
Visualisez la zone stimulée au maximum de son potentiel (PPI)
Percevez les sensations d'un fonctionnement optimal (PPI)
Prenez conscience de votre corps renforcé (PPT)
Intégrez ces sensations (PPT)

Désophronisation
Souvenez-vous que ces sensations restent présentes en vous (PPI)
Pensez à les activer dans votre quotidien (PPI)
Reprenez contact avec les points d'appui de votre corps (PPI)
Sentez l'arrière de votre tête, vos bras, votre dos, votre bassin, vos jambes, vos talons (PPI)
Imaginez l'espace dans lequel vous êtes installé (PPI)
Prenez conscience des bruits extérieurs (PPI)
Inspirez profondément pour vous dynamiser (PPI)
Soufflez fortement (PPI)
Reprenez à présent une respiration naturelle (PPI)
Mobilisez progressivement l'ensemble de votre corps (PPI)
Bougez légèrement vos mains (PPI), vos pieds (PPI)
Étirez-vous (PPI)
Bâillez (PPI)
Et lorsque vous vous sentirez prêt, vous pourrez ouvrir les yeux.

SOPHRO STIMULATION PROJECTIVE (SSP)

- **Classification d'origine :** Technique de futurisation du 2e degré.
- **Définition :** Sophronisation qui permet de prendre conscience de sa capacité à se rétablir.
- **Description de l'exercice :** Le sophronisé stimule une fonction corporelle défaillante.
- **Description du TAIS :**

1. Visualisation :
    - Se concentrer sur l'organe ou la fonction défaillante
    - Imaginer des ressources venant guérir cet organe ou cette fonction

2. Ancrage des ressources
3. Visualisation :
   — S'imaginer rétabli dans un avenir proche

> **Exemple d'animation – Sophro stimulation projective**
> **Induction**
> Installez-vous confortablement (PPI)
> Observez l'espace autour de vous puis fermez les yeux (PPI)
> Mettez-vous à présent, à l'écoute de votre corps (PPT)
> Portez attention à votre tête, à votre visage (PPI)
> Sentez la peau de votre crâne se détendre, se relâcher (PPI)
> Relâchez votre front, laissez passer vos pensées parasites (PPI)
> Défroncez vos sourcils (PPI)
> Sentez vos paupières se lisser, relâchez vos yeux (PPI)
> Relâchez vos tempes (PPI), vos pommettes (PPI), les ailes de votre nez (PPI)
> Sentez le souffle au bord de vos narines à chaque respiration (PPI)
> Détendez vos joues (PPI)
> Desserrez vos mâchoires, vos dents (PPI)
> Laissez votre langue reposer naturellement dans la bouche (PPI)
> Prenez conscience à présent de la forme et du volume de votre visage (PPT)
> Laissez la détente envahir votre nuque (PPI), vos trapèzes (PPI), vos épaules (PPI)
> Sentez vos épaules s'abaisser (PPI)
> Laissez la détente se diffuser progressivement dans vos bras (PPI), vos coudes (PPI), vos avant-bras (PPI), vos poignets (PPI), vos mains jusqu'au bout de vos doigts (PPI)
> Prenez conscience à présent de la forme et du volume de vos membres supérieurs (PPT)
> Portez attention à votre dos (PPI)
> Imaginez le s'étendre peu à peu, s'étaler davantage à chaque respiration (PPI)
> Relâchez tous les muscles de votre colonne vertébrale, du haut jusqu'en bas (PPI)
> Sentez votre cambrure s'assouplir, se relâcher (PPI)
> Prenez conscience à présent de la forme et du volume de vos dos (PPT)
> Relâchez votre thorax, votre poitrine (PPI)
> Percevez les mouvements de votre cage thoracique à chaque respiration (PPI)
> Cherchez naturellement à les amplifier (PPI)
> Relâchez votre ventre (PPI)
> Imaginez que vos organes reprennent leur place (PPI)
> Percevez les mouvements de votre ventre à chaque respiration (PPI)

Cherchez naturellement à les amplifier (PPI)

Imaginez la détente se diffuser dans votre bassin (PPI)

Relâchez vos hanches (PPI), vos muscles fessiers (PPI), votre périnée (PPI)

Prenez conscience à présent de la forme et du volume de votre buste (PPT)

Laissez la détente envahir progressivement vos jambes (PPI)

Relâchez les muscles de vos cuisses (PPI), vos genoux (PPI), vos mollets (PPI), vos chevilles (PPI), vos pieds jusqu'au bout de vos orteils (PPI)

Prenez conscience à présent de la forme et du volume de vos membres inférieurs (PPT)

Maintenant, prenez conscience de la forme et du volume de tout votre corps (PPT)

TAIS – 1. Visualisation

Portez attention à la partie défaillante de votre corps (PPI)

Observez ses mécanismes (PPI)

Accueillez les différentes sensations qu'elle vous procure (PPI)

Prenez conscience de cette zone comme un point isolé de votre corps (PPT)

Repérez maintenant les éléments réparateurs dont elle a besoin (PPI)

Stimulez les ressources nécessaires à son rétablissement (PPI)

Augmentez leur intensité (PPI)

Développez leurs effets (PPI)

Renforcer leurs actions à chaque respiration (PPI)

Prenez conscience de la puissance de vos ressources (PPT)

TAIS – 2. Ancrage

Je vous propose à présent de vous imprégner de ces ressources.

À mon signal, vous inspirerez en gonflant votre ventre, vous retiendrez votre respiration et inscrirez ces ressources dans votre tête puis vous soufflerez doucement pour les diffuser en vous (PPI)

Inspirez

Retenez votre respiration et inscrivez ces ressources dans votre tête

Soufflez doucement pour les diffuser dans votre corps

Reprenez une respiration naturelle (PPI)

Ancrez ces ressources (PPI)

Prenez conscience de votre corps rétabli (PPT)

TAIS – 3. Visualisation

Projetez-vous maintenant dans quelques temps (PPI)

Imaginez-vous rétabli, en pleine forme (PPI), vos soucis appartiennent au passé (PPI)

Prenez conscience de votre potentiel (PPT)

Intégrez ces sensations (PPT)

Désophronisation

Souvenez-vous que ces sensations restent présentes en vous (PPI)
Pensez à les activer dans votre quotidien (PPI)
Reprenez contact avec les points d'appui de votre corps (PPI)
Sentez l'arrière de votre tête, vos bras, votre dos, votre bassin, vos jambes, vos talons (PPI)
Imaginez l'espace dans lequel vous êtes installé (PPI)
Prenez conscience des bruits extérieurs (PPI)
Inspirez profondément pour vous dynamiser (PPI)
Soufflez fortement (PPI)
Reprenez à présent une respiration naturelle (PPI)
Mobilisez progressivement l'ensemble de votre corps (PPI)
Bougez légèrement vos mains (PPI), vos pieds (PPI)
Étirez-vous (PPI)
Bâillez (PPI)
Et lorsque vous vous sentirez prêt, vous pourrez ouvrir les yeux.

SOPHRO SUBSTITUTION MNÉSIQUE (SSUBSTMN)

- **Classification d'origine :** Technique de prétérisation du 3e degré.
- **Définition :** Sophronisation qui permet de prendre conscience de sa capacité à modifier un souvenir négatif[1].
- **Description de l'exercice :** Le sophronisé substitue le souvenir de sensations négatives par des sensations positives.
- **Description du TAIS :**

1. Visualisation :
   - Se remémorer un souvenir négatif
   - Repérer les ressources disponibles pour contrer ce souvenir
   - Constater les sensations positives de ces ressources
   - Substituer les sensations négatives du souvenir par les sensations positives de ces ressources

2. Ancrage des sensations

---

[1]. Cet exercice se pratique uniquement en séance individuelle et les ressources doivent avoir été activées au préalable (SBV, SRS, PSI, SMnL, etc.).

Les exercices de sophronisation

Exemple d'animation – Sophro substitution mnésique
Induction
Installez-vous confortablement (PPI)
Prenez une position qui vous soit agréable, sans tension (PPI)
N'hésitez pas à ajuster votre position pendant la séance (PPI)
Fermez les yeux et laissez votre corps se relâcher (PPI)
Prenez une profonde inspiration en gonflant le ventre et la poitrine (PPI)
Soufflez en les laissant redescendre (PPI)
Reprenez une respiration naturelle (PPI)
Prenez conscience de votre corps confortablement installé (PPI)
Sentez toutes les zones en appui, l'arrière de la tête (PPI), les bras (PPI), le dos (PPI), le bassin (PPI), les jambes (PPI), les talons (PPI)
Sentez votre corps s'étaler, se relâcher davantage (PPI)
Prenez conscience du calme qui s'installe en vous (PPT)
Portez attention à votre tête, votre visage (PPI)
Sentez votre cuir chevelu se détendre, se relâcher (PPI)
Relâchez votre front (PPI)
Sentez toutes les rides d'expression s'estomper, disparaître (PPI)
Défroncez vos sourcils (PPI)
Cherchez à agrandir l'espace entre vos sourcils (PPI)
Sentez vos paupières s'alourdir, relâchez vos yeux (PPI)
Relâchez vos tempes (PPI), vos pommettes (PPI), les ailes de votre nez (PPI)
Sentez l'air frais au bord de vos narines à chaque inspiration (PPI)
Sentez le souffle tiède à chaque expiration (PPI)
Relâchez vos joues (PPI)
Desserrez vos mâchoires, vos dents et ouvrez légèrement la bouche (PPI)
Laissez votre langue se poser naturellement (PPI)
Sentez votre gorge se relâcher et déglutir librement (PPI)
Prenez conscience à présent que votre visage est détendu et relâché (PPT)
Laissez la détente envahir votre nuque (PPI), vos trapèzes (PPI), vos épaules (PPI)
Sentez vos épaules s'abaisser naturellement (PPI)
Laissez la détente se diffuser progressivement dans vos bras (PPI), vos coudes (PPI), vos avant-bras (PPI), vos poignets (PPI), vos mains jusqu'au bout de vos doigts (PPI)
Prenez conscience à présent que vos membres supérieurs sont détendus et relâchés (PPT)
Portez attention à votre dos (PPI)
Imaginez-le s'étendre peu à peu, s'étaler à chaque respiration (PPI)
Relâchez tous les muscles de votre colonne vertébrale, du haut jusqu'en bas (PPI)
Prenez conscience à présent que votre dos est détendu et relâché (PPT)

Porter attention à votre thorax, votre poitrine (PPI)
Observez les mouvements de votre cage thoracique (PPI)
Sentez vos côtes s'ouvrir à chaque inspiration et descendre à chaque expiration (PPI)
Percevez les battements calmes et réguliers de votre cœur (PPI)
Sentez votre ventre se relâcher, se dénouer (PPI)
Observez les mouvements de votre abdomen (PPI)
Sentez votre ventre se soulever à chaque inspiration et redescendre à chaque expiration (PPI)
Percevez ses mouvements calmes et réguliers (PPI)
Imaginez maintenant la détente se diffuser dans votre bassin (PPI)
Imaginez que vos organes reprennent leur place (PPI)
Relâchez vos hanches (PPI), vos muscles fessiers (PPI), votre périnée (PPI)
Prenez conscience à présent que votre buste est détendu et relâché (PPT)
Laissez la détente envahir progressivement vos jambes (PPI)
Relâchez les muscles de vos cuisses (PPI), vos genoux (PPI), vos mollets (PPI), vos chevilles (PPI), vos pieds jusqu'au bout de vos orteils (PPI)
Prenez conscience à présent que vos membres inférieurs sont détendus et relâchés (PPT)
Prenez conscience que tout votre corps est détendu et relâché (PPT)

TAIS – 1. Visualisation

Rappelez-vous maintenant de ce souvenir négatif (PPI)
Observez les lieux (PPI), les personnes qui vous entourent (PPI)
Prêtez attention aux sons qui vous parviennent (PPI)
Sentez les odeurs (PPI), touchez les matières (PPI)
Souvenez-vous de toutes vos émotions (PPI)
Prenez conscience du négatif qui s'en dégage (PPT)
Activez à présent vos capacités ressources (PPI)
Sentez leur présence (PPI), leur potentiel (PPI)
Augmentez leur intensité (PPI)
Développez leurs effets (PPI)
Renforcer leur action à chaque respiration (PPI)
Prenez conscience des capacités positives de votre corps (PPT)
Remplacez maintenant le négatif par le positif apporté par vos capacités (PPI)
Augmentez son intensité (PPI), sa puissance (PPI)
Sentez-le grandir (PPI), se développer (PPI)
Diffusez-le à chaque respiration dans votre corps (PPI)
Percevez ces sensations libératrices (PPI)
Prenez conscience de votre potentiel (PPT)
Intégrez ces sensations (PPT)

TAIS – 2. Ancrage

Je vous propose à présent de vous imprégner de ces nouvelles perceptions.

À mon signal, vous inspirerez en gonflant votre ventre, vous retiendrez votre respiration et inscrirez ces nouvelles perceptions dans votre tête puis vous soufflerez doucement pour les diffuser en vous (PPI).

Inspirez

Retenez votre respiration et inscrivez ces nouvelles perceptions dans votre tête

Soufflez doucement pour les diffuser dans votre corps

Reprenez une respiration naturelle (PPI)

Ancrez ces perceptions agréables (PPI)

Prenez conscience de vos capacités (PPT)

Intégrez ces sensations (PPT)

Désophronisation

Souvenez-vous que ces sensations restent présentes en vous (PPI)

Pensez à les activer dans votre quotidien (PPI)

Reprenez contact avec les points d'appui de votre corps (PPI)

Sentez l'arrière de votre tête, vos bras, votre dos, votre bassin, vos jambes, vos talons (PPI)

Imaginez l'espace dans lequel vous êtes installé (PPI)

Prenez conscience des bruits extérieurs (PPI)

Inspirez profondément pour vous dynamiser (PPI)

Soufflez fortement (PPI)

Reprenez à présent une respiration naturelle (PPI)

Mobilisez progressivement l'ensemble de votre corps (PPI)

Bougez légèrement vos mains (PPI), vos pieds (PPI)

Étirez-vous (PPI)

Bâillez (PPI)

Et lorsque vous vous sentirez prêt, vous pourrez ouvrir les yeux.

SOPHRO SUBSTITUTION SENSORIELLE (SSS)

- **Classification d'origine :** Technique de présentation du 1er degré.
- **Définition :** Sophronisation qui permet de prendre de conscience de sa capacité à contrôler ses sensations.
- **Description de l'exercice :** Le sophronisé substitue une sensation négative par une sensation positive.

- **Description du TAIS :**
1. Visualisation :
   - Repérer les sensations négatives
   - Imaginer quelque chose de positif qui apporte des sensations inverses
   - Substituer les sensations négatives par les sensations positives
2. Ancrage des nouvelles sensations

   Exemple d'animation – Sophro substitution sensorielle
   Induction
   Installez-vous confortablement (PPI)
   Prenez une position qui vous soit agréable, sans tension (PPI)
   N'hésitez pas à ajuster votre position pendant la séance (PPI)
   Fermez les yeux et laissez votre corps se relâcher (PPI)
   Prenez une profonde inspiration en gonflant le ventre et la poitrine (PPI)
   Soufflez en les laissant redescendre (PPI)
   Reprenez une respiration naturelle (PPI)
   Prenez conscience de votre corps confortablement installé (PPI)
   Sentez toutes les zones en appui, l'arrière de la tête (PPI), les bras (PPI), le dos (PPI), le bassin (PPI), les jambes (PPI), les talons (PPI)
   Sentez votre corps s'étaler, se relâcher davantage (PPI)
   Prenez conscience du calme qui s'installe en vous (PPT)
   Portez attention à votre tête, votre visage (PPI)
   Sentez votre cuir chevelu se détendre, se relâcher (PPI)
   Relâchez votre front (PPI)
   Sentez toutes les rides d'expression s'estomper, disparaître (PPI)
   Défroncez vos sourcils (PPI)
   Cherchez à agrandir l'espace entre vos sourcils (PPI)
   Sentez vos paupières s'alourdir, relâchez vos yeux (PPI)
   Relâchez vos tempes (PPI), vos pommettes (PPI), les ailes de votre nez (PPI)
   Sentez l'air frais au bord de vos narines à chaque inspiration (PPI)
   Sentez le souffle tiède à chaque expiration (PPI)
   Relâchez vos joues (PPI)
   Desserrez vos mâchoires, vos dents et ouvrez légèrement la bouche (PPI)
   Laissez votre langue se poser naturellement (PPI)
   Sentez votre gorge se relâcher et déglutir librement (PPI)
   Prenez conscience à présent que votre visage est détendu et relâché (PPT)
   Laissez la détente envahir votre nuque (PPI), vos trapèzes (PPI), vos épaules (PPI)
   Sentez vos épaules s'abaisser naturellement (PPI)

Laissez la détente se diffuser progressivement dans vos bras (PPI), vos coudes (PPI), vos avant-bras (PPI), vos poignets (PPI), vos mains jusqu'au bout de vos doigts (PPI)
Prenez conscience à présent que vos membres supérieurs sont détendus et relâchés (PPT)
Portez attention à votre dos (PPI)
Imaginez-le s'étendre peu à peu, s'étaler à chaque respiration (PPI)
Relâchez tous les muscles de votre colonne vertébrale, du haut jusqu'en bas (PPI)
Prenez conscience à présent que votre dos est détendu et relâché (PPT)
Porter attention à votre thorax, votre poitrine (PPI)
Observez les mouvements de votre cage thoracique (PPI)
Sentez vos côtes s'ouvrir à chaque inspiration et descendre à chaque expiration (PPI)
Percevez les battements calmes et réguliers de votre cœur (PPI)
Sentez votre ventre se relâcher, se dénouer (PPI)
Observez les mouvements de votre abdomen (PPI)
Sentez votre ventre se soulever à chaque inspiration et redescendre à chaque expiration (PPI)
Percevez ses mouvements calmes et réguliers (PPI)
Imaginez maintenant la détente se diffuser dans votre bassin (PPI)
Imaginez que vos organes reprennent leur place (PPI)
Relâchez vos hanches (PPI), vos muscles fessiers (PPI), votre périnée (PPI)
Prenez conscience à présent que votre buste est détendu et relâché (PPT)
Laissez la détente envahir progressivement vos jambes (PPI)
Relâchez les muscles de vos cuisses (PPI), vos genoux (PPI), vos mollets (PPI), vos chevilles (PPI), vos pieds jusqu'au bout de vos orteils (PPI)
Prenez conscience à présent que vos membres inférieurs sont détendus et relâchés (PPT)
Prenez conscience que tout votre corps est détendu et relâché (PPT)

TAIS – 1. Visualisation
Portez attention aux zones douloureuses de votre corps (PPI)
Ressentez les sensations d'inconfort sans les éveiller davantage (PPI)
Observez-les comme des tensions isolées dans votre corps détendu (PPT)
Laissez venir à vous une image agréable (PPI)
Imaginez ses couleurs (PPI), ses bruits (PPI), ses parfums (PPI)
Ressentez la fraîcheur ou la chaleur qu'elle vous inspire (PPI)
Accueillez ces sensations agréables (PPI)
Prenez conscience de ces ressentis dans votre corps (PPT)
Je vous propose à présent d'estomper progressivement les sensations d'inconfort (PPI)
Substituez-les par vos sensations de fraicheur ou de chaleur (PPI)

Imaginez ces sensations agréables se déposer sur vos zones douloureuses (PPI)
Augmentez l'intensité de ces sensations (PPI)
Sentez-les grandir (PPI)
Diffusez-les à chaque respiration dans votre corps (PPI)
Percevez ces nouvelles sensations d'apaisement (PPT)
Portez attention aux zones soulagées de votre corps (PPI)
Prenez conscience de votre corps apaisé (PPT)

TAIS – 2. Ancrage
Je vous propose à présent de vous imprégner de ces nouvelles perceptions.
À mon signal, vous inspirerez en gonflant votre ventre, vous retiendrez votre respiration et inscrirez ces nouvelles perceptions dans votre tête puis vous soufflerez doucement pour les diffuser en vous (PPI).
Inspirez
Retenez votre respiration et inscrivez ces nouvelles perceptions dans votre tête
Soufflez doucement pour les diffuser dans votre corps
Reprenez une respiration naturelle (PPI)
Ancrez ces perceptions agréables (PPI)
Prenez conscience des ressources de votre corps (PPT)
Intégrez ces sensations (PPT)

Désophronisation
Souvenez-vous que ces sensations restent présentes en vous (PPI)
Pensez à les activer dans votre quotidien (PPI)
Reprenez contact avec les points d'appui de votre corps (PPI)
Sentez l'arrière de votre tête, vos bras, votre dos, votre bassin, vos jambes, vos talons (PPI)
Imaginez l'espace dans lequel vous êtes installé (PPI)
Prenez conscience des bruits extérieurs (PPI)
Inspirez profondément pour vous dynamiser (PPI)
Soufflez fortement (PPI)
Reprenez à présent une respiration naturelle (PPI)
Mobilisez progressivement l'ensemble de votre corps (PPI)
Bougez légèrement vos mains (PPI), vos pieds (PPI)
Étirez-vous (PPI)
Bâillez (PPI)
Et lorsque vous vous sentirez prêt, vous pourrez ouvrir les yeux.

Partie IV
DEVENIR INDÉPENDANT

8
PRÉPARER SON PROJET

Hormis quelques cas, devenir sophrologue, c'est devenir travailleur indépendant. L'activité est simple à créer et à gérer, le sophrologue travaille seul, sans salarié. Il n'a pas besoin de stock ou de locaux important pour fonctionner. Il a le droit de recevoir chez lui[1] ou de se rendre au domicile de ses clients. Cependant, cette simplicité ne l'exonère pas de connaître les règles élémentaires de gestion et de communication s'il veut pouvoir développer son activité.

La grande majorité des futurs sophrologues sont des salariés qui ont choisi de devenir indépendants pour se reconvertir dans la relation d'aide. Cette reconversion est réaliste car les sophrologues sont de plus en plus demandés dans des domaines aussi divers que l'aide médicale, l'éducation, le sport ou l'entreprise et le nombre de clients potentiels augmentent chaque année. Le sophrologue est encore au début de sa reconnaissance[2] comme acteur incontournable de la prise en charge de certains maux du monde moderne.

L'ÉTUDE DU PROJET PROFESSIONNEL

Avant de se lancer, le futur sophrologue doit analyser différents aspects de sa prochaine activité professionnelle. Cette analyse peut être menée simplement mais elle doit avoir lieu. Elle permettra de le rassurer dans ses choix ou de lui ouvrir de nouvelles perspectives.

---

1. Après avoir demandé l'autorisation de la copropriété ou de son propriétaire.
2. Certaines mutuelles commencent à rembourser les séances de sophrologie.

Voici les deux aspects principaux que le futur sophrologue devra observer :

1. Les clients potentiels à l'aide de l'étude de marché.

2. Les gains potentiels à l'aide du bilan prévisionnel.

Ensuite, il pourra déterminer son profil d'entrepreneur et le statut juridique qui lui correspond le mieux.

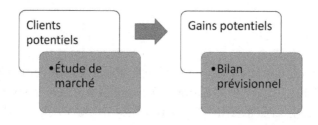

Figure 8.1 – L'étude de projet

L'étude de marché

L'ensemble des clients potentiels dans un secteur donné s'appelle un « marché ». Le futur sophrologue doit donc vérifier si le marché sur lequel il va s'installer (ville, département, région) est susceptible de le solliciter. Pour cela, il va relever de manière succincte mais représentative quatre catégories de données : la concurrence ; la tendance ; les cibles potentielles ; les offres potentielles

La concurrence

La concurrence est l'ensemble des entreprises proposant des prestations similaires aux mêmes clients. Une concurrence vigoureuse est un signe encourageant pour le développement d'une activité. Cela signifie que le marché est déjà sensibilisé et qu'il nécessitera moins d'effort pour le conquérir. En outre, une faible concurrence indique que le marché n'est pas encore mature et que les premiers arrivés seront les premiers servis. Le futur sophrologue doit observer

Préparer son projet 259

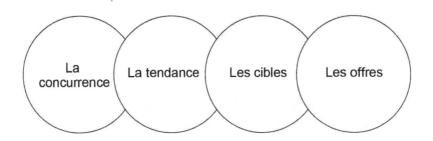

Figure 8.2 – Les données de l'étude de marché

et collecter des données (activités, cibles, prestations, etc.) sur sa concurrence directe, les autres sophrologues, mais aussi sur sa concurrence indirecte, les autres métiers du bien-être. Cette observation le renseignera sur ce que ses futurs clients potentiels aiment comme prestations.

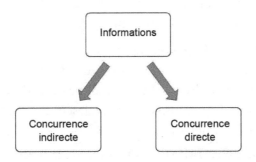

Figure 8.3 – Connaître la concurrence

La tendance

Le futur sophrologue doit également observer la tendance de son marché à l'égard de son métier et de la sophrologie en générale. Le moyen le plus simple pour cela est de questionner son entourage (famille, amis, voisins, médecins, collègues, etc.) et d'observer leurs réactions. Cette observation le renseignera sur la manière d'appréhender ses futurs clients potentiels.

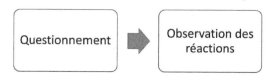

Figure 8.4 – Évaluer la tendance

Les cibles potentielles

Le métier de sophrologue est une profession libérale non réglementée. Le sophrologue est donc libre de proposer ses services où il le souhaite. Dans son analyse, il doit donc relever tous les clients possibles qu'il pourra démarcher pour proposer ses services. Plus ce potentiel est grand et plus les chances de développement sont grandes ou rapides. Cependant, un petit potentiel dynamique peut aussi s'avérer très prometteur.

Voici quelques exemples de cibles potentielles du futur sophrologue ainsi que leur besoins courants :

- **Les structures médicales** (clinique, hôpital, maternité, centre du sommeil, centre de cure, centre antidouleur) : la gestion de la douleur, gestion du sommeil, amélioration de l'image de soi, accompagnement à l'abstinence, convalescence, rééducation, prise de recul du personnel, etc.
- **Les maisons de retraites** : stimulation de la mémoire, gestion du sommeil, renforcement de l'énergie, prise de recul du personnel, etc.
- **Les entreprises** : développement de la communication, gestion des conflits, accompagnement au changement, amélioration des performances, etc.
- **Les clubs sportifs, culturels et artistiques :** gestion du trac, aide à la concentration, développement de la créativité, récupération physique, préparation mentale, etc.
- **Les centres sociaux et les associations de quartier :** estime de soi, insertion sociale ou professionnelle, prise de recul du personnel, etc.

- **Le milieu carcéral** : gestion de la violence, estime de soi, insertion sociale ou professionnelle, prise de recul du personnel, etc.
- **Les structures d'apprentissage** (écoles, CFA, lycée technique, formation continue, centre militaire, auto-école, etc.) : aide à la concentration, gestions des émotions, préparation aux évaluations, prise de recul du personnel, etc.
- **Les centres de bien-être et de cure thermale** : récupération physique, détente, prise de recul du personnel, etc.
- **Les centres de séjours** (colonies, classes découvertes, etc.) : animation ludique, développement de la créativité, gestion des émotions, prise de recul du personnel, etc.
- **Les collectivités** (mairie, conseil général, etc.) : gestion du stress, communication, accompagnement au changement, prise de recul du personnel, etc.

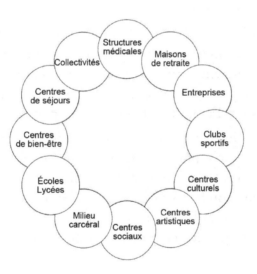

Figure 8.5 – Les cibles potentielles

Les offres potentielles

Puisqu'il s'agit d'une profession libérale non réglementée, le sophrologue est libre de proposer les services qu'il souhaite et au prix qu'il estime. La grande diversité des exercices et l'adaptabilité de la sophrologie lui permet donc de proposer différentes façons de la pratiquer. Une observation des pratiques existantes sur le marché peut indiquer ce qui plaît déjà ou ce qu'il reste à faire découvrir.

Voici les offres potentielles que le sophrologue pourra proposer en fonction de son secteur ou de ses préférences :

- **Séance individuelle** (1 h) : c'est le mode classique d'accompagnement thérapeutique. Le sophronisé vient avec une demande précise et le sophrologue l'accompagne pour trouver les ressources nécessaires à l'atteinte de son objectif. Les tarifs varient de 45 € à 60 €.
- **Séance de groupe** (1 h) : c'est le mode le plus utilisé pour la découverte ou l'entraînement à la sophrologie. Les sophronisés viennent sans demande particulière, principalement pour se détendre ou parce qu'ils partagent un même objectif (préparation à l'accouchement, gestion de la douleur, etc.). Les tarifs varient de 12 € à 20 € par personne.
- **Ateliers** (1/2 journée) : c'est le mode utilisé pour présenter la sophrologie sur un thème particulier à un groupe de sophronisés. L'atelier est souvent composé d'une courte partie théorique sur ce thème et d'une grande partie dédiée à la pratique d'exercices adaptés au sujet. Les tarifs varient de 40 € à 60 € par personne.
- **Stage thématique** (plusieurs jours) : ce mode ressemble à l'atelier mais sur une durée plus longue. Les sophronisés viennent avec les mêmes motivations que dans l'atelier, cependant la durée permet d'approfondir les thèmes et d'observer la progression des sophronisés. Les tarifs sont très variables en fonction des offres (lieu géographique, hébergement, transport, etc.).

Le bilan prévisionnel

Le bilan prévisionnel est une prévision du résultat d'une activité professionnelle. Il permet au futur sophrologue de faire une simulation de ce qu'il espère gagner en fonction des observations de son étude de marché. Pour réaliser cette prévision, il suffit de faire une estimation des sommes suivantes :

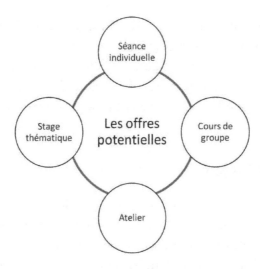

Figure 8.6 – Les offres potentielles

- **Les produits** qui représentent les sommes que le sophrologue envisage de facturer à ses clients.
- **Les charges d'exploitation** qui représentent les sommes que le sophrologue prévoit de dépenser pour son activité.

Un bilan prévisionnel se conçoit sur douze mois consécutifs[1] comme le bilan annuel d'une entreprise. Il se présente tout simplement comme un tableau où les colonnes représentent les mois et où les lignes représentent les sommes gagnées et dépensées.

Tableau 8.1 – Bilan prévisionnel simplifié

	Janv.	Fév.	...	Déc.	Total
Prévision de facturation (séances, ateliers...)	+ 400 €	+ 800 €	...	+ 2 500 €	+ ... €
Prévision de dépenses (téléphone, publicité, loyer...)	-500 €	-600 €	...	-600 €	- ... €
Résultat prévu	-100 €	+ 200 €	...	+ 1 900 €	+ ... €

---

1. Un bilan d'activité peut commencer n'importe quel mois de l'année.

Un bilan prévisionnel peut être très simple ou très détaillé[1] selon les besoins, mais il doit impérativement présenter des sommes relativement réalistes. Il est conseillé de réaliser des prévisionnels plutôt pessimistes qu'optimistes. Le bilan prévisionnel permettra au futur sophrologue de connaître ces besoins de trésorerie de départ ou la viabilité de son projet.

Le cadre juridique

Le statut juridique est le cadre légal dans lequel un professionnel indépendant peut exercer, il conditionne son régime social et fiscal. Le choix du statut juridique est souvent vécu comme un moment stressant car il implique de choisir et donc de prendre la « bonne » décision. Cependant, les statuts juridiques ne sont que des cadres légaux adaptés à des profils d'entrepreneur et d'entreprise. Pour choisir son statut juridique, le futur sophrologue doit donc définir son profil.

Le profil du sophrologue

Le profil se détermine assez simplement, mais il est constitué de nombreux paramètres qui peuvent varier dans une vie. C'est pourquoi, il est conseillé de s'appuyer sur des professionnels de la création d'entreprise (comptables, association de gestion, etc.) ou des organisations professionnelles (chambre, syndicat, etc.) pour le définir avant de choisir son statut.

Voici les principaux paramètres à observer pour le définir :

- **Les paramètres personnels :** l'âge, la situation maritale, le nombre d'enfants à charges, les ressources, etc. vont influencer le régime fiscal et la densité de l'activité du sophrologue (temps partiel ou temps plein).
- **Les paramètres de l'activité** : le type de clients (particulier, entreprise, etc.) ou les moyens nécessaires (locaux, etc.) vont influencer les revenus (chiffre d'affaires) et les charges d'exploitation (loyer, publicité) du sophrologue.

---

1. Cf. annexe Exemple détaillé de bilan prévisionnel.

Figure 8.7 – Les paramètres du profil

Les différents statuts juridiques

Le métier de sophrologue est une profession libérale[1] non réglementée (pas d'ordre professionnel). Son installation est donc libre et il existe de multiples statuts juridiques que le sophrologue peut choisir pour créer son activité. Ceux susceptibles de lui correspondre sont classés en trois grandes familles :

- **L'entrepreneur-salarié** : ce n'est pas tout à fait un statut de travailleur indépendant puisque le sophrologue est salarié d'une structure d'accueil (portage, coopérative ou couveuse). C'est cette structure qui facture les clients du sophrologue et lui reverse ses gains sous forme de salaire. C'est un mode assez coûteux mais simple d'usage. Ce type de statut est adapté aux futurs sophrologues souhaitant rester salariés pour tester leurs activités ou pour avoir une structure d'accueil en soutien. Il est plutôt réservé à des micro-activités à temps partiel ou intermittentes.

- **L'entreprise individuelle :** c'est le type de statut le plus répandu chez les sophrologues car il possède de nombreuses variantes

---

1. Depuis avril 2013 et grâce aux actions de la Chambre Syndicale de la Sophrologie, les sophrologues sont considérés par l'INSEE comme des professions libérales.

qui permettent de s'adapter à tous les profils (EIRL[1], auto-entrepreneur, déclaration contrôlée, etc.). Ces variantes sont évolutives entre elles et permettent d'adapter le statut au développement de l'activité. C'est le statut idéal pour le futur sophrologue, qu'il ait une activité à temps partiel ou à temps plein.
- **La société** : c'est un type de statut très peu utilisé par les sophrologues car il est coûteux à créer et à gérer. Il est plutôt adapté à des entreprises importantes ou prenant de gros risques financiers. C'est le statut idéal pour des activités pérennes à fort développement.

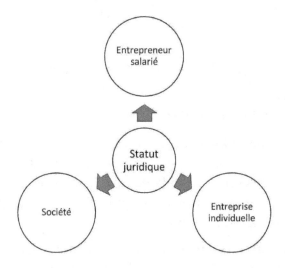

Figure 8.8 – Les familles de statuts juridiques

Les charges sociales

Les sophrologues, comme tous les citoyens français, doivent payer des charges sociales sur ce qu'ils gagnent. Les charges sociales sont les cotisations destinées à ouvrir principalement des droits à :
- l'assurance maladie, maternité, invalidité, vieillesse et décès,
- les allocations familiales,
- l'accident du travail,

---

1. Entrepreneur Individuel à Responsabilité Limitée.

- l'assurance chômage[1],
- la retraite complémentaire,
- la formation continue.

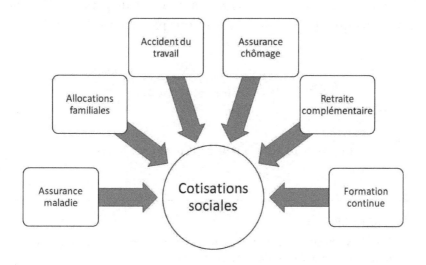

Figure 8.9 – Les droits sociaux

Dans le cas d'un salarié, les charges sociales se calculent sur le gain brut (salaire brut). Le salarié paye, sans le savoir, ses charges sociales chaque mois lorsque son employeur lui reverse uniquement son gain net (salaire net). Pour les autres statuts juridiques, cette logique est relativement respectée ; cependant la base et le mode de calcul diffèrent selon les cas. En effet, l'auto-entrepreneur paye les cotisations sociales sur le chiffre d'affaires alors que d'autres statuts les payent sur le bénéfice d'exploitation.

L'impôt sur le revenu

Le sophrologue, comme tous les citoyens français, doit payer l'impôt sur ce qu'il gagne. Cet impôt est destiné à financer les services publics (écoles, défense, sécurité, transport, etc.). Dans le cas d'un salarié, l'impôt sur le revenu se calcule sur son salaire net mais aussi en fonction de sa situation familiale (nombre de parts fiscales). Pour

---

1. Les entrepreneurs indépendants ne cotisent pas à l'assurance chômage.

les autres statuts juridiques, cette logique est relativement respectée ; cependant la base et le mode de calcul diffèrent selon les cas. En effet, l'auto-entrepreneur peut choisir de payer cet impôt sur son chiffre d'affaires, sans tenir compte du nombre de parts de son foyer fiscal, alors que d'autres statuts n'auront pas ce choix.

Figure 8.10 – Le calcul de l'impôt sur le revenu

> À RETENIR
>
> C'est le profil qui détermine le choix du statut, il n'existe pas de « statut idéal » mais uniquement des statuts adaptés.
> Le statut peut évoluer tout au long de l'activité.

9

LANCER SON PROJET

LA GESTION DE L'ACTIVITÉ

La déclaration de l'activité

En fonction du statut juridique choisi, le sophrologue doit remplir quelques formalités pour déclarer son activité. Il a le choix entre se rendre au Centre de Formalités des Entreprises (CFE) de son département ou faire sa déclaration par Internet. Il reçoit ensuite son numéro d'immatriculation à l'INSEE et son numéro de SIRET.

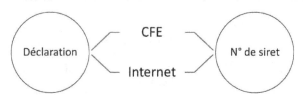

Figure 9.1 – La déclaration d'activité

Le cabinet

L'activité du sophrologue se déroule majoritairement en cabinet. Mais, prendre un cabinet peut coûter cher surtout si le sophrologue a une activité à temps partiel. De plus, certains statuts juridiques ne permettent pas déduire[1] les frais d'un cabinet. C'est pourquoi, un

---

1. Le statut d'auto-entrepreneur par exemple.

grand nombre de sophrologues choisissent d'installer leur cabinet à leur domicile. Cela est peu coûteux et autorisé pour les professions libérales.

Cependant le sophrologue doit vérifier :

- qu'il a l'autorisation de son propriétaire s'il est locataire ;
- que le règlement de copropriété ne s'oppose pas à son activité s'il habite un immeuble ;
- que son contrat d'assurance[1] habitation couvre son activité

Il est également conseillé de demander l'accord de la copropriété avant d'apposer une plaque en bas de son immeuble.

D'autres sophrologues partagent un cabinet avec d'autres professions libérales. Ce choix est très intéressant car il permet au sophrologue de profiter d'une clientèle déjà existante. En théorie, les professions libérales de santé (médecin, infirmière, sage-femme, etc.) ne sont pas autorisées à partager leur cabinet avec des professions libérales non réglementées. Cependant, un grand nombre de cabinet médicaux outrepassent cette interdiction et accueillent tout de même des sophrologues. Il est à noter que le sophrologue qui partage un cabinet médical n'est pas en infraction, seul le professionnel de santé est concerné par cette interdiction.

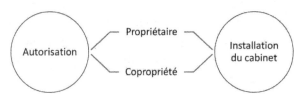

Figure 9.2 – L'installation à domicile

La banque

Il est vivement recommandé au futur sophrologue d'ouvrir un compte en banque dédié à son activité professionnelle. Cela lui permet de ne pas mélanger ses finances personnelles et professionnelles.

---

1. De nombreuses compagnies permettent d'ajouter l'activité professionnelle au contrat d'habitation sur simple demande.

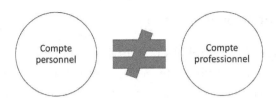

Figure 9.3 – Le compte bancaire

Les assurances

Comme tous les professionnels, le sophrologue doit être assuré. Même si la sophrologie est une technique qui présente peu de risques physiques ou psychologiques, en cas de sinistre matériel ou immatériel, le sophrologue devra assumer seul le remboursement des dommages ou préjudices. Il peut avoir besoin de deux types d'assurance pour son activité :

- **l'assurance de responsabilité civile professionnelle :** elle protège le sophrologue contre les recours éventuels de ses clients contre lui pour :
  - des dommages ou préjudices qu'il pourrait subir dans son cabinet,
  - des dommages ou préjudices qu'il pourrait subir si le sophrologue intervient chez lui ;
- **l'assurance du local professionnel** pour son cabinet : elle couvre le vol, l'incendie, le dégât des eaux, etc. Cette assurance est obligatoire dans la plupart des cas.

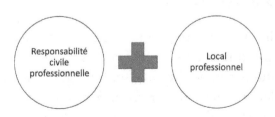

Figure 9.4 – Les assurances

Le groupement professionnel

Le sophrologue peut adhérer à un groupement professionnel comme la Chambre Syndicale de la Sophrologie. Cette adhésion n'est pas obligatoire mais elle est vivement recommandée. Elle permet au sophrologue d'appartenir à un réseau, d'être informé sur les avancées de sa profession, de bénéficier de conseils (à l'installation, juridiques, etc.) et aussi de supports de communication (annuaire, publicité, etc.). Il existe d'autres groupements moins importants ou orientés vers des sujets spécifiques.

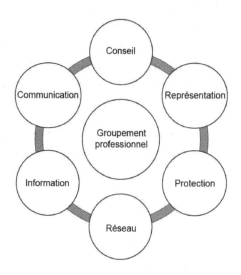

Figure 9.5 – Le groupement professionnel

La gestion administrative

La gestion administrative regroupe l'ensemble des actions à mener pour être en conformité avec les obligations sociales et fiscales. Quel que soit le statut juridique choisi, le sophrologue doit régulièrement établir des déclarations qui serviront à calculer le montant des charges sociales et fiscales qu'il devra régler. Pour cela, il doit donc consigner les événements financiers de son activité (facture, règlement, etc.). Une gestion régulière, simple mais rigoureuse est donc la garantie de respecter ces obligations déclaratives. Cela permet également de payer uniquement ce qui est dû à l'administration, la garantie d'une activité pérenne.

La gestion administrative se compose donc de trois étapes :

1. Consigner les événements financiers (comptabilité).
2. Faire ses déclarations.
3. Payer dans les temps.

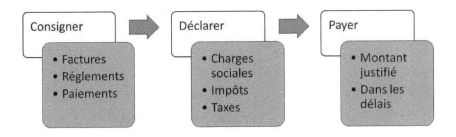

Figure 9.6 – Les tâches administratives

La comptabilité

La comptabilité est la consignation de l'ensemble des flux financiers réels ou virtuels d'une entreprise. Elle regroupe toutes les sommes qui entrent et qui sortent du compte bancaire, mais aussi toutes les factures qu'une entreprise n'a pas encore payées ou encaissées. Elle consigne aussi les salaires, les taxes et les impôts de l'entreprise. C'est à partir de la comptabilité que l'entreprise édite son bilan qui représente l'activité économique de l'entreprise sur une année.

Même si le principe général est le même, la manière de gérer une comptabilité diffère selon les statuts juridiques. Plus l'entreprise est petite et plus la comptabilité est simple. Pour la majorité des sophrologues, la comptabilité se résume à consigner deux types de flux financiers : les dépenses et les recettes.

Les **dépenses** sont toutes les sommes que le sophrologue dépense pour son activité (loyer, téléphone, publicité, etc.). Elles doivent pouvoir se justifier en cas de contrôle à l'aide des factures que le sophrologue doit conserver dix ans. Elles peuvent se consigner dans un document papier, informatique ou dans un logiciel de gestion.

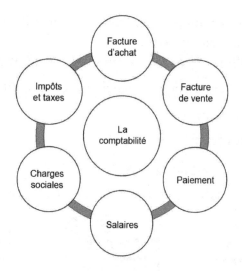

Figure 9.7 – Les données comptables

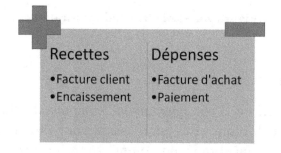

Figure 9.8 – La comptabilité simplifiée

Cette liste des dépenses est communément appelée « journal des dépenses » ou « livre-journal des dépenses »[1].

Les **recettes** sont toutes les sommes que le sophrologue encaisse de ses activités (séance, intervention, etc.). Elles doivent pouvoir se justifier en cas de contrôle à l'aide des factures[2] que le sophrologue édite pour chacune d'entre elles et qu'il doit conserver dix ans. Elles peuvent se consigner dans un document papier, informatique ou

---

1. Cf. annexe Exemple de journal des dépenses.
2. Cf. annexe Exemple de facture.

dans un logiciel de gestion. Cette liste des recettes est communément appelée « livre des recettes » ou « livre-journal des recettes »[1].

> À RETENIR
>
> La facture[2] est un document qui atteste de la relation commerciale entre un professionnel et son client.
> Ce document daté et numéroté peut être au format numérique ou papier, mais il est obligatoire.
> La facture doit comporter des mentions suivantes :
> ➢ le nom du sophrologue et son identification professionnelle,
> ➢ les noms et adresses du client,
> ➢ les prestations fournies,
> ➢ le prix,
> ➢ les taxes.
>
> Le sophrologue doit émettre une facture (papier ou numérique) à chaque fois qu'il effectue une prestation ou un groupe de prestation (séances ou interventions). Cependant, afin de faciliter la gestion comptable, il est conseillé de faire une facture pas règlement.
> Le mode d'émission d'une facture est libre. Le sophrologue peut l'écrire à la main sur une feuille blanche, se servir d'un carnet pré-imprimé ou bien l'éditer à partir d'un logiciel informatique tant que :
> ➢ Les informations obligatoires y figurent
> ➢ Les numéros des factures se suivent logiquement
> ➢ Les dates sont en cohérence avec la numérotation
>
> En théorie, la facture est éditée en double exemplaire, une pour la comptabilité du sophrologue et une qu'il remet à son client. En pratique, le sophrologue remet une facture à son client lorsque celui-ci lui demande pour se faire rembourser par sa mutuelle par exemple. Toutefois, le sophrologue doit en conserver un exemplaire pour sa comptabilité (papier ou numérique).
> Les factures sont les documents observés principalement lors d'un contrôle fiscal ou social, elles doivent se conserver dix ans (papier ou numérique).

Les déclarations fiscales et sociales

Les déclarations regroupent l'ensemble des informations que le sophrologue doit déclarer aux organismes sociaux et fiscaux pour payer ses charges sociales et ses taxes. Les déclarations fiscales et

---

1. Cf. annexe Exemple de livre des recettes.
2. La facture est aussi appelée « note d'honoraires » chez les professions libérales.

sociales varient selon les statuts juridiques et les organismes qui les réclament. Ces variations portent principalement sur :

- le rythme (mensuel, trimestriel, annuel) ;
- la nature des informations à déclarer (recettes, dépenses, bénéfices, salaires, gains, etc.) ;
- les dates limites de déclaration ;
- les dates limites de paiement.

Au début de son activité, le sophrologue doit être vigilant à tous ces paramètres afin d'éviter de payer des pénalités de retard ou de payer des sommes indues. Il est conseillé de s'entourer d'un professionnel de la gestion ou de se rapprocher d'une organisation professionnelle pour valider ces déclarations.

> À RETENIR
> Une déclaration doit toujours être remplie et envoyée même si le sophrologue n'a rien à déclarer ou à payer.

LE DÉVELOPPEMENT DE L'ACTIVITÉ

La communication

La communication regroupe l'ensemble des mots ou des images utilisés pour transmettre un message. Comme il exerce une profession libérale non réglementée, le sophrologue a le droit de faire de la publicité.

L'identité visuelle

C'est l'image du sophrologue et de son activité. C'est elle qui sera utilisée dans la communication du sophrologue. Elle peut regrouper divers éléments qui permettront de l'identifier facilement comme un logo, une photo, un slogan ou encore une charte graphique (couleur, typographie, etc.). Il est conseillé de s'attacher les services d'un graphiste pour réaliser son identité visuelle.

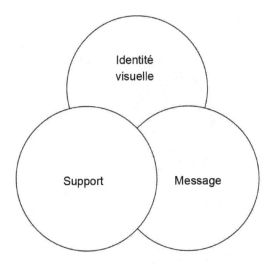

Figure 9.9 – Les constituants de la communication

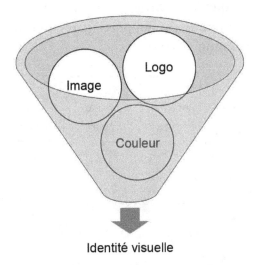

Figure 9.10 – L'identité visuelle

Le message

C'est l'offre de prestation que le sophrologue propose à ses futurs clients. Le message doit être clair et suffisamment précis pour que le client comprenne rapidement de quoi il s'agit. C'est pourquoi le message d'une communication doit toujours s'adresser à une cible particulière (besoin et contexte).

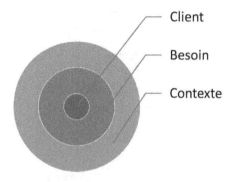

Figure 9.11 – Les paramètres du message

Les supports de communication

C'est l'ensemble des supports physiques ou numériques qui véhiculent le message que le sophrologue veut transmettre à ses futurs clients. Il existe de nombreux supports (papiers et numériques) qui ont tous une utilisation différente.

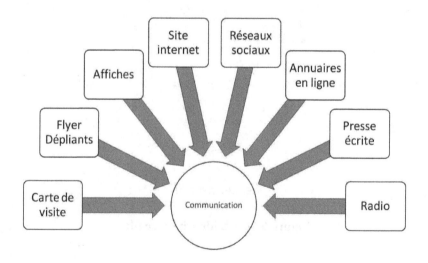

Figure 9.12 – Les supports de communication

La carte de visite est le premier support de communication du sophrologue. Elle permet de laisser une trace tangible après un rendez-vous ou une prise de contact. Elle doit être simple à lire et comporter les informations essentielles suivantes :

- nom et prénom,
- fonction,
- adresse,
- téléphone (fixe ou portable),
- e-mail,
- site internet.

Il existe de nombreux **autres supports en papier** comme les plaquettes, les brochures, les flyers, les dépliants, les affiches, etc. Tous ces supports peuvent être utilisés par le sophrologue en fonction de son message et la cible à laquelle il s'adresse. Là aussi, le message doit être clair et explicite et le client doit se reconnaître dans le message qu'il va lire. Il est conseillé de s'attacher les services d'un graphiste pour réaliser ces supports de communication.

Le site internet (la communication numérique) est devenu primordial pour le sophrologue. Son site est la « vitrine » permanente de ses activités. Un bon site est un site dans lequel il est facile de naviguer, où les informations sont faciles à trouver et à comprendre. Chaque page doit avoir un but précis et ses informations doivent être claires et faciles à lire pour un néophyte. Les coordonnées du sophrologue doivent être faciles à trouver par son client.

Les réseaux sociaux sont un moyen simple et gratuit de se faire connaître. Ils permettent de développer une communication plus directe, de s'adresser spontanément aux clients potentiels mais aussi aux autres sophrologues. Il existe plusieurs réseaux sociaux regroupant différentes communautés (Facebook, Linked'in, Viadéo, Twitter, etc.). Il est conseillé d'avoir un profil professionnel dans un ou plusieurs réseaux.

Il existe de nombreux **annuaires** de sophrologues sur Internet. Ils permettent au sophrologue de figurer là où son client s'attend à le trouver. Certains annuaires sont payants. Cette distinction est à apprécier selon les cas car elle peut avoir une incidence sur la visibilité de cet annuaire et donc de son efficacité. Il peut être préférable de payer pour figurer dans un annuaire si celui-ci est plus efficace qu'un annuaire gratuit.

Le sophrologue peut faire de la publicité dans des **journaux, des magazines ou sur des radios**. Cependant, il doit se renseigner au préalable de la visibilité de ces magazines ou de l'audience de ces radios car cette publicité coûte cher. Il est plutôt conseillé d'utiliser la publicité à l'échelle locale (commune, département) plutôt qu'à l'échelle régionale ou nationale.

La prospection

La prospection représente l'ensemble des actions menées pour trouver des clients ou des prescripteurs. Pour un sophrologue, la prospection est surtout basée sur des actions de représentations auprès :

- des lieux où il peut intervenir (entreprise, maison de retraite, école, association, etc.) ;
- des prescripteurs médicaux (médecin, pharmacien, etc.) ;
- des membres de son réseau familial et professionnel ;
- du public à travers des manifestations (salons, événements, etc.).

La prospection peut être importante au début de l'activité du sophrologue et représentée plusieurs jours par semaine. Il est fréquent d'avoir des contacts que quelques mois après une prospection, il est donc conseillé de ne pas se décourager.

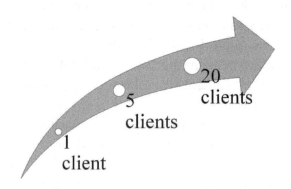

Figure 9.13 – La progression d'une clientèle satisfaite

Le devis

Le devis[1] est un document qui formalise la proposition de services d'un professionnel pour un client. Dans un devis, le professionnel énonce ses engagements et les conditions dans lesquels il accepte de les réaliser (délai, tarif). Le client par contre n'énonce rien dans un devis, il accepte uniquement ses conditions lorsqu'il le signe.

Le sophrologue fait un devis lorsqu'il veut faire une proposition d'intervention dans une structure. En revanche, le sophrologue ne fait pas de devis à un particulier sauf si celui-ci lui demande. Un devis se rédige sur papier en-tête du prestataire.

Le contrat de prestation de service

Le contrat de prestation de service[2] est un document qui formalise les engagements mutuels d'un professionnel et de son client. Il peut faire suite à un devis ou être directement rédigé pour formaliser un accord de principe. Il décrit principalement les conditions dans lesquelles le prestataire va exécuter sa prestation (date, lieu, prix, etc.) et les conditions dans lesquelles le client va le rémunérer (délai de paiement), mais il peut aussi prévoir les conditions de rupture du contrat ou de contentieux.

Le contrat de prestations de services est surtout utilisé entre professionnels, un sophrologue et une entreprise par exemple, et les conditions du contrat sont alors librement définies entre les parties tant qu'elles ne sont pas abusives et contraires à la loi. Cependant, pour protéger le consommateur, les conditions d'un contrat entre un professionnel et un particulier sont souvent décrites par la loi. La forme d'un contrat importe peu (papier libre, entête, numérique) car sa validité réside dans ses articles et ses signataires.

---

1. Cf. annexe Exemple de devis.
2. Cf. annexe Exemple de contrat de prestation de service.

Annexe

*EXEMPLE DE FICHE DE RENSEIGNEMENTS
POUR PARTICULIER*

FICHE DE RENSEIGNEMENTS

Nom : PETIT **Prénom :** Jacqueline
Adresse : 28 av. du Président Wilson 94300 Vincennes
Mail : petit.jacqueline@gmail.com
Téléphone : 06.68.19.23.51
Objet de la visite : Troubles du sommeil
État de santé général :
Elle se sent régulièrement fatiguée dans la journée mais elle n'a pas de problème de santé particulier.
Note (1 à 5) : 3

Traitement médical particulier : Voir sommeil
Douleurs spécifiques (type, localisation, durée) :
Elle souffre de tensions dans la nuque et a la sensation d'une boule dans le ventre en fin de journée. Ces douleurs sont régulières depuis deux mois.
Note (1 à 5) : 3

Troubles du sommeil (fréquence, durée, traitement) :
Elle dort très peu toutes les nuits (5 à 6 h/nuit) et elle a de grosses difficultés d'endormissement.
Ces difficultés d'endormissement se manifestent par une sensation d'énervement lorsqu'elle se couche vers 1 h (impatiences dans les jambes). Elle ressasse des pensées qui l'empêchent de se détendre. Elle est très inquiète par les travaux d'aménagement qu'elle a entrepris dans son appartement. Ces troubles sont apparus il y a environ 3 mois à la suite de son emménagement.

☞

Elle suit un traitement homéopathique (L72 : troubles du sommeil) depuis 15 jours, tous les soirs au coucher. Ce traitement a été prescrit par son médecin qui lui a également conseillé de faire de la sophrologie.

Note (1 à 5) : 5

Troubles de l'alimentation (fréquence, durée, traitement) :
Elle mange moins le soir depuis deux mois car elle se sent très nouée au dîner.

Note (1 à 5) : 2

Situation maritale (type, qualité) :
Elle est en couple depuis 7 ans et tout se passe bien avec son conjoint.

Note (1 à 5) : /

Enfants (nombre, sexe, âge) :
Elle a deux enfants : une fille de 5 ans et un garçon de 3 ans. Elle est ravie du lien qu'elle entretient avec eux.

Note (1 à 5) : /

Situation professionnelle (type, qualité, stress) :
Elle est toiletteuse canine depuis 10 ans, ce métier est aussi une passion. Elle adore le contact avec les chiens mais raconte que depuis deux mois, elle est plus brusque avec eux. De nature très rigoureuse, elle se surprend à négliger certaines étapes du toilettage ou à oublier de passer commande des produits. Cela l'énerve beaucoup.

Note (1 à 5) : 2

Situation sociale (type, qualité, stress) :
Elle a trois grandes amies depuis plus de 20 ans avec lesquelles elle parle beaucoup. Elles se voient tous les lundis midi pour déjeuner et passer du bon temps

Note (1 à 5) : /

Aversions (situation, animal) :
Elle n'a pas de phobie mais elle n'apprécie pas de se baigner dans la mer car elle ne voit pas le fond.

Note (1 à 5) : /

Loisirs (type, qualité, fréquence, durée, lieux) :
Elle aime faire du shopping avec ses amies et tout particulièrement dénicher les derniers accessoires à la mode pour la maison. Cela la détend et lui fait oublier ses soucis quotidiens.
Elle aime également la musique et la danse country car cela lui permet de se défouler et la rend joyeuse.

Objets, lieux privilégiés :
Elle adore ses santiags roses qu'elle met pour aller danser dans un bar à Eurodisney. Elle se trouve très jolie avec ses bottes aux pieds.

Définition de l'objectif :
S'endormir sereinement tous les soirs (durée envisagée deux mois et demi).

NB : Note (1= peu important à 5 = très important)

MODÈLE DE FICHE DE RENSEIGNEMENTS POUR PARTICULIER

La fiche de renseignement est remplie au cours de la première anamnèse mais elle peut être complétée lors des anamnèses des séances suivantes. Le sophrologue la complète au fur et à mesure de l'échange, en prenant soin de ne pas s'enfermer dans un questionnaire rigide et de rester à l'écoute du sophronisé.

FICHE DE RENSEIGNEMENTS

Nom :   Prénom :
Adresse :
Mail :
Téléphone :   Portable :
Objet de la visite :

État de santé général :
                                                          Note (1 à 5) :
Traitement médical particulier :

Douleurs spécifiques (type, localisation, durée) :
                                                          Note (1 à 5) :
Troubles du sommeil (fréquence, durée, traitement) :
                                                          Note (1 à 5) :
Troubles de l'alimentation (fréquence, durée, traitement) :
                                                          Note (1 à 5) :
Situation maritale (type, qualité) :
Note (1 à 5) :
Enfants (nombre, sexe, âge) :
                                                          Note (1 à 5) :
Situation professionnelle (type, qualité, stress) :
                                                          Note (1 à 5) :
Situation sociale (type, qualité, stress) :
                                                          Note (1 à 5) :
Aversions (situation, animal) :
                                                          Note (1 à 5) :
Loisirs (type, qualité, fréquence, durée, lieux) :

Objets, lieux privilégiés :

Définition de l'objectif :

            NB : Note (1 = peu important à 5 = très important)

EXEMPLE DE FICHE DE RENSEIGNEMENTS POUR COMMANDITAIRE

FICHE DE RENSEIGNEMENTS

Société : Les parapluies de Cherbourg
Nom du contact : David DOUILLETTE
Fonction : Responsable du Comité d'Entreprise
Adresse : 56, rue des petits vents 50100 Cherbourg
Mail : douillette@parapluiesdecherbourg.fr
Téléphone : 02.33.87.58.20
Objet de l'entretien :
Le Comité d'Entreprise (CE) souhaite proposer une nouvelle activité à ses membres. Ils ont pensé à des séances en groupe de sophrologie.
Caractéristiques du public (type, activités, nombre, ambiance) :
La société comprend essentiellement des ouvriers qui travaillent à la chaîne (montage des parapluies et mise sous plis). L'entreprise comprend environ 150 personnes dans les ateliers et environ 20 personnes dans les bureaux. Il règne une bonne ambiance générale (pas de conflits avérés).

Problématiques identifiées (absentéisme, maladie, accidents du travail, etc.) :
La direction a mis en place une prise en charge des Troubles Musculo-Squelettiques au sein de l'entreprise (intervention d'un ergothérapeute) à la suite d'une répétition d'accidents du travail.
Le CE souhaite œuvrer dans cette direction en proposant des séances de relaxation pour favoriser la détente et la récupération physique des salariés.
Activités, moments communs (type, qualité, fréquence, durée, lieux, etc.) :
La société organise un goûter annuel au moment de Noël. À cette occasion, les salariés se retrouvent avec leurs proches et ils vivent l'entreprise dans une ambiance familiale et festive.
Le CE propose aux salariés :

– des tarifs préférentiels pour des voyages organisés à l'étranger ;
– trois fois par an une soirée « dîner/spectacle » à prix réduits.

Définition de l'objectif :
Récupérer facilement sur son lieu de travail (durée envisagée 1 mois et demi).
Organisation envisagée (fréquence, tarif, participants, matériel, etc.) :
Le CE prévoit d'organiser deux groupes de quinze personnes volontaires à l'heure du déjeuner (12 h 15 et 13 h 15).
Les séances devront être de 45 minutes pour permettre aux participants de déjeuner avant.
Le budget du CE doit être voté dans un mois et, si le devis est accepté, les séances pourraient débuter dans 3 mois.

MODÈLE DE FICHE DE RENSEIGNEMENTS POUR COMMANDITAIRE

FICHE DE RENSEIGNEMENTS

Société :

Nom du contact :

Fonction :

Adresse :

Mail :

Téléphone :

Objet de l'entretien :

Caractéristiques du public (type, activités, nombre, ambiance) :

Problématiques identifiées (absentéisme, maladie, accidents du travail...) :

Activités, moments communs (type, qualité, fréquence, durée, lieux...) :

Définition de l'objectif :

Organisation envisagée (fréquence, tarif, participants, matériel...) :

FICHE DE PROTOCOLE

Objectif :
Protocole type :

Séance	Intention de séance	Relaxation dynamique [intention]	Sophronisation [intention]
0	Découvrir la sophrologie	1 2 3	Sophronisation de base [se détendre]

PHASE CURATIVE
Étape 1 :

Séance	Intention de séance	Relaxation dynamique [intention]	Sophronisation [intention] + exemple de TAIS
1		1 2 3	
2		1 2 3	
...		1 2 3	

Étape 2 :

Séance	Intention de séance	Relaxation dynamique [intention]	Sophronisation [intention] + exemple de TAIS
...		1. 2. 3. 4.	
...		1. 2. 3. 4.	

Étape 3 :

Séance	Intention de séance	Relaxation dynamique [intention]	Sophronisation [intention] + exemple de TAIS
...		1. 2. 3. 4.	
...		1. 2. 3. 4.	

PHASE PRÉVENTIVE

Étape 1 :

Séance	Intention de séance	Relaxation dynamique [intention]	Sophronisation [intention] + exemple de TAIS
...		1. 2. 3. 4.	
...		1. 2. 3. 4.	

Étape 2 :

Séance	Intention de séance	Relaxation dynamique [intention]	Sophronisation [intention] + exemple de TAIS
...		1. 2. 3. 4.	
...		1. 2. 3. 4.	

Étape 3 :

Séance	Intention de séance	Relaxation dynamique [intention]	Sophronisation [intention] + exemple de TAIS
...		1. 2. 3. 4.	
...		1. 2. 3. 4.	

PHASE DE CLÔTURE

Étape : valider l'accompagnement

Séance	Intention de séance	Relaxation dynamique [intention]	Sophronisation [intention] + exemple de TAIS
...	Prendre conscience de sa transformation	1. 2. 3. 4.	Sophro programmation future [vivre la transformation] TAIS : raconter dans « X temps » à « une personne » comment il a dépassé « son ancien état » pour vivre à présent « son nouvel état »

EXEMPLE DE FICHE DE SÉANCE

FICHE DE SÉANCE n° 1

Nom du client : Cécile DEFOIS
Date de la séance : 16/01/2012
Objectif : Vivre sereinement son célibat au quotidien.

Intention de séance : Évacuer ses préoccupations.
Anamnèse :
Suite à la séance 0, CD a reproduit régulièrement l'exercice respiratoire n° 3. Elle a apprécié l'efficacité de l'exercice le soir avant le coucher. Elle a essayé de reproduire la SB mais elle n'y est pas parvenue (pensées parasites).
Aujourd'hui, elle se sent tendue et préoccupée (SMS fréquents de son ex-compagnon).
Pratique :
1er exercice RD : Exercice respiratoire n° 3
Intention : Détendre les épaules
2e exercice RD : Karaté
Intention : Jeter les tensions
3e exercice RD : Éventails
Intention : Lâcher prise
4e exercice RD : Rotations axiales
Intention : Relâcher le haut du corps
Sophronisation : SBV
Intention : Jeter ses préoccupations (TAIS : brûler des papiers sur lesquels sont notés ses préoccupations).
Phénodescription :
CD a apprécié le relâchement musculaire que lui a procuré les différents exercices de RD et plus particulièrement les rotations axiales (sensation de légèreté).
Elle a facilement visualisé le TAIS.
Elle a perçu une sensation de calme intérieur et de détente profonde pendant la SBV.
Entraînement programmé :
CD prévoit de refaire les exercices :
Exercice respiratoire n° 3 : le soir avant de se coucher
Karaté : après la réception d'un SMS de son ex-compagnon
SBV : le soir au coucher pour se vider la tête.
NB : Elle est très enthousiaste à l'idée de pouvoir reproduire mentalement la SBV dès qu'elle se sentira stressée.
Prochain rendez-vous : 23/01/2014

MODÈLE DE FICHE DE SÉANCE

FICHE DE SÉANCE n°

Nom du client :

Date de la séance :

Objectif :

Intention de séance :

Anamnèse :

Pratique :

1er exercice RD :

Intention :

2e exercice RD :

Intention :

3e exercice RD :

Intention :

4e exercice RD :

Intention :

Sophronisation :

Intention :

Phénodescription :

Entraînement encadré :

Prochain rendez-vous :

EXEMPLE DÉTAILLÉ DE BILAN PRÉVISIONNEL

	Janvier	Février	...	Déc.	TOTAL
CA[1] des séances individuelles	+ 400 €	+ 800 €	...	+ 2 000 €	...
CA des séances collectives	+ 144 €	+ 240 €	...	+ 480 €	...
CA des séances en entreprise	0 €	0 €	...	+ 360 €	...
Abonnement téléphone	-20 €	-20 €	...	-20 €	...
Abonnement internet	-30 €	-30 €	...	-30 €	...
Assurance RCP[2]	-100 €	0	...	0	...
Adhésions	-70 €	0	...	0	...
Communication	-50 €	-50 €	...	-50 €	...
Papeterie	-80 €	-40 €	...	-60 €	...
Résultat prévu	+ 348 €	+ 900 €	...	+ 2 680 €	...

EXEMPLE DE JOURNAL DE DÉPENSES

Date	Référence	Fournisseur	Nature	Montant	Paiement
05/01/2013	f2012183	Sophroland	Adhésion professionnelle	70 €	chèque
06/01/2013	facture n° 25	Assupro	Assurance RCP 2012	98 €	chèque
25/01/2013	FT2013514	Papiers Foux	Fournitures de bureaux	45 €	chèque

EXEMPLE DE LIVRE DES RECETTES

Date	Référence	Client	Nature	Montant	Paiement
10/01/2012	facture n°1	Sylvie BUNOIS	séance individuelle	50 €	chèque
13/01/2012	facture n°2	Chantal BOULIN	séance de groupe	12 €	espèces
13/01/2012	Facture n° 4	Vincent FROUTY	séance de groupe	12 €	chèque
17/01/2012	facture n°5	Colette VOUX	séance individuelle	50 €	chèque

---

3. CA : Chiffre d'affaires.
4. Assurance responsabilité civile professionnelle.

EXEMPLE DE FACTURE

Martine DURANT
3 rue du Loup
75010 Paris

Date : 10/01/2012

Mme Sylvie BUNOIS
15 rue Volta
75003 Paris

Dispensé d'immatriculation au registre du commerce et des sociétés (RCS) et au répertoire des métiers (RM)

FACTURE N°1

Désignation	Quantité	Prix unitaire	Total
Séance individuelle	1	50	50

TOTAL : 50 €

Date de règlement : à réception de la facture
Date d'exécution de la prestation : 10/01/2012
Taux des pénalités : 12 %
Condition d'escompte : aucune

TVA non applicable
art. 293 B du CGI

Martine DURANT Sophrologue Siret n° xxxxxxx3 rue du Loup 75010 Paris

EXEMPLE DE DEVIS

Martine Durant Sophrologue

TGM DISTRIBUTION
Mr Paul BIDUL
25, rue des Alouettes
75020 PARIS

Paris, le 03 janvier 2012

Devis

Projet
Pratique en groupe de séances de sophrologie.

Objectifs
Initier les salariés de l'entreprise TGM Distribution aux techniques de relaxation pour :
- Évacuer les tensions
- Mieux gérer le stress
- Se ressourcer

Déroulement d'une séance
La séance se déroule en quatre temps successifs :
- Échange rapide sur les attentes des participants.
- Pratique d'exercices de relaxation dynamique : mouvements doux associés à la respiration.
- Pratique d'un exercice de relaxation statique : assis ou allongé, après un relâchement mental des muscles du corps, imaginer une situation relaxante.
- Expression des ressentis : les participants volontaires expriment oralement leurs ressentis.

Intervenant
Martine Durand, Sophrologue. Titulaire du Certificat Professionnel de Sophrologue enregistré au RNCP.
Formée à l'Institut de Formation à la Sophrologie Paris X^e
Membre de la Chambre Syndicale de la Sophrologie.

Participants
Accessible à tous les salariés de l'entreprise TGM Distribution. Le nombre maximum de participants est de 15 personnes.

Lieu
Les séances sont réalisées au siège de l'entreprise TGM Distribution.

Matériel
L'entreprise TGM Distribution met à disposition une salle de réunion équipée de 15 chaises.

Durée
Les séances sont d'une durée de 50 minutes.

Planning
Les séances sont prévues le :
Mardi 14 février 2012 à 13 heures.
Mardi 21 février 2012 à 13 heures.

Mardi 28 février 2012 à 13 heures.
Mardi 6 mars 2012 à 13 heures.
Mardi 13 mars 2012 à 13 heures.
Mardi 20 mars 2012 à 13 heures.
Tarif
Six séances de groupe à 120 € HT à l'unité 720,00 €
Montant TVA (TVA non applicable, art. 293 B du CGI) 0,00 €
Montant TTC 720,00 €
Modalités de règlement
À réception de la facture, par chèque ou virement bancaire.

Ce devis est valable pour une durée de 1 mois à compter de sa date d'émission.
Pour valider ce devis, merci de nous retourner un exemplaire daté et signé.
Date :
         Signature précédée de la mention
         « Devis reçu avant l'exécution de la prestation "

Martine DURANT Sophrologue Siret n° xxxxx3 rue du Loup 75010 Paris

EXEMPLE DE CONTRAT DE PRESTATION DE SERVICE

Martine Durant Sophrologue
CONTRAT DE PRESTATION DE SERVICE

Entre les soussignés :
1) Martine Durant, 3 rue du Loup 75010 Paris
Et,
2) TGM Distribution SARL, 25 rue des Alouettes 75020 Paris, représentée par Paul Bidul, Directeur
Est conclu l'accord suivant

Art 1. Objet
En l'exécution du présent contrat, Martine Durant s'engage à réaliser au profit de l'entreprise TGM Distribution des séances en groupe de sophrologie.
Art 2. Nature et caractéristique de la prestation
Les séances en groupe de sophrologie ont pour objectif d'initier les salariés de la société TGM Distribution aux techniques de relaxation.
À l'issue de ces séances les participants sauront :
Évacuer leurs tensions
Mieux gérer leur stress

Se ressourcer

Art 3. Intervenants

Martine Durand, Sophrologue. Titulaire du Certificat Professionnel de Sophrologue enregistré au RNCP. Formée par l'Institut de Formation à la Sophrologie, Paris X^e. Membre de la Chambre Syndicale de la Sophrologie.

Art 4. Nature et effectif des participants

Les cours de groupe sont ouverts à tous les salariés de l'entreprise TGM Distribution. Le nombre maximum de participants est de 15 personnes.

Art 5. Organisation de la prestation

Les séances de groupe sont réalisées au siège de l'entreprise TGM Distribution, dans la salle de réunion.

Les séances ont une durée de 50 minutes et sont planifiées comme suit :

mardi 14 février 2012 à 13 heures.
mardi 21 février 2012 à 13 heures.
mardi 28 février 2012 à 13 heures.
mardi 6 mars 2012 à 13 heures.
mardi 13 mars 2012 à 13 heures.
mardi 20 mars 2012 à 13 heures.

Art 6. Dispositions financières

En contrepartie de cette prestation, l'entreprise TGM Distribution s'engage à acquitter les honoraires suivants :

Six séances de groupe à 120 € HT à l'unité 720,00 €
Montant TVA (TVA non applicable, art. 293 B du CGI) 0,00 €
    Montant TTC   720,00 €

Art 7. Modalités de règlement

À réception de la facture, par chèque ou virement bancaire.

Fait en double exemplaire à Paris, le 24 janvier 2012.

Pour Martine Durand   Pour l'entreprise

Martine DURANT Sophrologue Siret n° xxxxx3 rue du Loup 75010 Paris

Bibliographie

ABREZOL Raymond, *Tout savoir sur la sophrologie*, Randin Signal, 1994.

AUDOUIN Luc, *Équilibre et performance. Mode d'emploi*, Les éditions d'organisation, 1992.

BOON Henri, DAVROU Yves, MACQUET Jean-Claude, *La sophrologie ; Une révolution en Psychologie Pédagogie, Médecine ?*, Retz, 1994.

CAYCEDO Alfonso, *Dictionnaire abrégé de la sophrologie et de la relaxation dynamique*, Emegé, 1972.

CHENE Patrick-André, *Sophrologie, Méthode et fondements, tome I*, Ellébore, 2008.

COUE Émile, *La méthode Coué*, poche Marabout.

DILTS Robert, *Changer les systèmes de croyances avec la PNL*, InterEditions, 2006.

ETCHELECOU Bernard, *Manuel de Sophrologie Pédagogique et Thérapeutique*, Maloine 1990.

HUBERT Jean-Pierre, *Traité de sophrologie, Tome 1, Origines et développement*, Le courrier du live.

HUSSERL Edmund, *Leçons pour une phénoménologie de la conscience intime du temps*, Presses universitaires de France, 1996.

LOUSSOUARN Thierry, *Transformez votre vie par la sophrologie : Guide pratique de relaxation dynamique et curative*, Dangles, 1986.

PECOLLO Jean-Yves, *La sophrologie : Apprendre à devenir conscient*, Éditions du Rocher, 1989.

PLATON, *Charmide*, L'Harmattan, 2009.

MERLEAU-PONTY Maurice, *Phénoménologie de la perception*, Gallimard.

MUCCHIELLI Roger, *L'entretien de face à face*, Esf, 1966.

ROGERS Carl, *L'approche centrée sur la personne*, Randin, 2001.

SANTERRE Bernard, *Mais qu'est-ce que la sophrologie ?*, Beltan, 1993.

SCHULTZ Johannes Heinrich, *Le training autogène*, Presses universitaires de France, 1958.

Pour en savoir plus et obtenir votre Certificat Professionnel de Sophrologue...
Institut de Formation à la Sophrologie

Organisme de formation professionnel continue
– normes ISO 9001, ISO29990, NF Service et OPQF

52 rue René Boulanger, 75010 Paris
Tél. : 01.43.38.43.90
Mail : info@sophrologie-formation.fr
www.sophrologie-formation.fr

901413 - (III) - (1,5) - OSB 80° - CPW/PCA - MLN
Dépôt légal : mai 2014 - suite du tirage : octobre 2014

Achevé d'imprimer par Dupli-Print - N° d'impression : 2014092654
www.dupli-print.fr - *Imprimé en France*